Atlas des Mittelalters

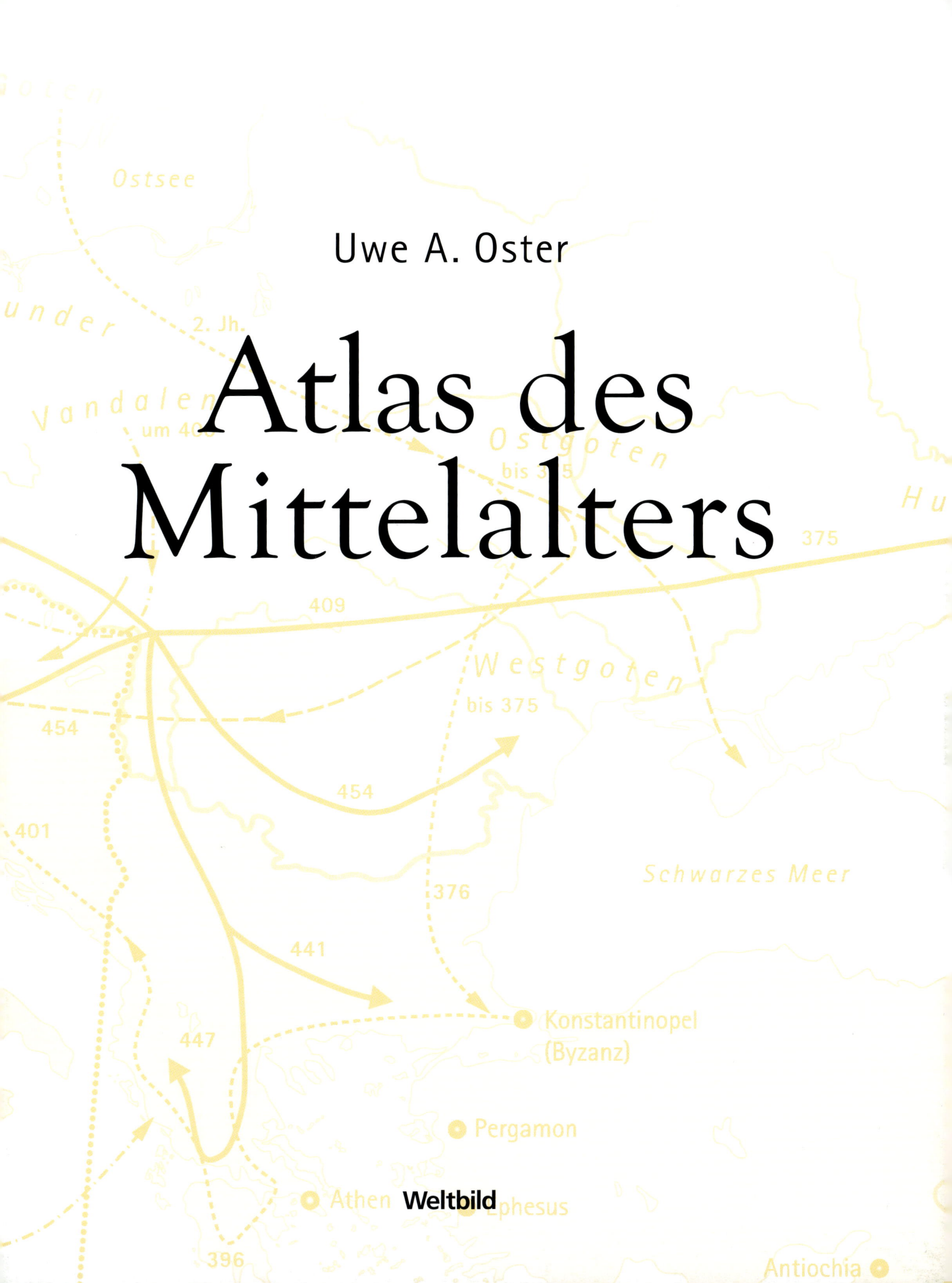

Uwe A. Oster

Atlas des Mittelalters

Weltbild

Impressum

Genehmigte Sonderausgabe für
Verlagsgruppe Weltbild GmbH, Steinerne Furt, 86167 Augsburg

Copyright © 2007
Palmedia Publishing Services GmbH, Berlin

Alle Abbildungen: © AKG-Images, Berlin

Titelbild:
Gebrüder Limburg, Monatsbild April. Aus den „Très Riches Heures"
des Duc de Berry, um 1410/16

Abb. S. 2:
Walther von Klingen im Speerzweikampf. Buchmalerei aus der Großen
Heidelberger Liederhandschrift (Codex Manesse), um 1310

Umschlaggestaltung:
Felgner & Zierke, Berlin

Gestaltung und Satz:
Diana Rettinger, Kommunikations-Design, Berlin

Karten:
Peter Palm, Berlin

Printed in Malaysia 2011
ISBN 978-3-8289-4526-5

Einkaufen im Internet: www.weltbild.de

INHALTSVERZEICHNIS

VORWORT

Das Wort »Mittelalter« ist von dem italienischen Dichter und Humanisten Francesco Petrarca (1304–1374) geprägt worden. Er bezeichnete damit jene Zeit zwischen der von ihm bewunderten Antike und der neuen Zeit, welche die Ideale der alten Griechen und Römer wiederentdeckte und deshalb später »Renaissance« (Wiedergeburt) genannt wurde. Das Mittelalter war vor diesem Hintergrund eine Zeit, die man ganz schnell hinter sich lassen wollte, in der Barbaren fürchterliche Bauwerke im »gotischen Stil« errichteten, in der die klassischen Philosophen vergessen waren, in der rohe Sitten, Aberglauben und politisches Chaos herrschten. Eine »unendliche Flut von Unheil« habe dem »unglückseligen Italien im Mittelalter alle Lebensluft geraubt«, klagte der Maler und Schriftsteller Giorgio Vasari (1511–1574). Die Legende vom »finsteren Mittelalter« war geboren.

Diese Ablehnung des Mittelalters hielt bis weit in das 18. Jahrhundert hinein an. Wiederentdeckt wurde die vermeintlich finstere Zeit in England. Dort entstanden die Ritterromane und -balladen und die ersten Bauten im (neu)gotischen Stil. Bald fand die Mittelalter-Mode ihren Weg auf den europäischen Kontinent, wo sie vor allem in Deutschland begeistert aufgenommen wurde. Das »Gotische Haus« in Wörlitz und die künstliche Ruine der »Löwenburg« in Kassel waren die ersten Zeugnisse dieser neuen Mittelalter-Euphorie in Deutschland. Friedrich Schiller schrieb seinen »Ritter Toggenburg«, Johann Wolfgang Goethe seinen »Götz von Berlichingen« und Ludwig Uhland seinen »Graf Eberhard«. Wilhelm Hauffs Roman »Lichtenstein« inspirierte den Bau des neugotischen Schlosses Lichtenstein bei Reutlingen. Weitere bekannte historisierende Burgbauten sind die Burg Hohenzollern bei Hechingen, die Burg Stolzenfels am Rhein oder das Schloss Neuschwanstein bei Füssen. Auch die Vollendung des Kölner Doms war ein Produkt der Mittelalter-Begeisterung des 19. Jahrhunderts.

Das »finstere Mittelalter« war nun auf einmal die »goldene Zeit«, in der treue Ritter mutig ihre Abenteuer bestanden. In Deutschland war die Mittelalter-Begeisterung auch politisch motiviert. Seit dem Untergang des Heiligen Römischen Reichs 1806 gab es keine übergeordnete Einheit mehr; vor dem Hintergrund der grassierenden Kleinstaaterei schien das Mittelalter mit seinen mächtigen Herrschern ein leuchtendes Vorbild zu bieten.

Doch das Mittelalter war weder so finster, wie es die Künstler der Renaissance malten, noch so glänzend, wie es seine Verehrer im 19. Jahrhundert dargestellt haben.

Das Mittelalter lässt sich nicht leicht über einen Kamm scheren, schon allein wegen seiner langen zeitlichen Ausdehnung vom Ende des 5. bis zum Ende des 15. Jahrhunderts – immerhin rund 1000 Jahre. In dieser Zeit hat Europa zum Christentum gefunden, sind Reiche untergegangen und neue entstanden, wurden Städte und Universitäten gegründet und segelte Christoph Kolumbus nach Amerika. Nicht nur diese große zeitliche Spanne macht es schwer, von dem Mittelalter zu sprechen. Selbst wenn man den Schwerpunkt auf Europa legt, sind es nicht nur klimatische Unterschiede, die dafür verantwortlich waren, dass etwa Skandinavien und Italien ganz andere Wege gegangen sind. Und doch erstaunt immer wieder, wie »global« das Mittelalter bisweilen war. Kaufleute und Pilger sorgten für den Transport von Waren und Ideen selbst über die Grenzen Europas hinaus. Diese faszinierende Zeit möchte der »Atlas des Mittelalters« in allen ihren Facetten erschließen – mit Karten, Begleittexten, zahlreichen Zusatzinformationen und Bildern – zeitgenössischen Bildern, aber auch Zeugnissen der Mittelalter-Begeisterung des 19. Jahrhunderts, die selbst ebenfalls schon wieder historische Dokumente sind.

MACHT UND RAUM

DIE VÖLKERWANDERUNG

DIE CHRISTIANISIERUNG EUROPAS

DIE AUSBREITUNG DES ISLAMS

DIE KREUZZÜGE

Im 19. Jahrhundert wurde die mittelalterliche Mission idealisiert. Diese Farblithografie (1900) nach einem Fresko von Heinrich Maria von Hess in der Bonifatius-basilika in München (1834/44) zeigt Bonifatius beim Fällen der heidnischen Donar-Eiche bei Geismar im Jahr 724. Durch die Christianisierung veränderten sich die Machtverhältnisse im mittelalterlichen Europa entscheidend.

DIE VÖLKERWANDERUNG

Die Völkerwanderung im 4. und 5. Jahrhundert n. Chr.

- ----▶ Westgoten
- ---▶ Ostgoten
- -·-·▶ Vandalen
- ──▶ Franken
- ······▶ Burgunder
- ──▶ Jüten, Angeln, Sachsen
- ──▶ Hunnen

- ▢ Frankenreich
- ▢ Westgotenreich
- ▢ Ostgotenreich
- ▢ Burgunderreich
- ▢ Vandalenreich
- ▢ Gepidenreich
- ▢ Suebenreich
- ▢ Oströmisches Reich im 5. Jh. (Byzantinisches Reich)
- ······ Weströmisches Reich nach der Reichsteilung 395

Die Germanenreiche in den Grenzen um 500

Das Wort »Migration« erklärt der Fremd-
wörter-Duden als »Wanderung, Bewegung
von Individuen oder Gruppen im geographi-
schen oder sozialen Raum, die mit einem
Wechsel des Wohnsitzes verbunden ist«.

Solche Wanderungen hat es zu allen Zeiten der Geschichte
gegeben. Doch nur eine dieser Migrationen ist als »Völkerwanderung« in den allgemeinen Sprachgebrauch eingegangen. Im Jahr 375 n. Chr. machten sich Reiterverbände
aus der Völkerschaft der Hunnen auf den Weg, um neuen
Siedlungsraum zu suchen. Diese Migration hat, in der Form
eines Domino-Effekts, eine demografische Lawine
ausgelöst.

Lange wurde darüber gerätselt, was die
Hunnen zum Verlassen ihres Siedlungsgebiets
in den großen Steppen Zentralasiens gebracht
hat. Heute ist man in der Forschung weitgehend einig darüber, dass klimatische Veränderungen der Grund dafür waren. Die Herden der Nomaden fanden keine Nahrung
mehr.

Bei ihrem Zug nach Westen (der Weg
nach Süden war ihnen durch die Chinesische
Mauer versperrt) stießen die Hunnen auf
andere Völkerschaften, die sie zu unterwerfen suchten. Auch in das Römische Reich
drangen darüber bald Gerüchte, wie der
Geschichtsschreiber Ammianus Marcellinus
(um 330-um 395) berichtet:

*»Es lief die Nachricht um, die Völker des Nordens verur-
sachten neue und ungewöhnlich große Bewegungen. In
dem ganzen Gebiet zwischen den Markomannen und Quaden
und dem Schwarzen Meer sei die dort lebende Menschenmen-
ge von unbekannten Barbarenvölkern mit unvorhergesehener Gewalt aus ihren Wohnsitzen verdrängt worden. Sie ziehe nun im
Donaugebiet in einzelnen Banden mit ihren Familien umher. Ganz
zu Anfang wurden diese Gerüchte auf unserer Seite kaum beachtet,
weil man es schon gewohnt ist, aus jenen Gebieten nichts anderes als
Nachrichten über irgendwelche Kriege zu hören, die von irgendwelchen
weit entfernten Völkern geführt oder zwischen ihnen beigelegt worden
sind. Allmählich gingen jedoch zuverlässige Nachrichten über diese Vor-
gänge ein...«*

Zu den Völkern, auf welche die Hunnen stießen, gehörten die im Bereich der heutigen Ukraine siedelnden Ostgoten (Greutungen). Den schnellen hunnischen Reitern mit ihren Bogen hatten sie nichts entgegenzusetzen; große Teile der Völkerschaft unterwarfen sich daher den Eroberern. Auch die in Dakien im Bereich des heutigen Rumäniens siedelnden Westgoten (Terwingen) waren den Hunnen militärisch unterlegen, doch zogen sie daraus andere Schlüsse: Sie unterwarfen sich nicht den Hunnen, sondern zogen mit der Erlaubnis des oströmischen Kaisers Valens (364-378) über die Donau auf das Gebiet des Römischen Reichs. Die Hoffnung des Kaisers war, aus den Reihen der Westgoten »viele Rekruten« gewinnen und sich »ein unbesiegbares Heer schaffen« zu können (Ammianus Marcellinus). Das war ein vom Ansatz her zwar sinnvoller Gedanke, doch kamen solche Massen von Menschen (auch aus anderen Völkerschaften) über die Donau, dass die Vertreter der Staatsmacht vor Ort mit der Logistik vollkommen überfordert waren. Ammianus Marcellinus:

»Tag und Nacht setzten sie scharenweise auf Schiffen, Flößen und ausgehöhlten Baumstämmen über. Da der Fluss schwer zu überqueren ist und damals gerade auch noch infolge zahlreicher Regenfälle Hochwasser führte, kamen bei dem übermäßigen Gedränge manche in den Fluten um, wenn sie gegen Sturzwellen ankämpften oder schwimmen mussten. So wurde mit stürmischem Bemühen das Verderben der römischen Welt herbeigeführt. Es liegt dabei klar auf der Hand, dass die Unheil bringenden Beamten, die die Überfahrt der Barbarenmenge leiteten, zwar oft versuchten, deren Anzahl rechnerisch zu erfassen, doch es schließlich als vergeblich aufgaben.«

Den Westgoten blieb vor diesem Hintergrund keine andere Wahl, als sich plündernd am Leben zu erhalten.

Attila (Etzel), König der Hunnen, in der Schlacht auf den Katalaunischen Feldern im Herbst 451. Ein römisch-westgotisches Heer unter Aetius besiegte die Hunnen und stoppte damit deren Vormarsch auf dem europäischen Festland. (Kreidelithografie von 1860)

Kaiser Valens empfand die Situation bald als so bedrohlich, dass er mit einem großen Heer gegen die Goten ins Feld zog. Bei Adrianopel suchte er 378 die Entscheidung, doch die Schlacht endete mit einem Debakel für die Römer, Valens fand bei den Kämpfen den Tod. Erst seinem Nachfolger Theodosius I. gelang es, die Situation zu beruhigen, indem er den Westgoten ein Siedlungsgebiet auf dem westlichen Balkan, zwischen Donau und Balkangebirge, zuwies. Dort erhielten sie Land, waren aber auch zum Militärdienst verpflichtet.

Von dort stießen die Westgoten immer wieder in das Weströmische Reich vor, im Jahr 408 standen sie zum ersten Mal vor den Mauern Roms. Zwei Jahre später gelang

DIE SLAWEN

Es gibt in Europa drei große Sprachfamilien: Germanen, Romanen – und Slawen. Tacitus und Plinius der Ältere erwähnen ein Volk der »veneti«, das östlich der Germanen siedele. Daraus wurde das Wort »Wenden« abgeleitet, der ursprüngliche deutschsprachige Oberbegriff für alle Slawen. Ob die »veneti« aber tatsächlich Vorläufer der Slawen waren oder dieser Name erst später auf sie

übertragen wurde, ist in der Forschung umstritten. Ins gesicherte Licht der Geschichte traten die Slawen erst um 500. Ursprünglich sollen sie nördlich der Karpaten, zwischen Bug und Dnjepr, gesiedelt haben. Der oströmische Geschichtsschreiber Prokopios von Caesarea (um 500–um 562) bezeichnete sie als »Sklavenen«. Diese seien »keinesfalls schlechte oder bösartige Menschen«, die ähnlich einfach wie die Hunnen lebten. Von ihren ursprünglichen Siedlungsgebieten zogen die Sla-

wen nach Böhmen, Mähren und in die Slowakei. Einzelne slawische Gruppen zogen von dort weiter bis in das heutige Norddeutschland. Ein Erbe dieser Siedlungswelle sind die Sorben in der Lausitz. Über Ungarn gelangten die Slawen auf den Balkan, wo sie im 6. und 7. Jahrhundert in Konkurrenz zu Byzanz traten. Andere slawische Gruppen besiedelten den südlichen Alpenraum, vor allem das heutige Slowenien. Aber auch in Kärnten und der Steiermark siedelten Slawen.

Die Vandalen unter Geiserich eroberten am 2. Juni 455 Rom und plünderten die Stadt 14 Tage lang. (Holzstich von 1865)

es ihnen unter König Alarich, die Stadt einzunehmen. Drei Tage lang wurde das einstige Zentrum der Welt geplündert. Den Plan, nach Afrika überzusetzen, gaben die Westgoten schließlich auf; 418 zogen sie weiter nach Südfrankreich, wo ihnen der weströmische Kaiser Honorius ein eigenes Herrschaftsgebiet um Toulouse überließ.

Die Goten waren nicht die einzige Völkerschaft, die – ausgelöst durch den Aufbruch der Hunnen – nach Westen zog und dort mit dem wankenden Koloss des Römischen Reichs zusammenstieß. Eine Verdrängung löste die nächste aus. Dies galt beispielsweise für den germanischen Stamm der Vandalen, der nach Kämpfen mit den Ostgoten und unter dem Druck des weiteren hunnischen Vordringens im Jahr 406 in Gallien einfiel. Zusammen mit den Vandalen drangen die ebenfalls germanischen Sueben und die ursprünglich aus dem heutigen Iran stammenden Alanen über den Rhein in Gallien ein. In Gallien war der Zug dieser drei Stammes-verbände noch lange nicht zu Ende: Alle drei ließen sich nur wenige Jahre später in Spanien nieder: Die Alanen gründeten ein kurzlebiges Reich im heutigen Portugal, die Sueben in Galicien und die Vandalen in Andalusien. Doch bereits 422 gelang es römischen Trup-pen, unterstützt von dem Westgotenkönig Theoderid I., diese Herrschaften zu zerstören.

Die Reste der Vandalen und Alanen, insgesamt rund 80.000 Menschen, zogen 429 weiter nach Nordafrika. Im Besitz der »Kornkammer des Römischen Reichs«, gründe-ten die Vandalen im heutigen Tunesien ein relativ stabiles Königreich, im Jahr 439 eroberten sie Karthago und er-beuteten die dort stationierten römischen Schiffe. Dies ermöglichte ihnen, weite Teile des westlichen Mittelmeers unter ihre Kontrolle zu bringen. Am 2. Juni 455 überfielen die Vandalen Rom und plünderten die Stadt, ohne auf Gegenwehr zu stoßen. Erst dem wieder erstarkten ost-römischen Kaisertum unter Justinian I. gelang die Wende: Im Jahr 532 eroberte der oströmische Feldherr Belisar das Vandalenreich.

Die Hunnen, die Auslöser der Kettenreaktion, waren inzwischen bis an den Rhein vorgedrungen. 436 besiegten sie das Reich der germanischen Burgunder, dessen Zen-trum Worms war. Diese Kämpfe bildeten die Grundlage für das berühmte Nibelungen-Epos. Es ist bezeichnend für die verworrene Gemengelage der Zeit, dass die Hunnen gemeinsam mit dem weströmischen Feldherrn Aetius gegen die Burgunder kämpften. Ohne die Hilfe »barbarischer« Verbündeter gelangen den Römern keine militärischen Erfolge mehr. Dies zeigte sich auch, als die Hunnen unter ihrem König Attila 451 im Norden Galliens einfielen.

Ostgotische Adlerfibel aus Gold, um 500. Replik nach dem Original im Germanischen Nationalmuseum, Nürnberg

In der Nähe von Troyes, auf den Katalaunischen Feldern, kam es zur Schlacht: Die Römer unter dem Oberbefehl des Aetius wurden von den Westgoten unterstützt; auf der Seite von Attilas Hunnen kämpften Ostgoten und Sueben. Am Ende war Attila zwar nicht vernichtet, aber nur knapp mit dem Leben davongekommen. Sein weiterer Vormarsch konnte durch die römische Kraftanstrengung zurückgewiesen werden. Zwar fiel er im folgenden Jahr noch einmal in Italien ein, doch mit seinem Tod 453 endete die hunnische Bedrohung, sein Reich zerfiel.

Die Völkerwanderung kam damit aber noch nicht zu ihrem Ende: Die Hauptrollen spielten in der Folge die West- und die Ostgoten sowie ein westgermanischer Stammesverband, der erst durch die Völkerwanderung zu einer Einheit geworden war: die Franken. Doch zunächst kam es in Rom zum ruhmlosen Schlussakkord des westlichen Kaisertums, als Odoaker, ein Germane in römischen Diensten, unterstützt von meuternden Heereseinheiten, den jugendlichen Kaiser Romulus Augustulus absetzte und selbst die Macht in Italien übernahm. Um Odoaker zu stürzen, bediente sich der oströmische Kaiser Zenon des Ostgotenkönigs Theoderich. Fünf Jahre dauerten die Auseinandersetzun-

gen; am Ende einigten sich die erschöpften Kontrahenten darauf, gemeinsam zu regieren. Doch bei dem Festmahl in Ravenna, das dem Friedenschluss folgte, erschlug Theoderich am 15. März 493 Odoaker und machte sich durch diese Bluttat selbst zum neuen, starken Mann Italiens.

Kaiser Zenon erkannte den Coup Theoderichs zähneknirschend an. Doch den Goten stand das gleiche Schicksal wie den Vandalen bevor: Im Jahr 540 eroberte der oströmische Feldherr Belisar im Auftrag Kaiser Justinians I. Ravenna. Das Ostgotenreich war weitgehend ein Reich Theoderichs gewesen, der Italien während der Dauer seiner Herrschaft Stabilität gegeben und an die Traditionen der antiken Kaiser angeknüpft hat. In die Heldensagen des deutschen Mittelalters ist Theoderich als Dietrich von Bern eingegangen.

Bleiben noch zwei Völker: Westgoten und Franken. In der Schlacht bei Vouillé besiegte der fränkische König Chlodwig I. aus dem Geschlecht der Merowinger 507 den Westgotenkönig Alarich II. Wieder fand nun eine Verdrängung, eine Migration statt: Die geschlagenen Westgoten zogen weiter auf die Iberische Halbinsel, die sie bis in die zweite Hälfte des 6. Jahrhunderts vollständig eroberten. Dabei besiegten sie unter anderem die Sueben in Galicien. Zu der Hauptstadt

FURCHTERREGENDE HUNNEN

Nicht nur bei den zivilisierten Römern, auch bei den barbarischen Germanen löste das Auftreten der Hunnen Entsetzen aus. Dies beruhte auf der militärischen Schlagkraft der Hunnen, die gewandte Reiter und hervorragende Bogenschützen waren. Durch die von ihnen verwendeten in Europa damals noch völlig unbekannten Steigbügel saßen sie auf ihren Pferden sehr viel sicherer als

ihre Gegner: »Ihre Schuhe werden nicht auf Leisten gepasst und hindern sie folglich daran, frei auszuschreiten. Deswegen sind sie zu Fußkämpfen ungeeignet, aber auf ihren abgehärteten, doch unschönen Pferden sitzen sie wie angegossen und reiten auf ihnen bisweilen im Frauensitz, wenn sie ihre natürlichen Bedürfnisse erledigen. Von seinem Pferd aus kauft und verkauft jeder-

mann in diesem Volk, und zwar bei Tag und Nacht, nimmt sein Essen und Getränk zu sich und gibt sich, auf den schmalen Hals des Tiers gebeugt, tiefem Schlaf hin...«, so der oströmische Historiker Ammianus Marcellinus. Auch ihr ungewöhnliches, jedenfalls für die Römer in Ost und West, furchterregendes Äußeres trug zu dem Schrecken bei, den die Hunnen verbreiteten. Dazu gehörte die

ihres neuen, iberischen Königreichs machten sie Toledo. Das Westgotenreich entwickelte eine erstaunliche Dauerhaftigkeit, auch deshalb, weil die Zeit der Völkerwanderungen zu Ende ging. Erst die arabische Eroberung der Iberischen Halbinsel bereitete ihm 711 ein Ende.

Zur neuen Vormacht in Gallien und im heutigen Südwestdeutschland wurden die Franken. Sie besiegten nicht nur die Westgoten, sondern auch die Alamannen. Mit ihrem König Chlodwig I. endet die Spätantike – und beginnt das Mittelalter. Die letzten Zeilen der Völkerwanderung schrieben die Langobarden: Sie stammten ursprünglich aus dem elbgermanischen Raum und siedelten später in Niederösterreich, dem Burgenland, Ungarn und Mähren. Die letzte Wanderung der Langobarden wurde ausgelöst durch den typischen Domino-Effekt. Die ursprünglich aus Zentralasien stammenden Awaren hatten im 6. Jahrhundert das Siedlungsgebiet der Langobarden erreicht. Zwar kämpften Langobarden und Awaren zeitweise gemeinsam, doch zogen die Germanen es letztlich vor, dem Druck zu weichen. Sie zogen 568 nach Norditalien, wo sie ein Reich mit der Hauptstadt Pavia gründeten – und der Lombardei ihren Namen gaben.

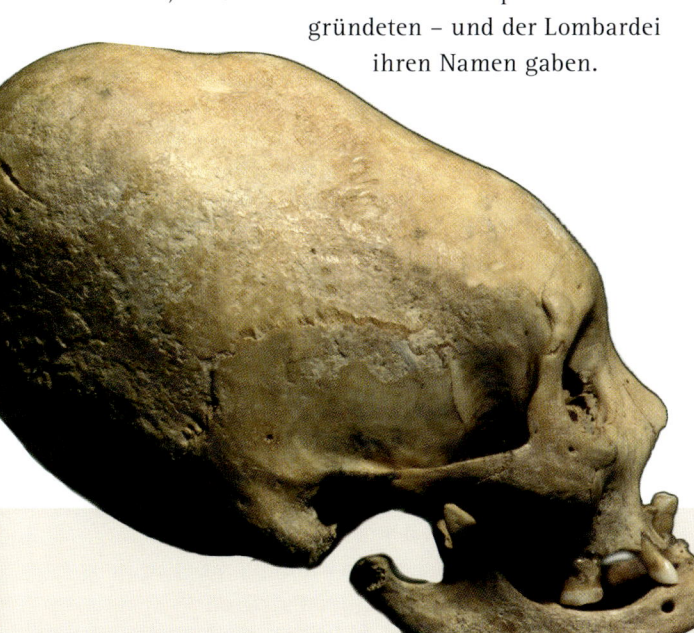

Chindaswind (642–653), Rekkeswind (653–672), Egica (687–702) und weitere Könige des Westgotenreiches (spanische Buchmalerei, 976)

Sitte der Schädeldeformation: Den Kindern wurden die Schädel so fest gebunden, dass sie förmlich in die Höhe gedrückt wurden; es entstanden die sogenannten »Turmschädel« mit ihrer markanten lang gezogenen Stirn.
Archäologische Funde haben diesen Brauch belegt. Zudem sollen die Hunnen bereits Kleinkindern die Gesichter zerschnitten haben, um durch die Narbenbildung späteren Bartwuchs zu verhindern. In die Kampfwunden schmierten sie sich Schwarzerde, was die Bildung dicker Narben förderte. Davon berichtet der oströmische Geschichtsschreiber Jordanes (gest. um 552).

links:
Bei den Hunnen war es üblich, kleinen Kindern die Schädel zu binden. Dies führte zu einer länglichen Kopfform und ist am Beispiel dieses deformierten Schädels einer adeligen Frau aus dem 5. Jahrhundert n. Chr. zu sehen. Solche Schädeldeformationen sind für das 5. und 6. Jahrhundert nachweisbar.

DIE CHRISTIANISIERUNG EUROPAS

Dass Jesus wirklich gelebt hat, daran gibt es heute kaum mehr Zweifel. Ebenso wenig daran, dass er am Kreuz gestorben ist. Doch von diesen Fakten war und ist es ein weiter Schritt, Jesus als den Messias anzuerkennen. Jene, die dies tun, sind Christen. Mehr als ein paar Tausend werden dies nach der Hinrichtung Jesu nicht gewesen sein: eine kleine, misstrauisch beäugte Minderheit in der römischen Provinz Judäa.

Zu diesen Urchristen stieß um das Jahr 33 Saulus von Tarsus, ein gebildeter Jude, der das römische Bürgerrecht besaß. Als Paulus ist er in die Kirchengeschichte eingegangen. Seine Briefe zeugen von der ausgedehnten Missionstätigkeit des Heiligen zuerst im östlichen Mittelmeerraum, schließlich auch in Rom. Überall, wo Paulus predigte, gründete er christliche Gemeinden als Keimzellen der weiteren Missionierung. Damit legte er den Grundstein dafür, dass aus einer jüdischen Sekte eine universale Religion werden konnte. Vier Missionsreisen sind überliefert: Die erste führte ihn nach Antiochia am Orontes (Antakya), nach Zypern und in den Süden der heutigen Türkei, wo er unter anderem in Attalia predigte, dem heutigen Touristenzentrum Antalya. Die zweite Reise führte ihn über seine Geburtsstadt Tarsus durch die heutige türkische Provinz Konya bis in das heutige Griechenland, nach Thessalonica (Thessaloniki) und Korinth. Auf der dritten Reise besuchte er unter anderem Ephesus und Rhodos. Über Kreta, Malta und Sizilien reiste Paulus dann auf seiner letzten Missionsreise nach Rom, wo er im Jahr 64 bei einer Christenverfolgung unter Kaiser Nero den Märtyrertod fand. Auch jene Apostel, die – anders als Paulus – Jesus selbst gekannt hatten, sollen Missionsreisen unternommen haben. Allerdings sind diese vielfach nur legendär überliefert; so soll der heilige Thomas bis nach Indien gekommen sein. Der Wirkungskreis des Apostels Petrus war sehr viel geringer; offensichtlich hat er zunächst nur in der näheren Umgebung Jerusalems und im Westjordanland gepredigt. Dies hing auch damit zusammen, dass die Mission unter den Heiden bei vielen jüdischen Christen sehr umstritten war bzw. von den bekehrten Heiden erwartet wurde, dass sie die Gebote des Judentums anerkannten. Allerdings hat Jesus selbst die Ausdehnung der von ihm begründeten Religion propagiert: »Geht hinaus in die ganze Welt und verkündet das Evangelium allen Geschöpfen.« (Mk. 16,15)

In der Zeit, in der Paulus den Märtyrertod erlitten hat, soll auch Petrus nach Rom gekommen und ebenfalls wegen seines Glaubens getötet worden sein. Ob sich sein Grab tatsächlich unter dem Altar der Peterskirche befindet, ist nicht eindeutig bewiesen; archäologische Untersuchungen lassen aber den Schluss zu, dass die christliche Überlieferung eine historische Basis hat.

Die Ausbreitung des Christentums

- Gebiete, in denen im 3. Jahrhundert viele Christen lebten
- Christianisierte Gebiete bis 600
- Städte mit christlichen Gemeinden

0   200   400   600 km

Ostsee

Aguntum

Aquileia

Kaspis Mee

Rom

ua
Neapel

Schwarzes Meer

Sinope

Philippi

Nizäa

Thessalonike

Edessa

Cäsarea

Ephesus
Smyrna

Kolossä   Ikonion

Tarsus

Korinth   Athen   Milet

Lystra

Derbe

Antiochia

Syrakus

Patmos

Salamis

Paphus

Mittelländisches Meer

Cäsarea

Bethlehem   Jerusalem

Alexandria

Am Ende des 2. Jahrhunderts gab es christliche Gemeinden entlang des fruchtbaren Halbmonds im östlichen Mittelmeerraum, in Ägypten, dem heutigen Libyen sowie auf der italischen Halbinsel bis hinauf nach Rom. In der populären Überlieferung ist die Geschichte des Christentums im Römischen Reich vor allem eine Geschichte der Christenverfolgungen. Tatsächlich gab es solche Verfolgungen zu unterschiedlichen Zeiten mit unterschiedlicher Intensität. Im Prinzip galt im Römischen Reich eine weit gehende religiöse Toleranz, solange die zahlreichen Völker nur den Kaiserkult und damit die Herrschaft Roms anerkannten. Doch immer

mehr römische Bürger wandten sich dieser seltsamen neuen Religion zu, die jeden anderen Glauben ausschloss und angriff –durchaus im wörtlichen Sinn. So haben Christen in Nordafrika heidnische Heiligtümer zerstört und dadurch den Zorn der Bevölkerungsmehrheit auf sich gezogen. Gerade diese Radikalität machte aber einen Gutteil der Attraktivität des Christentums aus;

Am 28. Oktober 312 besiegt Konstantin der Große den Gegenkaiser und Rivalen Maxentius an der Milvischen Brücke und wird alleiniger Herrscher über das Westreich. (Aquarell von Peter Conolly, 1989)

die einfache und strenge Lebensführung, der Gemeinschaftssinn waren Gegenbilder zu einer Welt des Verfalls. Nicht minder verlockend war für viele die Aussicht auf ein ewiges Leben im Paradies. Dazu kam schon zu Beginn des 2. Jahrhunderts ein sich an die weltlichen Zentren angelehnter hoher Organisationsgrad.

Die stetig wachsende Zahl der Christen (um 300 stellten sie bereits 15 Prozent der Gesamtbevölkerung des Reichs) machte ihre Unterdrückung immer schwieriger – und gefährlicher. Zuletzt versuchte dies Kaiser Diokletian (284-305), der die – aus seiner Sicht – Intoleranz der Christen so wenig akzeptieren wollte, wie deren Ablehnung des von ihm wieder stärker propagierten Staatskults. Doch fast schien sich unter ihm zu bewahrheiten, was der Pharisäer Gamaliel unmittelbar nach der Kreuzigung Jesu denen geantwortet hatte, welche die neue Sekte verfolgen wollten: Wenn diese von Gott inspiriert sei, dann mache die Verfolgung keinen Sinn, und wenn nicht, dann würde diese Lehre von allein bald wieder verschwinden.

Vor diesem Hintergrund war es eigentlich nur eine Frage der Zeit, wann ein Herrscher auf die Idee kommen

würde, Christus bzw. die Christen zu benutzen, um seine Herrschaft zu sichern. Das war Konstantin I., der vor der Schlacht an der Milvischen Brücke am 28. Oktober 312 gegen seinen Widersacher Maxentius ein christliches Symbol an seinen Feldzeichen anbringen ließ. In diesem Zeichen siegte Konstantin, und auch wenn er sich selbst erst auf dem Totenbett taufen ließ, kann er als erster christlicher römischer Herrscher gelten.

Konstantin hat massiv in kirchliche Belange eingegriffen, nicht zuletzt, um eine Spaltung der Kirche zu verhindern, die zu einer Schwächung seiner neuen Machtbasis geführt hätte. Dabei ging es vor allem um die Lehre des Presbyters Arius, der die Wesensgleichheit Gottes und Jesu bestritt. Das von Konstantin einberufene Konzil von Nicäa (325) wandte sich scharf gegen den Arianismus, Arius selbst wurde verbannt. Das Problem war damit noch nicht gelöst, vor allem im Osten fand der Arianismus weiterhin zahlreiche Anhänger. Hatte unter Konstantin noch Toleranz gegenüber den Verehrern der alten Gottheiten geherrscht, so verbot Kaiser Theodosius I. (375-395) deren Verehrung und schloss die Tempel.

Die germanischen Stammesverbände der Völkerwanderungszeit kamen durch ihre Beziehungen mit
dem Römischen Reich in Kontakt mit dem Christentum.
Wie bei Konstantin versprachen sich einzelne Könige
einen politischen Vorteil, wenn sie Christen wurden;
andere verfolgten Christen aus dem gleichen Grund.
Wenn germanische Könige zum Christentum übertraten,
dann bevorzugten sie dessen arianische Variante. Dies
galt etwa für den westgotischen König Fritigern, nachdem der oströmische – arianische – Kaiser Valens ihm ge-
stattet hatte, sich in seinem Reich anzusiedeln. Darüber
hinaus scheint die arianische Auffassung von der Wesens-
verschiedenheit zwischen Gott und Jesus den Germanen
eher verständlich gewesen zu sein als die katholische
Auffassung von der Wesensgleichheit.

Ein Ereignis von weltgeschichtlicher Bedeutung war
es daher, als sich der Frankenkönig Chlodwig I. aus der
Dynastie der Merowinger am Weihnachtsfest des Jahres 496
taufen ließ und sich fortan zu der römischen, katholischen
Variante des Christentums bekannte. Der Vormarsch der
Franken wurde dadurch zum Vormarsch der römischen
Kirche. Ähnlich wie bei Konstantin soll das Christuszeichen
ihm zum Sieg in einer Schlacht (gegen die Alamannen)
verholfen haben; der Übertritt zum Katholizismus jedoch
dürfte ganz irdische Motive gehabt haben. Die Franken
hatten sich als Vormacht in Gallien etabliert, dessen
Bevölkerung weitgehend romanisiert – und katholisch
war. Wollte Chlodwig, dass seine Herrschaft auch von
der angestammten Bevölkerung anerkannt wurde und
dass es zu einer Verschmelzung mit seinen germanischen
Franken kam, dann führte an Rom kein Weg vorbei.
Auch die noch arianischen Germanen traten in der Folge
zum katholischen Glauben über: 589 vollzogen die West-

Konstantin der Große bei seiner legendären Taufe 337
durch Papst Sylvester I. (Fresko von 1246)

goten in Spanien diesen Schritt, 662 die Langobarden in
Norditalien. Damit waren alle germanischen Stammes-
verbände, die auf dem Boden des ehemaligen Römischen
Reichs lebten, katholische Christen. Doch indem die
Franken die Grenzen ihres Königreichs nach Nordosten
vorschoben, stießen sie dort auf heidnische Stammes-
bände, deren Bekehrung in ihrem politischen Interesse

LINDISFARNE

Abgelegen ist die »Heilige Insel« bis heute. Zwar
gibt es eine Straße, die auf einem Damm dort
hinführt, doch während der Flut ist die Insel in
Northumberland, südlich von Berwick-upon-
Tweed, wie im Mittelalter nur mit dem Schiff zu
erreichen. Auf der Insel befinden sich die Ruinen
eines der berühmtesten Klöster Englands: Lindisfarne. Das Kloster wurde 635 vom heiligen Aidan
gegründet, einem Mönch des Klosters Iona. Von

den ersten, ganz aus Holz errichteten Klosterge-
bäuden hat sich nichts erhalten; die heutigen Ru-
inen gehören zu dem nach der normannischen
Eroberung 1066 gegründeten und 1536 durch
Heinrich VIII. aufgehobenen Benediktinerkloster.
Der Ruhm Lindisfarnes aber ist bis heute geblie-
ben. Dieser verdankt sich nicht zuletzt seinem
Skriptorium. Das um 700 entstandene »Buch von
Lindisfarne«, ein lateinisches Evangelienbuch, in
dem sich keltische, germanische und mediterrane
Formen zu einem faszinierenden neuen Stil ver-

binden, gehört zu den großartigsten Schöpfun-
gen der Kulturgeschichte. Nachhaltige Wirkung
entfaltete auch die Klosterschule von Lindisfarne,
denn in ihr wurden jene jungen Männer ausgebildet, die später als Missionare in England das
Evangelium predigten.
Der berühmteste Abt von Lindisfarne war der
heilige Cuthbert (635-687). Die schwärzeste
Stunde der »Heiligen Insel« schlug 793, als das
Kloster von Wikingern überfallen und ausgeplün-
dert wurde.

Patricius (St. Patrick, um 385–461),
Apostel Irlands (Gemälde von 1505)

ST. PATRICK

liegen musste, ebenso wie in jenem der römischen Päpste, die seit dem 5. Jahrhundert ihren Vorrang vor allen anderen Bischöfen betonten.

Das Christentum setzte seinen Siegeszug aber nicht nur innerhalb des fränkischen Reichs fort. Schon im 5. Jahrhundert war das keltische Irland christianisiert worden, das niemals zum römischen Machtbereich gehört hat. Papst Coelestin I. hatte im Jahr 431 einen Priester namens Palladius als ersten Bischof auf die Insel geschickt, doch hat es dort schon zu-

In Irland selbst, aber auch an allen anderen Orten, an denen Iren leben, wird der St. Patrick's Day am 17. März groß gefeiert; die Straßen sind geschmückt und es finden große Umzüge statt, es gibt Konzerte und Volksfeste. An diesem Tag feiern die Iren ihren Nationalheiligen Patrick.

Dabei stammt der Kirchenmann ursprünglich aus dem Westen Englands. Dort wurde er um 400 geboren, doch bereits als Kind von Piraten nach Irland in die Sklaverei verschleppt.

Nach sechs Jahren gelang ihm die Flucht. Er wurde Mönch in einem Kloster bei Auxerre, doch sein großer Traum war es, als Missionar nach Irland zurückzukehren. Im Jahr 432 war es so weit; bald löste er den heiligen Palladius als Bischof ab – und predigte den Iren das Wort Gottes. Der Heilige wird oft mit einem Kleeblatt dargestellt, denn an diesem Beispiel soll er den Iren die heilige Dreifaltigkeit erklärt haben. Patrick gründete zahlreiche Klöster, darunter als wichtigstes den Bischofssitz Armagh im heutigen Nordirland. Gestorben ist er um 460.

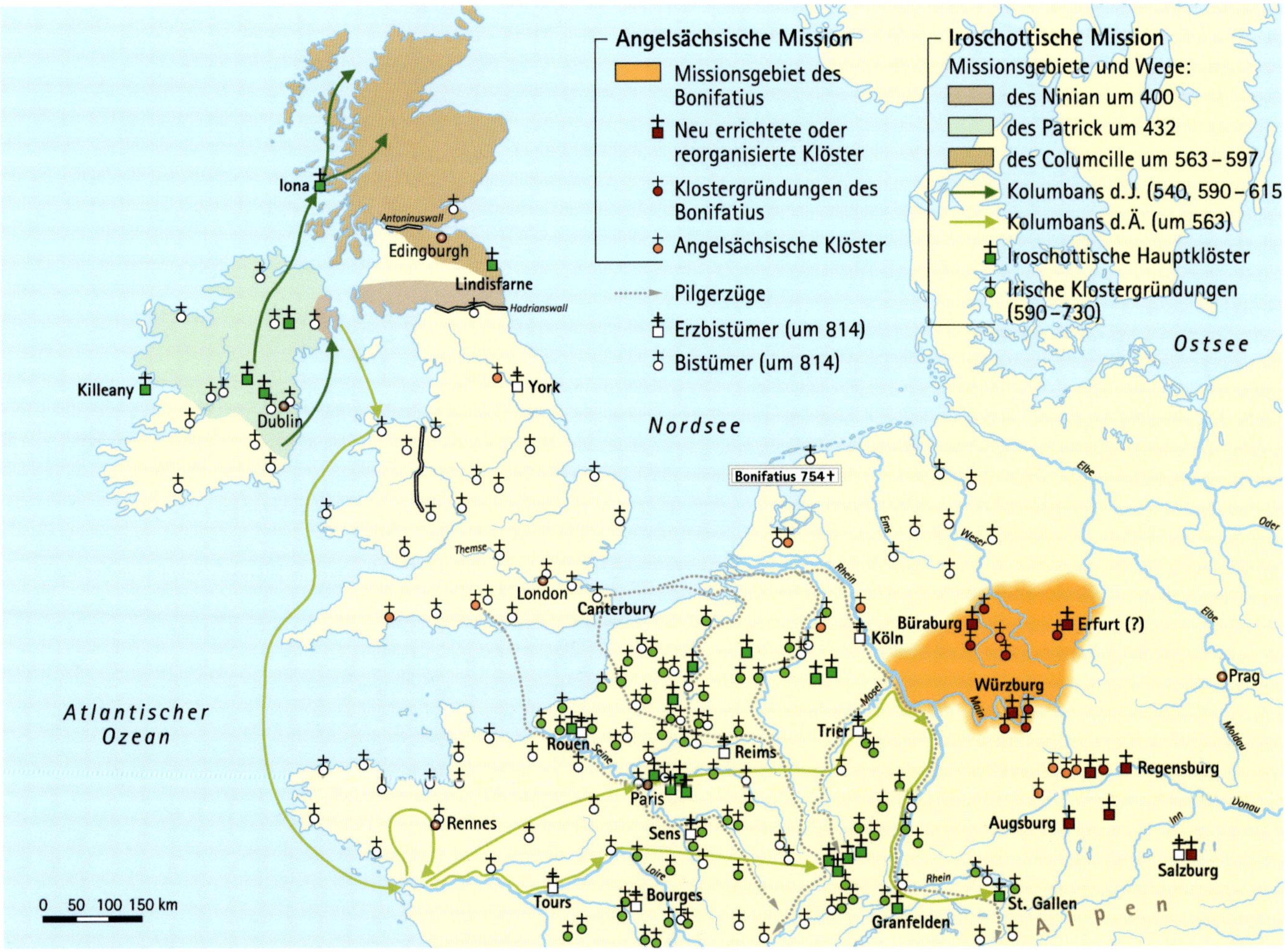

Angelsächsische Mission

- Missionsgebiet des Bonifatius
- Neu errichtete oder reorganisierte Klöster
- Klostergründungen des Bonifatius
- Angelsächsische Klöster

- Pilgerzüge
- Erzbistümer (um 814)
- Bistümer (um 814)

Iroschottische Mission
Missionsgebiete und Wege:

- des Ninian um 400
- des Patrick um 432
- des Columcille um 563–597
- Kolumbans d. J. (540, 590–615)
- Kolumbans d. Ä. (um 563)
- Iroschottische Hauptklöster
- Irische Klostergründungen (590–730)

Iona
Antoninuswall
Edingburgh
Lindisfarne
Hadrianswall
Killeany
Dublin
York
Nordsee
Ostsee
Bonifatius 754 †
Elbe
Ems
Weser
Oder
London
Canterbury
Büraburg
Erfurt (?)
Köln
Rhein
Würzburg
Prag
Atlantischer Ozean
Themse
Rouen
Seine
Reims
Trier
Mosel
Main
Regensburg
Paris
Sens
Augsburg
Moldau
Rennes
Donau
Tours
Loire
Bourges
Granfelden
St. Gallen
Salzburg
Inn
Rhein
Alpen

0   50 100 150 km

Mission vom 5. bis 8. Jahrhundert

vor Christen gegeben, wahrscheinlich eine Folge kurzlebiger Missionsversuche ägyptischer (!) Mönche. Populärer als Palladius wurde sein Nachfolger, der heilige Patrick, der 432 auf die Grüne Insel kam (siehe Kasten links).

Mit bedingt durch die weite Entfernung von Rom und politische Isoliertheit entwickelte sich das irische Christentum auf eine ganz eigene Weise. Kennzeichnend dafür war das blühende klösterliche Leben, das die Keimzelle des Christentums auf der Insel wurde. Diese Klöster, die anders als die Bischöfe auf dem Kontinent in keiner direkten Abhängigkeit von Rom standen, wurden von sich aus missionarisch tätig und stießen zunächst in England auf Missionsbemühungen der römischen Zentrale. Dabei kam es zu handfestem Streit über Themen, die aus heutiger Sicht kleinkariert wirken mögen, in einer Zeit des noch nicht gefestigten und um Einheit ringenden Christentums aber existenziell waren. Das betraf etwa die unterschiedliche Art der Tonsur der Mönche, vor allem aber die unterschiedliche Berechnung des Ostertermins. Meist werden diese Missionare als iroschottisch bezeichnet; diese Bezeichnung geht auf die keltischen Skoten zurück, die sowohl im heutigen Irland als auch in Schottland gelebt haben. Erst später wurden die Skoten auf Schottland reduziert.

Die päpstlichen Missionare wurden von dem Benediktinerabt Augustinus von Canterbury angeführt. Papst Gregor der Große hatte ihm 596 auf den Weg gegeben, zwar die Götterbilder, aber nicht die heidnischen Tempel zu zerstören, sondern »mit heiligem Wasser« zu waschen, um sie dann in Kirchen zu verwandeln. Und die Festtage der Heiden sollten durch zu diesem Termin passende christliche ersetzt werden, »denn es ist sicher unmöglich, alles mit einem Streich aus ihren starrsinnigen Herzen zu tilgen«. Eine kluge, moderate Vorgehensweise, die den Erfolg der Mission des Augustinus begünstigt hat.

Das Zentrum dieser Missionstätigkeit lag im Südwesten der Insel. Der Nordosten war dagegen das Terrain der irischen Mönche, die von König Oswald von Northumbrien in das Land geholt worden waren. Oswald war auf der Insel Iona aufgewachsen, einem keltischen Kloster, in dessen Skriptorium das berühmte *Book of Kells*

entstanden ist und von dem aus der heilige Columban von Iona bei den schottischen Pikten missioniert hat. Bei einer Synode im Jahr 664 wurde der Streit um die Osterdatierung unter den Missionaren zugunsten der römischen Kirche entschieden; England erhielt eine Bistumsverfassung nach dem Vorbild der fränkischen Reichskirche auf dem Kontinent.

Zum »Apostel der Deutschen« wurde der heilige Bonifatius (siehe Kasten S. 22). Allerdings war er nicht der einzige Missionar: In jenen heute deutschen Gebieten, die noch im 4. Jahrhundert zum Römischen Reich gehörten, begann die Christianisierung schon mit Kaiser Konstantin I. Um 600 setzte bereits die Christianisierung der unter fränkischer Oberherrschaft stehenden Alamannen im heutigen Süddeutschland, im Elsass und in der Schweiz ein. Getragen wurde die Christianisierung der Alamannen durch iroschottische Mönche. Für den Hochrhein- und Bodenseeraum seien die Heiligen Fridolin (gest. 538), Columban von Luxeuil (543-615) oder Gallus (um 550-640) genannt. Columban hatte zuvor bereits in Gallien durch die Gründung des

Der Bischof von Reims tauft den Frankenkönig Chlodwig I. aus dem Haus der Merowinger um 498, nach der Schlacht von Zülpich und dem Sieg über die Alamannen. (Ausschnitt aus einem flämischen Bildteppich, um 1523)

Das Südkreuz oder Kreuz des heiligen Patrick vom ehemaligen Kloster Kells in Meath, Irland, aus dem frühen 9. Jahrhundert stellt verschiedene biblische Szenen dar.

Klosters Luxeuil den Grundstein für die iroschottische Mission auf dem Kontinent gelegt.

Die ältesten christlichen Spuren bei den Baiuwaren gehen auf das 4. Jahrhundert zurück. In Bayern missionierten unter anderem die Heiligen Eustasius (gest. 629), Emmeram (gest. um 652) und nicht zuletzt auch der heilige Bonifatius. In Sachsen hatten angelsächsische Missionare zunächst nur wenig Erfolg. Der Missionsbischof Willehad (um 740-789) wurde 782 vertrieben. Der Widerstand gegen das Christentum war in Sachsen lange Zeit gleichbedeutend mit dem Widerstand gegen die fränkische Krone. Zwangstaufen unter Karl dem Großen schürten diesen Widerstand weiter. Erst die Taufe des unterlegenen sächsischen Herzogs Widukind 785 markierte den endgültigen Wendepunkt. Schon Zeitgenossen übten an der brutalen Christianisierungspolitik Karls Kritik. Zu ihnen gehörte der aus Westfriesland stammende Bischof Liudger. Erfolg versprechender erschien ihm das Vorgehen, das Augustinus von Canterbury zwei Jahrhunderte zuvor im Auftrag Papst Gregors in England propagiert hatte.

Auch im heutigen Österreich setzte sich das Christentum dauerhaft erst mit der Ausdehnung des fränkischen Einflussbereichs durch.

Die Christianisierung Skandinaviens ist eng mit der Person des heiligen Ansgar (um 801-865) verbunden. Nachdem Ludwig der Fromme dem gestürzten dänischen König Harald Klak 826 wieder zur Macht verholfen und als Preis dafür seinen Übertritt zum Christentum verlangt hatte, schien die Christianisierung Skandinaviens dem üblichen Muster zu folgen, dass normalerweise der Herrscher zuerst den neuen Glauben annahm und dessen Verbreitung förderte. Es folgte die Oberschicht und erst dann das Gros des Volkes. Doch im hohen Norden lagen die Dinge komplizierter, denn Harald wurde neuerlich vertrieben. Mit der Ernennung Ansgars zum Erzbischof von Hamburg und päpstlichen Legaten für Skandinavien sowie der Erlaubnis des schwedischen Königs Björn, in seinem Reich das Evangelium zu predigen, schien 829 der Erfolg wieder in greifbarer Nähe zu sein. Doch als die Wikinger 845 Hamburg plünderten, lag damit auch

BONIFATIUS

Schon als siebenjähriges Kind wurde der aus dem Südwesten Englands stammende Bonifatius (der ursprünglich Wynfreth hieß) von seinen Eltern in ein Kloster gegeben; der geistliche Lebensweg war ihm damit vorgezeichnet. Im Alter von etwas über 30 Jahren unternahm er 716/17 seine erste Missionsreise zu den Friesen, kehrte aber bald wieder nach England zurück, wo er zum Abt seines Klosters gewählt wurde.

Doch sein eigentliches Streben galt fortan der Mission. Zuallererst aber reiste er nach Rom – keinem irischen Mönch wäre dies eingefallen. Für den Angelsachsen war Rom das Zentrum, an dem sich alle Christen orientieren sollten. Das war gerade für die in Clans und Stämmen denkenden Germanen ein neuer, ja revolutionärer Gedanke. Vor diesem Hintergrund ist es zu verstehen, dass Bonifatius in Rom von Papst Gregor II. persönlich den Auftrag zur Missionierung Germaniens erhalten hat. In der Folge predigte Bonifatius neuerlich bei den Friesen, danach bei den Hessen, und gründete Klöster. Die Missionierung allein genügte ihm nicht; er wollte die Kirche Germaniens von Grund auf organisieren und an Rom ausrichten. Daher reiste er 722 ein weiteres Mal nach Rom, wo er zum Bischof geweiht wurde. Wieder im Norden angekommen, setzte er sein Missionswerk bei den Hessen fort. 723 fällte er die Donareiche bei Geismar – und führte damit den letzten Zweiflern vor Augen, dass die heidnischen Götter keine Macht mehr hatten. 725 zog Bonifatius weiter nach Thüringen, das wie Hessen in bedrohlicher Nähe zu den heidnischen Sachsen lag.

In Rom wusste man um den Wert Bonifatius' und ernannte ihn 732 zum Erzbischof. Dies war die Voraussetzung dafür, dass Bonifatius die kirchliche Landschaft in den missionierten Gebieten durch die Weihe von Bischöfen und die damit verbundene Gründung neuer Bistümer noch eindeutiger an Rom ausrichten konnte, so wie es seinem Traum von einer universalen christlichen Kirche entsprach. So verdanken unter anderem die Bistümer Erfurt, Würzburg und Eichstätt ihre Gründung dem heiligen Bonifatius.

737 brach Bonifatius zu seiner dritten Reise nach Rom auf, die ihm die Ernennung zum päpstlichen Legaten für Germanien einbrachte. Die Salbung des Karolingers Pippin zum König durch Papst Stephan II. im Januar 754 begründete die dauerhafte Allianz der fränkischen Krone mit dem römischen Papsttum, auf die Bonifatius mit Macht hingearbeitet hatte. Der streitbare Gottesmann, der in den Jahren zuvor manche Rückschläge bei der Reorganisation der fränkischen Kirche hatte hinnehmen müssen, kehrte im Alter von bald 80 Jahren noch einmal zu seinen Wurzeln zurück: Er predigte den Friesen das Wort Gottes. Am 5. Juni 754 wollte er in Dokkum das Sakrament der Firmung spenden. Doch in den frühen Morgenstunden wurde das Lager des Erzbischofs überfallen, Bonifatius getötet. Sein Grab befindet sich im Dom zu Fulda.

das Zentrum der Skandinavien-Mission am Boden, der Bischofssitz wurde nach Bremen verlegt. Erst die Taufe des dänischen Königs Harald Blauzahn – unter dem Druck Kaiser Ottos I. – um 958 bahnte dem Christentum wieder den Weg. Mit der Lösung Skandinaviens von der Erzdiözese Hamburg-Bremen und dem Aufbau einer eigenen kirchlichen Struktur im 11./12. Jahrhundert wurde die Christianisierung Skandinaviens abgeschlossen.

In Ost- und Südosteuropa verlief die Christianisierung nach Konstantin I. entsprechend der römischen Reichsgrenzen. Der erste christliche Staat überhaupt war jedoch Armenien, wo das Christentum 301 zur Staatsreligion erhoben wurde – fast hundert Jahre vor dem Römischen Reich. Vom 9. Jahrhundert an trafen in Ost- und Südosteuropa byzantinische und römische Missionsbemühungen aufeinander. Je nach politischem Kalkül schlossen sich die jeweiligen Herrscher einer der beiden Seiten an bzw. mussten sich dem Druck der einen oder der anderen Seite beugen. Die von Otto III. initiierten Gründungen der Erzbistümer Gnesen und Gran (1000/1001) führten dazu, dass Ungarn und Polen sich der römischen Kirche anschlossen; Bulgarien dagegen, das auch Ziel fränkisch-katholischer Missionstätigkeit war, schloss sich 869/70 endgültig der byzantinischen Kirche an. Schüler der Slawenapostel Kyrill und Method unterfütterten diese politische Entscheidung durch ihre Tätigkeit in Bulgarien religiös. Umgekehrt verlief die Entwicklung im Großmährischen Reich, das in etwa die heutige Slowakei und Mähren umfasste.

Hier wirkten Kyrill und Method selbst, zunächst sogar mit Zustimmung des Papstes. Die beiden Brüder, die ursprünglich aus Saloniki in Griechenland stammten, schufen für ihre Missionsaufgaben die erste slawische Schriftsprache. Nach dem Tod der beiden Slawenapostel jedoch geriet das Großmährische Reich gänzlich unter lateinischen Einfluss, und die eigene »kirchenslawische« Liturgie wurde verboten. Die Nähe zu Konstantinopel war entscheidend dafür, dass die Kiewer Rus im 10. Jahrhundert den christlichen Glauben in seiner byzantinischen Prägung annahmen. Die politische und die religiöse Trennung Europas verliefen parallel.

Diese Buchmalerei von 975 zeigt links den heiligen Bonifatius, eigentlich Winfried, bei der Taufe von Germanen und rechts seinen Märtyrertod bei Dokkum am 5. Juni 754. Auf seiner letzten Missionsreise wurde der Apostel der Deutschen von heidnischen Friesen erschlagen.

DIE AUSBREITUNG DES ISLAMS

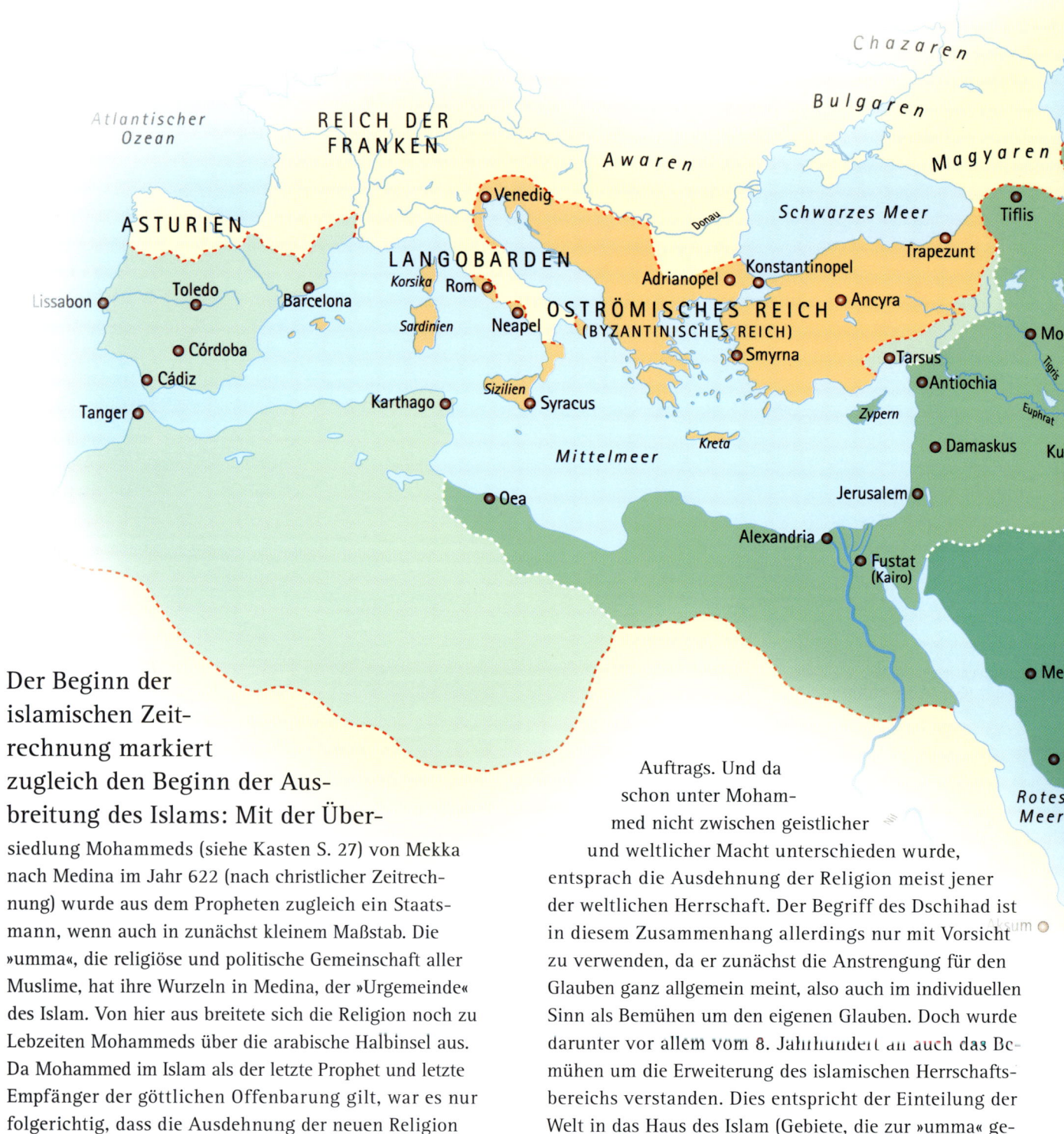

Der Beginn der
islamischen Zeit-
rechnung markiert
zugleich den Beginn der Ausbreitung des Islams: Mit der Über-
siedlung Mohammeds (siehe Kasten S. 27) von Mekka
nach Medina im Jahr 622 (nach christlicher Zeitrechnung) wurde aus dem Propheten zugleich ein Staats-
mann, wenn auch in zunächst kleinem Maßstab. Die
»umma«, die religiöse und politische Gemeinschaft aller
Muslime, hat ihre Wurzeln in Medina, der »Urgemeinde«
des Islam. Von hier aus breitete sich die Religion noch zu
Lebzeiten Mohammeds über die arabische Halbinsel aus.
Da Mohammed im Islam als der letzte Prophet und letzte
Empfänger der göttlichen Offenbarung gilt, war es nur
folgerichtig, dass die Ausdehnung der neuen Religion
gleichgesetzt wurde mit der Erfüllung eines göttlichen
Auftrags. Und da
schon unter Moham-
med nicht zwischen geistlicher
und weltlicher Macht unterschieden wurde,
entsprach die Ausdehnung der Religion meist jener
der weltlichen Herrschaft. Der Begriff des Dschihad ist
in diesem Zusammenhang allerdings nur mit Vorsicht
zu verwenden, da er zunächst die Anstrengung für den
Glauben ganz allgemein meint, also auch im individuellen
Sinn als Bemühen um den eigenen Glauben. Doch wurde
darunter vor allem vom 8. Jahrhundert an auch das Bemühen um die Erweiterung des islamischen Herrschafts-
bereichs verstanden. Dies entspricht der Einteilung der
Welt in das Haus des Islam (Gebiete, die zur »umma« gehören), das Haus des Krieges (Gebiete, die den Übertritt

Das Zeitalter der Kalifen

- ![] Gebietsgewinne unter den vier rechtgeleiteten Kalifen, 632 – 661
- ![] Gebietsgewinne unter dem omajadischen Kalifat, 661 – 750
- ![] Gebiet des Oströmischen Reiches um 700

0   200   400   600   800   1000 km

Türken

Samarkand

Türken

Kabul

Herat

Kandahar

Indus

Schiras

Persischer Golf

Golf von Oman

Maskat

Golf von Aden

Sanaa

Basra

Sara

dan

»Kämpft gegen diejenigen, die nicht an Gott und den jüngsten Tag glauben und nicht verbieten, was Gott und sein Gesandter verboten haben, und nicht der wahren Religion angehören – von denen, die die Schrift erhalten haben, bis sie kleinlaut aus der Hand Tribut entrichten.«

Auf der arabischen Halbinsel profitierten die Muslime nicht nur vom Schwung ihres Glaubens, sondern auch von der Zerstrittenheit der traditionellen Stämme. Die neue arabische Einheit wiederum traf die benachbarten Großreiche – Byzanz und Persien – völlig unvorbereitet; zudem waren beide von den langen Kriegen, die sie gegeneinander geführt hatten, ausgezehrt. So waren Syrien und Ägypten in den ersten beiden Jahrzehnten des 7. Jahrhunderts zuerst von den Persern erobert, dann aber 630 von dem oströmischen Kaiser Herakleios wieder zurückerobert worden.

Noch zu Lebzeiten Mohammeds wurde ein erster Versuch unternommen, das von Ostrom eben erst zurückgewonnene Syrien zu erobern, der aber fehlschlug. Zwischen 634 und 638 gelang dann jedoch nicht nur die Eroberung Syriens, sondern auch jene Jerusalems, das 638 fiel. Dies geschah unter dem Kalifen Umar (Omar), dem zweiten der sogenannten »rechtgeleiteten« Kalifen, unter denen die »umma« noch tatsächlich eine Einheit dargestellt hat. Umar gilt als der eigentliche Begründer des islamischen Großreichs. Mit der prestigeträchtigen Eroberung der Heiligen Stadt Jerusalem war die muslimische Expansion noch längst nicht beendet. Das Oströmische Reich konnte den arabischen Eroberern nur völlig unzureichende Truppen entgegenstellen. Schon 642 fiel Ägypten an die Araber, die in Nordafrika immer weiter nach Westen vordrangen. Einzig Karthago hielt sich, völlig isoliert, noch bis 698.

Es ist bemerkenswert, dass die arabischen Eroberer nicht nur die Mittel hatten, den gesamten Nahen Osten und Nordafrika förmlich zu überrennen, sondern an mehreren Fronten gleichzeitig zu kämpfen imstande waren. Von symbolischer Bedeutung war die Eroberung Armeniens Ende des 7. Jahrhunderts, des ältesten christlichen Staatswesens der Welt.

Ein weiterer Schwerpunkt der islamischen Expansion galt dem auch von inneren Auseinandersetzungen geschwächten persischen Reich der Sassaniden. Nachdem der persische Großkönig Yazdegerd III. sich geweigert

zum Islam trotz Aufforderung ablehnen und daher bekämpft werden müssen) und das Haus des Vertrags (bzw. der Waffenruhe; Gebiete, die nicht zur »umma« gehören, aber vertraglich mit dieser verbunden bzw. tributpflichtig sind, und in der Muslime ihren Glauben frei leben können). Diese Dreiteilung der Welt findet sich zwar nicht im Koran selbst, bildete aber die von Rechtsgelehrten formulierte theoretische Grundlage für die islamischen Eroberungen. In diesem Zusammenhang wird auch immer wieder die Sure 9,29 genannt, die aber gleichfalls Spielraum für Interpretationen offen lässt:

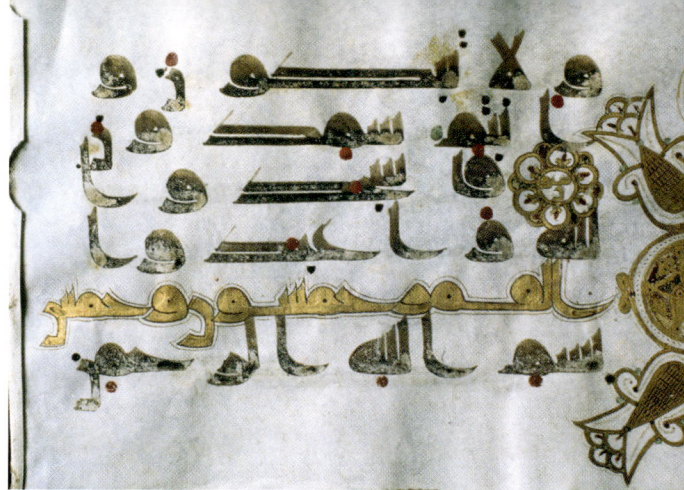

links: Große Moschee in Damaskus, Syrien, erbaut im 8. Jahrhundert
rechts: Blatt aus Koranhandschrift um 850 in kufischer Schrift

OMAJADEN

Fast hundert Jahre lang war Damaskus das Zentrum der islamischen
Welt: Von 661 bis 750 waren die dort regierenden Omajaden als Kalifen die weltlichen und religiösen Führer der »umma«, der Gemeinschaft der Gläubigen. Allerdings mit einer Ausnahme: Die Schiiten,
die Anhänger des ermordeten vierten Kalifen Ali, haben das Kalifat
der Omajaden niemals anerkannt. Mehrfach kam es zum Bruderkrieg.
680 wurde der schiitische Imam Hussein in der Schlacht von Kerbela
getötet. Schönstes Zeugnis omajadischer Architektur ist die Große
Moschee in Damaskus, die unter dem Kalifen Al-Walid I. (705-715)
erbaut wurde, würdig des »Vorstehers der Gemeinde Gottes«. In der
Moschee wird das Haupt Johannes des Täufers aufbewahrt. 750 wurden die Omajaden von den Abbasiden gestürzt; diese waren Nachfahren von Mohammeds Onkel Abbas. Dieser Vorteil der Verwandtschaft mit dem Propheten war ein unschätzbarer Trumpf. Fast alle
Mitglieder der Omajaden-Familie wurden damals umgebracht; einzig
Abd ar-Rahman gelang die Flucht nach Spanien, wo er die Herrschaft
über das Emirat von Córdoba übernahm.

hatte, Tribut zu bezahlen – um so vom Haus des Krieges
in das Haus des Vertrags zu gelangen – griffen ihn die
Araber an. Trotz zum Teil heftiger Gegenwehr fiel das
Perserreich mit dem gesamten historischen Zweistrom-
land (Mesopotamien) bis 650 an die Araber. Gleichzeitig
stießen islamische Heere bis an den Hindukusch und in
den Kaukasus vor, zu Beginn des 8. Jahrhunderts erreichte die neue Religion den Norden Indiens und China.

In allen eroberten Gebieten trafen die neuen Herren
auf eine nichtmuslimische Bevölkerung. Juden und Christen, die ebenfalls einer monotheistischen Religion angehörten und in Abraham denselben Stammvater verehrten
wie die Muslime, kam dabei besondere Bedeutung zu.
Ihnen wurde in der Regel eine relative Toleranz gewährt,
was bei den Christen auch damit zu tun hatte, dass Jesus
im Islam gleichfalls als Prophet (nicht als Sohn Gottes!)
verehrt wird. Christen und Juden blieben aber Bürger
zweiter Klasse und hatten nicht die gleichen Rechte wie

die Muslime. Das bekamen sie auch im alltäglichen Leben zu spüren. Zwangsbekehrungen fanden nicht statt
(»In der Religion gibt es keinen Zwang«, Sure 2,256),
doch sollte ihnen die Überlegenheit des Islam vor Augen
geführt werden. Neue Kirchen oder Synagogen durften
meist nicht gebaut, bisweilen nicht einmal instand gesetzt
werden. Der Grad der Toleranz schwankte naturgemäß
oft während der Jahrhunderte langen Herrschaft von
Muslimen in Gebieten mit christlicher oder jüdischer
Bevölkerung und war abhängig von den jeweiligen
Rahmenbedingungen. Keine Toleranz gab es formal
gegenüber den Anhängern polytheistischer Religionen,
sie sollten so lange bekämpft werden, bis sie entweder
getötet waren oder sich zum Islam bekehrten.

Um 660 kam es zu einer ersten Krise, als sich die
Anhänger des ermordeten Kalifen Ali (Schi'at Ali,
Schiiten) weigerten, das Kalifat der Omajaden (siehe
Kasten) in Damaskus anzuerkennen. Die Schiiten bilden
bis heute eine Minderheit unter den Muslimen, die
Sunniten erkennen im Gegensatz zu ihnen auch jene
Kalifen als rechtmäßig an, die nicht zur Familie
Mohammeds gehört haben.

Zwar gelang es in der Folge nicht, das oströmische
Restreich zu erobern, doch von welthistorischer Bedeutung war das Übergreifen des Islams auf Europa durch
die 711 begonnene Eroberung der spanischen Halbinsel.
Bis 1492 dauerte die sogenannte maurische Herrschaft
dort, wenn auch am Ende durch die Erfolge der Reconquista, der christlichen Wiedereroberung, auf das kleine
Emirat Granada reduziert (siehe Kasten S. 28). Ein weiterer muslimischer Leuchtturm in Europa war Sizilien,
das im 9. Jahrhundert erobert wurde. Die Insel an der
Südspitze des italienischen Stiefels hatte bis dahin zum
Oströmischen Reich gehört. Einflüsse der maurischen
Architektur sind in Sizilien bis heute spürbar, zumal
die Normannen, die die Insel in der Mitte des 11. Jahrhunderts eroberten, das reiche kulturelle Erbe der

Sarazenen pflegten und vielfach übernahmen. Auch Orangen, Zitronen, Dattelpalmen, Pistazien und Melonen gehören zum arabischen Erbe Siziliens. Einzig Malta blieb im Mittelmeer dauerhaft eine Bastion des Christentums.

Während die Iberische Halbinsel der »umma« mit dem Verlust Granadas dauerhaft verloren ging, gelang auf der anderen Seite Europas ein Erfolg von weltgeschichtlicher Bedeutung: die Eroberung Konstantinopels 1453. Nach dem Verlust Nordafrikas, Palästinas und Syriens hatte Byzanz noch im 7. Jahrhundert die Kontrolle über den östlichen Mittelmeerraum verloren, Rhodos und Zypern standen seither unter arabischer Herrschaft. Dagegen konnten sich die Byzantiner in Kleinasien zunächst behaupten. Erst 1176, in der Schlacht von Myriokephalon, ging auch diese Machtbasis im Kampf gegen die Seldschuken verloren. Nie mehr erholt hat sich Byzanz dann allerdings von der Eroberung durch die christlichen Kreuzfahrer 1204. Zwar ging deren katholisches Kaisertum 1261 wieder unter, und Kaiser Michael VIII. Palaiologos konnte wieder in Konstantinopel einziehen, doch Stadt und Reich hatten ihren Glanz verloren. Es war nur der gleichzeitigen Niederlagen der Bulgaren und der Seldschuken gegen die Mongolen zuzuschreiben, dass Byzanz nicht schon damals endgültig untergegangen ist.

Die Bedrohung durch die Mongolen war für die islamische Herrschaft zeitweise eine erhebliche Gefahr, doch kurioserweise nahmen in diesem Fall die Eroberer die Religion der Besiegten an und sorgten auf diese Weise für die weitere Ausdehnung des Islams in Zentralasien.

Mohammed und Ali in Medina, 623
(türkische Buchmalerei, um 1600)

Die schnelle Ausbreitung des Islams zeigt sich auch an der Verbreitung von arabisch-islamischen Münzen. Silberner Dirham von 713 mit dem Bildnis von al-Hadjdjadj ibn Yusuf, dem Statthalter des Kalifen Abd al-Malik (646–705).

MOHAMMED

Rund 40 Jahre seines Lebens deutete nichts darauf hin, dass Mohammed zum Stifter der zweitgrößten Weltreligion werden würde. Der spätere Prophet wurde 571 n. Chr. (nach christlicher Zeitrechnung) in Mekka geboren. Er hatte keine leichte Kindheit, sein Vater starb schon vor seiner Geburt; als er sechs Jahre alt war, starb auch seine Mutter. So wuchs er bei einem Onkel auf.

Mit 25 Jahren heiratete er seine erste Frau Chadidscha, die Witwe eines reichen Kaufmanns. Um 610 geschah dann die Wende in seinem Leben: Einer Erscheinung des Erzengels Gabriel folgten weitere göttliche Offenbarungen, die Mohammed zum Verkünder eines strikt monotheistischen Glaubens machten. In seiner Geburtsstadt fand er damit zunächst nur wenige Anhänger; 622 zog er mit seinen Getreuen daher nach Medina (Hidschra). Mohammed wuchs nun in die Rolle des Vollenders der mono-

theistischen Religionen hinein, des letzten Propheten – nach Abraham, Moses, Johannes, Jesus. Von großer Bedeutung war für Mohammed und seine neue Religion die Eroberung Mekkas 630, die eher eine triumphale Rückkehr nahezu ohne Blutvergießen war. Das bis dahin polytheistische Hauptheiligtum der Stadt, die Kaaba, verwandelte er in das zentrale Heiligtum des Islam, das auch Ziel seiner so genannten Abschiedswallfahrt im März 632 war. Am 8. Juni 632 starb Mohammed in Medina.

DAS MAURISCHE SPANIEN

Am Anfang der arabischen Eroberung der Iberischen Halbinsel stand der Hilferuf eines westgotischen Grafen, der sich von den Muslimen Unterstützung in den inneren Auseinandersetzungen des Landes erhofft hatte. Das westgotische Reich brach 711/12 wie ein Kartenhaus in sich zusammen. Einzig im Nordwesten konnte sich das kleine Königreich Asturien behaupten. Die mühelose Eroberung Spaniens verleitete die Araber 718 auch zu ersten Vorstößen über die Pyrenäen. Durch den Sieg des fränkischen Hausmeiers Karl Martell in der Schlacht bei Poitiers und Tours 732 wurde die weitere Expansion jedoch gestoppt. In einer ersten Phase der Reconquista konnte der gesamte Norden Spaniens bis um 900 wieder zurückerobert werden.

Ein entscheidendes Jahr für das maurische Spanien war 756. Nach dem Sturz der omayadischen Kalifen in Damaskus durch die Abbasiden gelang einem einzigen Omajaden die Flucht, nämlich Abd ar-Rahman I. Geschickt nutzte er die Unzufriedenheit der Muslime in Spanien mit ihren lokalen Herrschern aus, um dort die Macht zu erobern. Das von ihm begründete Emirat von Córdoba verkörperte jenes goldene Zeitalter von al-Andalus, das vielfach beschrieben worden ist: mit einem blühenden wissenschaftlichen Leben, einer florierenden Landwirtschaft dank ausgeklügelter Bewässerung und einer relativ großen Toleranz gegenüber Juden und Christen. Auch die heute noch bestehende, in eine christliche Kathedrale umgewandelte große Moschee von Córdoba entstand unter Abd ar-Rahman I.

Córdoba wurde in der Folge neben Bagdad, wohin die Abbasiden ihren Sitz verlegt hatten, zum Mittelpunkt der muslimischen Welt. 929 proklamierte Abd ar-Rahman III. das Kalifat von Córdoba und machte sein al-Andalus damit auch formal unabhängig – und sich selbst zum Nachfolger des Propheten in Konkurrenz zum abbasidischen Kalifat in Bagdad. Will man den Anfang vom Ende der arabischen Herrschaft in Spanien festlegen, dann käme dafür das Jahr 1031 in Betracht, in dem dieses Kalifat nach endlosen Streitereien wieder untergegangen ist. Das in Kleinkönigreiche unterteilte maurische Spanien konnte der christlichen Reconquista nur wenig entgegensetzen. Einen ersten Höhepunkt erreichte die christliche Wiedereroberung mit der Einnahme Toledos durch König Alfons VI. von Kastilien 1085, 1118 fiel Zaragoza.

Den aus Nordafrika stammenden Almoraviden gelang es, die Kleinkönige in den Taifas auszuschalten und die maurische Herrschaft über den Süden der Iberischen Halbinsel noch einmal zu stabilisieren. An den Geist der Toleranz unter den Omajaden knüpften sie jedoch nicht an; Christen und Juden sahen sich massiver Unterdrückung ausgesetzt. Diese Situation änderte sich nur wenig, als die Almoraviden 1147 durch die gleichfalls nordafrikanischen Almohaden vertrieben wurden. In der Architektur hinterließen diese jedoch ein reiches Erbe. Die entscheidende Schlacht fand am 16. Juli 1212 bei Las Navas de Tolosa in der heutigen Provinz Jaén statt, wo der almoravidische Kalif Mohammed ar-Nasir von den vereinigten christlichen Herrschern der Iberischen Halbinsel besiegt wurde. Einzig das Emirat von Granada konnte sich noch bis zu der Eroberung durch die Katholischen Könige Isabella von Kastilien und Ferdinand II. von Aragón bis 1492 halten.

Die Expansion des Islam war zwar häufig, aber
nicht immer eine Folge von Eroberungszügen. Auch
auf den großen Handelsrouten drang der Koran in
immer mehr Teile der Erde vor: an die Südwestküste
Indiens, an die afrikanischen Küsten, aber auch nach
Zentralafrika und Südostasien.

Im islamischen Kerngebiet wurden die Seldschuken
von den Osmanen abgelöst, deren Aufstieg von Herrschern über einen kleinen Nomadenstamm zur Vormacht
der islamischen Welt ohne Beispiel ist. In der Mitte des
14. Jahrhunderts griffen diese auf den europäischen Teil
des Byzantinischen Reichs, nach Thrakien und Mazedo-
nien über. Noch ein Jahrhundert konnte sich das weitgehend auf seine Hauptstadt zusammengeschrumpfte Reich
halten – am 29. Juni 1453 fiel die Stadt, deren neuer
Herr Sultan Mehmed II. wurde. Die Osmanen waren nun
die Erben Ostroms, was auch darin zum Ausdruck kam,
dass sie Konstantinopel zu ihrer Hauptstadt machten –
und die Hagia Sophia zur Moschee.

Die Eroberung Konstantinopels leitete eine neue
Phase der Expansion ein, die zeitlich weit über das Mittelalter hinausführt und geographisch erst vor den Toren

Die Hagia Sophia in Istanbul. Erstmals erbaut als christliches Gottes-
haus im 4. Jahrhundert, diente sie nach der Eroberung Konstantinopels
durch die Türken im Jahr 1453 als Moschee. Seit 1934 ist die Hagia
Sophia ein Museum.

Wiens 1683 zu Ende gegangen ist. Es folgte unter dem
Markgrafen Ludwig Wilhelm von Baden (»Türkenlouis«)
und dem Prinzen Eugen von Savoyen die christliche
Rückeroberung Ungarns und weiter Teile des Balkans.

Osmanische Türken, 1300–1359
Ausdehnung unter Murad II., 1421–1451
Ausdehnung unter Muhammad II. und Salim I., 1451–1520
Ausdehnung unter Sulaiman dem Prächtigen, 1520–1566
Ausdehnung 1566–1683

0 200 400 600 800 1000 km

Das Osmanische Reich vom 14. bis zum 17. Jahrhundert

DIE KREUZZÜGE

Die Stimmung war
angeheizt in Clermont-Ferrand am
27. November 1095. Die Teilnehmer
des Konzils, aber auch zahlreiche Laien,
hatten sich vor der Stadt versammelt.
Es sprach Papst Urban II., der immer wieder von
Zwischenrufen unterbrochen wurde. »Deus lo vult –
Gott will es«. Was hatte die Menschen so in Erregung
versetzt?

   Der Papst schilderte die Bedrohung der Christenheit in düstersten Farben; wo die Sarazenen (so die

christlich-mittelalterliche Sammelbezeichnung für alle
Muslime) hingekommen seien, hätten sie die Kirchen
zerstört und die Gläubigen unterdrückt. Und was schloss
Urban aus dieser vermeintlichen Bedrückung:

*»Bewaffnet euch mit dem Eifer Gottes, liebe Brüder, gürtet eure Schwerter
an eure Seiten, rüstet euch und seid Söhne des Gewaltigen! Besser ist es,
im Kampfe zu sterben, als unser Volk und die Heiligen leiden zu sehen...
Wir wollen unseren Brüdern helfen. Ziehet aus, und der Herr wird mit euch*

5. Kreuzzug von 1228–1229
Kaiser Friedrich II.

6. Kreuzzug von 1248–1254
König Ludwig IX. von Frankreich

7. Kreuzzug von 1270
König Ludwig IX. von Frankreich

Kreuzfahrerstaaten

0   100 200 300km

sein. Wendet die Waffen, mit denen ihr in sträflicher Weise Bruderblut vergießt, gegen die Feinde des christlichen Namens und Glaubens. Die Diebe, Räuber, Brandstifter und Mörder werden das Reich Gottes nicht besitzen; erkauft euch mit wohlgefälligem Gehorsam die Gnade Gottes, dass er euch eure Sünden, mit denen ihr seinen Zorn erweckt habt, um solch frommer Werke und der vereinigten Fürbitten der Heiligen willen schnell vergebe. Wir aber erlassen durch die Barmherzigkeit Gottes und gestützt auf die heiligen Apostel Petrus und Paulus allen gläubigen Christen, die gegen die Heiden die Waffen nehmen und sich der Last dieses Pilgerzuges unterziehen, alle die Strafen, welche die Kirche für ihre Sünden über sie verhängt hat.«

Der Zeitpunkt für diesen Aufruf mag zunächst irritieren: Jerusalem stand bereits seit 638 unter muslimischer Herrschaft, also seit über 450 Jahren. Und keineswegs war der Pilgerstrom ins Heilige Land seither zum Erliegen kommen. Allerdings war es unter der Herrschaft der Fatimiden zu Übergriffen auf Christen gekommen und wurde 1009 die Grabeskirche in Jerusalem zerstört. Doch auch das lag schon fast hundert Jahre zurück. Warum also zu

diesem Zeitpunkt eine solche Brandrede? Zunächst: Es ist umstritten, ob Urban in Clermont-Ferrand als Ziel tatsächlich schon Jerusalem ausgegeben hat oder ob zunächst nur die Unterstützung für Byzanz im Mittelpunkt stand. Denn der Papst hatte mit seiner Rede auf ein Hilfeersuchen des Byzantinischen Kaisers Alexios I. reagiert, der sich der Angriffe der muslimischen Seldschuken zu erwehren hatte.

Doch war die Rede des Papstes in Clermont-Ferrand auch eine Reaktion auf das überhandnehmende Fehdewesen, die zahllosen Streitigkeiten unter den Rittern. Schien es nicht besser, diese würden ihre Aggressionen und ihre überschüssige Kraft in den Dienst einer »guten Sache« stellen? Auch war das 11. Jahrhundert eine Zeit der Erneuerung des Christentums, der Rückbesinnung auf die Urkirche der Apostel. Von dieser Welle der Religiosität wurden auch zahlreiche Laien ergriffen, deren Eifer die Massenbasis für einen Kreuzzug bilden konnte.

Von Clermont-Ferrand schwärmten die Kreuzzugsprediger aus. Das päpstliche Angebot der Vergebung aller Sünden lockte viele, das Kreuz zu nehmen, aber auch die Hoffnung auf Reichtum oder Abenteuer. Das ungeheure Echo, das der Aufruf zum Kreuzzug auslöste, war vielleicht einer der Beweggründe, es bei dem ursprünglich angedachten Ziel nicht bewenden zu lassen, sondern die Eroberung des Heiligen Landes anzustreben.

Keine Schwierigkeiten scheinen die Prediger damit gehabt zu haben, dass derart motivierte Gewalt im Neuen Testament keine Basis hat. Doch zum einen suggerierten sie den Kreuzzugsteilnehmern, dass sie doch eigentlich bewaffnete Pilger seien, die nur den Weg zu den heiligen Stätten frei kämpften. Zum anderen hatte schon Kaiser Konstantin im Zeichen des Kreuzes Krieg geführt und der heilige Augustinus »gerechte Kriege« erlaubt.

Im April 1096 brachen die ersten Kreuzfahrer auf: Keine Ritter, sondern ein fanatisierter Volkshaufen, der schon auf dem Weg nach Konstantinopel auf ein Häuflein reduziert wurde. Das Hauptheer der ritterlichen Kreuzfahrer folgte im August 1096. Im April 1097 hatten die Kreuzfahrer ihr erstes Ziel erreicht: Konstantinopel. Kaiser Alexios war von der Lawine, die er selbst ausgelöst hatte, höchst erschrocken. Immerhin waren es rund 50.000 Menschen, die sich vor den Toren seiner Stadt sammelten. Bevor die Kreuzfahrer weiterzogen, ließ er sich von ihnen einen Eid schwören, dass alle Gebiete, die

DIE EROBERUNG JERUSALEMS

Am 7. Juni 1099 begann die Belagerung der Heiligen Stadt, nachdem wenige Tage zuvor Bethlehem erobert worden war. Ein erster, ohne Belagerungsgeräte ausgeführter Angriff scheiterte. Die Verteidiger hatten vor der Ankunft der Christen alle Brunnen vor der Stadt mit Erde zugeschüttet, so dass es den Kreuzfahrern nicht möglich war, die Belagerung über einen längeren Zeitraum aufrecht zu erhalten. »Das Heer litt schrecklich unter dem Durst... Die brennende Hitze... vermehrte noch die Plage des Durstes«, berichtet der Chronist Wilhelm von Tyrus. Zudem nahte ein seldschukisches Entsatzheer aus Ägypten. Tatsächlich gelang es dann am 15. Juli Gottfried von Bouillon, dem Herzog von Niederlothringen, mit seinen Männern

über einen Belagerungsturm die Stadtmauer zu überwinden. Was nun folgte, war ein Blutbad: Die Kreuzritter töteten wahllos jeden, der ihnen über den Weg lief, ehe sie in der Grabeskirche Gott für ihren Triumph dankten. Die Ritter seien »bis zu den Knöcheln im Blut gewatet«, so Wilhelm von Tyrus. Niemand habe je von einem ähnlichen Blutbad gehört. So war es ein Triumph mit schalem Beigeschmack, denn es ist dieses Massaker, das in der muslimischen Welt heute noch vor allem mit den Kreuzzügen verbunden wird.

sie eroberten, dem Byzantinischen Reich gehören sollten. Ein erster Erfolg gelang den Kreuzfahrern, die von byzantinischen Truppen unterstützt wurden, mit der Eroberung Nicäas am 19. Juni 1097.

Die eigentliche Bewährungsprobe stand ihnen erst noch bevor: das stark befestigte Antiochia am Orontes in Syrien. Im Oktober 1097 begann die Belagerung. Die Hoffnung, noch vor dem Winter in die Stadt einziehen zu können, erfüllte sich nicht. Erst am 3. Juni 1098 fiel die Stadt durch Verrat an die Kreuzfahrer. Ein seldschukisches Entsatzheer, das die Kreuzfahrer daraufhin ihrerseits in Antiochia belagerte, konnte bei einem Ausfall vernichtet werden. Doch auch die Kreuzfahrer waren daraufhin mit ihren Kräften am Ende. Erst im Januar 1099 brachen sie auf nach Jerusalem, das am 15. Juli 1099 erobert wurde (siehe Kasten).

Schon während des Marsches nach Jerusalem waren die ersten Kreuzfahrerstaaten gegründet worden, die Grafschaft Edessa und das Fürstentum Antiochia. Es folgten das Königreich Jerusalem (1099) und die Grafschaft Tripolis (1109). Die Kreuzfahrerstaaten besetzten lediglich einen schmalen, allerdings 700 Kilometer langen Streifen entlang der Mittelmeerküste; sie waren Herrschaften ganz ohne bzw. mit einem feindlichen Hinterland. Das machte sie militärisch anfällig. Dazu kam, dass die Franken, wie die Kreuzfahrer im Orient unabhängig von ihrer Herkunft genannt wurden, nur eine kleine Schicht der Bevölkerung stellten, die immer auf »frisches Blut« aus dem Westen angewiesen war. Die Neuankömmlinge waren dann oft irritiert darüber, dass jene Kreuzfahrer, die schon länger im Orient lebten, sich dessen Gebräuchen angepasst hatten und sogar Muslime in den Kreuzfahrerstaaten lebten – neben Juden und orien-

Der Kreuzfahrer Gottfried von Bouillon (um 1060–1100 in Jerusalem) wurde als Idealbild des christlichen Ritters stilisiert. Der Herzog von Niederlothringen war entscheidend beteiligt an der Eroberung Jerusalems 1099. (Gemälde, 1880)

talischen Christen – und es sogar eine partielle Zusammenarbeit mit den muslimischen Nachbarherrschaften gab.

Die Zerbrechlichkeit der Kreuzfahrerstaaten zeigte sich schon wenige Jahre nach der Eroberung. Teile der nördlichsten der vier Herrschaften, der Grafschaft Edessa, gingen 1110 verloren; die Hauptstadt Edessa selbst wurde ausgerechnet am Heiligabend des Jahres 1144 von dem Statthalter von Aleppo, Imad ad-Din Zengi, zurückerobert, die lateinischen Christen größtenteils umgebracht. Dabei profitierten die Muslime von der Uneinigkeit der Christen, sowohl unter den Kreuzfahrerstaaten, als auch zwischen den Kreuzfahrerstaaten und Byzanz.

Der Verlust von Edessa war der Auslöser für den zweiten Kreuzzug, für den der wortgewaltige Zisterzienserabt Bernhard von Clairvaux die Werbetrommel rührte. Tatsächlich verpflichteten sich der deutsche König Konrad III. und der französische König Ludwig VII., das Kreuz zu nehmen. Doch begann der Kreuzzug 1146 wenig koordiniert, Franzosen und Deutsche marschierten getrennt, und nach ersten Niederlagen in Kleinasien gelang es nur einem Teil der Kreuzfahrer, die Hafenstadt Akkon im Königreich Jerusalem zu erreichen. Dort steckten sich die beiden christlichen Könige ein großes Ziel: die Eroberung von Damaskus. Und dies obwohl die in der Stadt herrschenden Buriden einen Waffenstillstand mit dem Königreich Jerusalem geschlossen hatten und mit dem Sohn Zengis, Nur ad-Din, verfeindet waren. Doch Damaskus lag näher und versprach größeren Gewinn als ein Angriff ins Herz der Zengiden in Aleppo.

Die Eroberung Jerusalems 1099

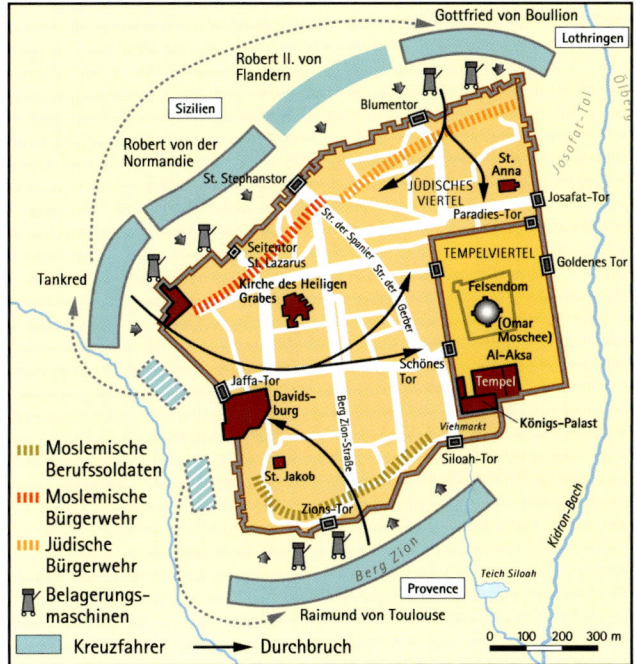

So begann im Juli 1148 die Belagerung der Stadt. Unter der christlichen Bedrohung riefen die Buriden ihren Erzfeind Nur-ad Din um Hilfe an, der diese Einladung dankend annahm und die christlichen Belagerer vertrieb.

Aus dem Fehler von Damaskus lernten die Kreuzfahrer nicht. König Amalrich von Jerusalem griff 1163 Ägypten an. Zwar lud die Schwäche der dort regierenden Fatimiden förmlich dazu ein, doch wiederholte sich nun, was bereits vor Damaskus geschehen war: Die Fatimiden vergaßen alle schiitisch-sunnitischen Gegensätze und baten Nur ad-Din, ihnen die Kreuzfahrer vom Hals zu schaffen. Unter den Muslimen, die daraufhin in Ägypten einbrachen, war ein junger Mann, der beseelt war von dem Gedanken, Karriere zu machen: Saladin. 1171 beseitigte er die letzten Reste fatimidischer Herrschaft und wurde Nur-ad Dins Statthalter in Ägypten. Doch das genügte ihm nicht; nach dem Tod Nur-ad Dins übernahm er auch die Herrschaft über Syrien – die Kreuzfahrerstaaten sahen sich nun einer muslimischen Front gegenüber.

Die Überfälle des Grafen Rainald von Chatillon auf muslimische Händler gaben Saladin den Grund, das Königreich Jerusalem anzugreifen. Bei Hattin, südlich des Sees Genezareth, kam es am 4. Juli 1187 zur Schlacht. Sowohl Saladin als auch Guido von Lusignan, der König von Jerusalem, verfügten über 20.000 Kämpfer. Am Ende war der Triumph Saladins vollständig, der König von

Jerusalem geriet in seine Gefangenschaft, sein Heer wurde vollständig vernichtet. Hattin war für die Kreuzfahrer nicht einfach eine Niederlage, sondern eine Katastrophe. Nur wenige Monate später, am 2. Oktober 1187, zog Saladin in Jerusalem ein.

Im christlichen Abendland löste die Nachricht vom Fall Jerusalems Weltuntergangsstimmung aus – und natürlich den Gedanken an einen neuerlichen Kreuzzug. An dessen Spitze stellte sich Kaiser Friedrich I. Barbarossa. Der Staufer war damals schon fast 80 Jahre alt, aber körperlich schien er den Strapazen gewachsen zu sein, und vor allem stand er auf dem Gipfel seiner Macht. Nachdem auch noch der englische König Richard Löwenherz und der französische König Philipp II. August das Kreuz genommen hatten, schien ein Erfolg des Unternehmens nur noch Formsache zu sein.

Auf dem Landweg brach der Kaiser im Mai 1189 mit einem gewaltigen Heer auf. Alles lief wie geplant, erste Scharmützel mit den Seldschuken verliefen siegreich, doch dann ertrank Friedrich am 10. Juni 1190 bei einem Bad im Fluss Saleph in Anatolien. Vom Tod des Kaisers zutiefst erschüttert, kehrten die meisten deutschen Kreuzfahrer in ihre Heimat zurück. Damit lastete der Erfolg des Unternehmens auf den Schultern von Richard Löwenherz und Philipp II. August. In der Erwartung auf die Unterstützung aus dem Westen hatte der von Saladin freigelassene Guido von Lusignan mit der Belagerung Akkons begonnen. Vor dem Hintergrund der Übermacht der Kreuzritter kapitulierte die Stadt am 12. Juli 1191.

Der Großteil des Königreichs und vor allem Jerusalem selbst befanden sich aber nach wie vor in der Hand Saladins. Dennoch beeilte sich Philipp II. August, sofort wieder nach Frankreich zurückzukehren. Die Vereinigung mit Richard Löwenherz vor Akkon war für ihn nur ein Zweckbündnis gewesen, mit dem er sein Gelübde erfüllen konnte. Tatsächlich waren die beiden Herrscher Konkurrenten im Kampf um die Macht in den englischen Festlandsbesitzungen. Obwohl Richard seinem Kontrahenten nicht traute, entschloss er sich, im Heiligen Land zu bleiben. Mehrfach brachte er in der Folge Saladin Niederlagen bei, doch gelang es ihm nicht, Jerusalem zu erobern. Schließlich ließ er sich auf einen dreijährigen Waffenstillstand mit seinem muslimischen Kontrahenten ein, der christlichen Pilgern freien Zugang zu den heiligen

Stätten in Jerusalem gewährte und den Kreuzfahrern die Herrschaft über einen kleinen Küstenstreifen des Königreichs Jerusalem einbrachte.

Papst Innozenz III. (1198-1216) führte die mittelalterliche Kirche auf den Gipfel ihrer Macht. Die Wiedereroberung Jerusalems wäre die Krönung seines Pontifikats gewesen. So rief der Pontifex im August 1198 die Christenheit zum Kreuzzug auf. Doch das Unternehmen stand unter keinem guten Stern: Anstatt in das Heilige Land zu ziehen, einigten sich die fürstlichen Kreuzfahrer darauf, Ägypten anzugreifen. Statt der erwarteten 30.000 Teilnehmer kamen nur 10.000, um sich in Venedig einzuschiffen. Die mächtige Handelsstadt hatte das Unter-

Friedrich II. (1194–1250) wird 1220 von Papst Honorius III. zum Kaiser gekrönt. (Buchmalerei, 1450)

nehmen weitgehend finanziert – und verlangte von den Kreuzfahrern, diese Schulden erst einmal abzuarbeiten. So griffen die Kreuzritter im Auftrag Venedigs zuerst die christliche Stadt Zara in Dalmatien an – und dann Konstantinopel selbst, das die Herren Venedigs gern als wirtschaftlichen Konkurrenten ausschalten wollten. Am 13. April 1204 wurde die Stadt gestürmt und in der Folge ein Lateinisches Kaiserreich errichtet, das bis 1261 Bestand hatte. Auch der fünfte Kreuzzug hatte Ägypten zum Ziel. Von dort aus wollten die Kreuzfahrer zum Sprung nach Palästina ansetzen. Eigentlich sollte der römisch-deutsche König Friedrich II. den Kreuzzug anführen, doch der fand allerlei Gründe, zuhause zu bleiben. Dennoch konnten die Kreuzfahrer im Sommer 1219 das Nildelta und die wichtige Hafenstadt Damiette erobern. Doch dort blieb der Kreuzzug stecken, 1221 ging die Stadt wieder verloren.

Papst Honorius III. (1216-1227) übernahm den Kreuzzugsgedanken von seinem Vorgänger. Wie dieser drängte er Friedrich II., seit 1220 römisch-deutscher Kaiser, endlich aufzubrechen. 1215 hatte er das Kreuz genommen, doch die politische Lage in Europa schien dem Staufer zu riskant, um das Wagnis einer langen Abwesenheit einzugehen. 1225 heiratete Friedrich Isabella von Brienne, die Erbin des – weitgehend auf dem Papier bestehenden – Königreichs Jerusalem und ernannte sich selbst zum König. Doch die Hoffnung des Papstes, dass der Staufer nun endlich aufbrechen möge, erfüllte sich nicht. Erst unter der Androhung des päpstlichen Bannfluchs begann Friedrich, ernsthaft einen Kreuzzug vorzubereiten. Von Brindisi aus sollten die Kreuzfahrer im Sommer 1227

Die Kreuzfahrerstaaten in der ersten Hälfte des 12. Jahrhunderts

DIE RITTERORDEN

Unmittelbar verbunden mit den Kreuzzügen ist die Entstehung der geistlichen Ritterorden, die sich – wie Mönche – zu Armut, Keuschheit und Gehorsam verpflichteten, zugleich aber aktiv als Kämpfer an den Kreuzzügen nicht nur im Heiligen Land, sondern auch in Osteuropa und Spanien teilnahmen. Allerdings war diese kriegerische Komponente in den Gründungen nicht angelegt: So entstand der Johanniterorden zwischen 1048 und 1071 als Laienbruderschaft, deren Mitglieder im damals noch muslimisch beherrschten (!) Jerusalem ein Hospital betrieben, das sich um kranke christliche Pilger kümmerte. Diese Sorge um kranke Pilger stand auch am Beginn der anderen Ritterorden, etwa des 1191 gegründeten Deutschen Ordens. Zu der Pflege der Pilger kam bald deren bewaffneter Schutz hinzu, von wo es nur noch ein kleiner Schritt zur aktiven Teilnahme an den militärischen Auseinandersetzungen der Zeit war. Neben den Johannitern sind hier in erster Linie die Templer zu nennen. Die Ritterorden wurden schließlich zum militärischen Rückgrat der Kreuzfahrerstaaten.

Ludwig IX. (der Heilige), König von Frankreich (1226–1270), bricht 1248 zu seinem ersten Kreuzzug auf. (Buchmalerei, 1325)

in See stechen. Doch dann brach eine Epidemie aus und Friedrich blies das Unternehmen ab. Der Papst vermutete eine weitere Drückebergerei – und exkommunizierte den Kaiser. Der ließ sich davon nicht irritieren und kündigte an, 1228 zum Kreuzzug aufzubrechen. Der Papst tobte in Rom angesichts dieser Unverfrorenheit eines aus der kirchlichen Gemeinschaft ausgeschlossenen Herrschers, dem auch noch Sympathien für den Islam nachgesagt wurden. Dennoch brach Friedrich am 28. Juni auf, begleitet von einer so kleinen Heerschar, dass an eine Eroberung Jerusalems kaum zu denken war. Doch das hatte der Staufer auch gar nicht vor. Geschickt inner-

muslimische Differenzen ausnutzend, gelang es ihm, den ägyptischen Sultan al-Kamil zu einer Rückgabe Jerusalems an die Christenheit zu bewegen. Am 17. März 1229 zog Friedrich in die Stadt ein. Den Muslimen sicherte der Kaiser in der auf die Dauer von zehn Jahren geschlossenen Vereinbarung den freien Zugang zu ihren heiligen Stätten zu.

Nach Ablauf dieser Frist brachen Graf Theobald von Champagne und Graf Richard von Cornwall 1239 mit einer großen Schar von Rittern zum Kreuzzug auf. Damals standen Syrien und Ägypten sich einmal mehr feindlich gegenüber.

Die Kreuzfahrer schlugen sich auf die Seite Ägyptens und ließen sich diese Hilfe mit erheblichen Gebietsgewinnen bezahlen. Die Ausdehnung des Königreichs Jerusalem näherte sich nun fast wieder den Grenzen von 1187; auch Jerusalem selbst wurde nach einem kurzen muslimischen Zwischenspiel 1240 wieder an die Christen zurückgegeben. Doch dieser Triumph war nur von kurzer Dauer: Bei Gaza erlitten die Kreuzfahrer am 17. Oktober 1244 eine verheerende Niederlage.

Die folgenden Versuche, die verbliebenen Bastionen der Kreuzritter zu sichern und das Heilige Land insgesamt wieder zurückzugewinnen, gingen von Frankreich aus. Im August 1248 brach König Ludwig IX., der Heilige, auf. Wiederum sollte der Weg nach Palästina über Ägypten führen. Und wiederum gelang die Eroberung Damiettes. Doch der Vormarsch der Christen wurde noch im Nildelta bei al-Mansura gestoppt; Ludwig zog sich nach Damiette zurück. Im April 1250 musste er zusammen mit seinen Rittern den Weg in die Gefangenschaft antreten. Nach seiner Freilassung gegen ein Lösegeld blieb er vier weitere Jahre in den Kreuzfahrerstaaten, ohne dass er substanzielle Verbesserungen von deren Lage erreichen konnte.

In den folgenden Jahren eroberte der Mamelucken-Sultan Baibars Stadt um Stadt, Burg um Burg. Die Kreuzfahrerstaaten waren am Ende und konnten der Wucht seiner Schläge nicht standhalten. Dies führte noch einmal zu einem letzten Aufbäumen des Kreuzzugsgedankens, doch Ludwig IX. zog im Juli 1270 nicht nach Palästina, sondern nach Tunesien, wo er nach der Einnahme Karthagos an einer Seuche starb. Der Schlussakt der Kreuzzüge spielte in Akkon, der letzten Bastion der Kreuzfahrer, die am 18. Mai 1291 gefallen ist.

KAISER UND PAPST

DAS PAPSTTUM

MEROWINGER
UND KAROLINGER

DIE OTTONEN

DIE SALIER

DIE STAUFER

Am 10. August 955 siegte Kaiser Otto I. in
der Schlacht auf dem Lechfeld über die Ungarn.
Dieser militärische Triumph war auch nach über
900 Jahren noch Gegenstand der Historienmalerei.
(Gemälde von Michael Echter, 1860)

DAS PAPSTTUM

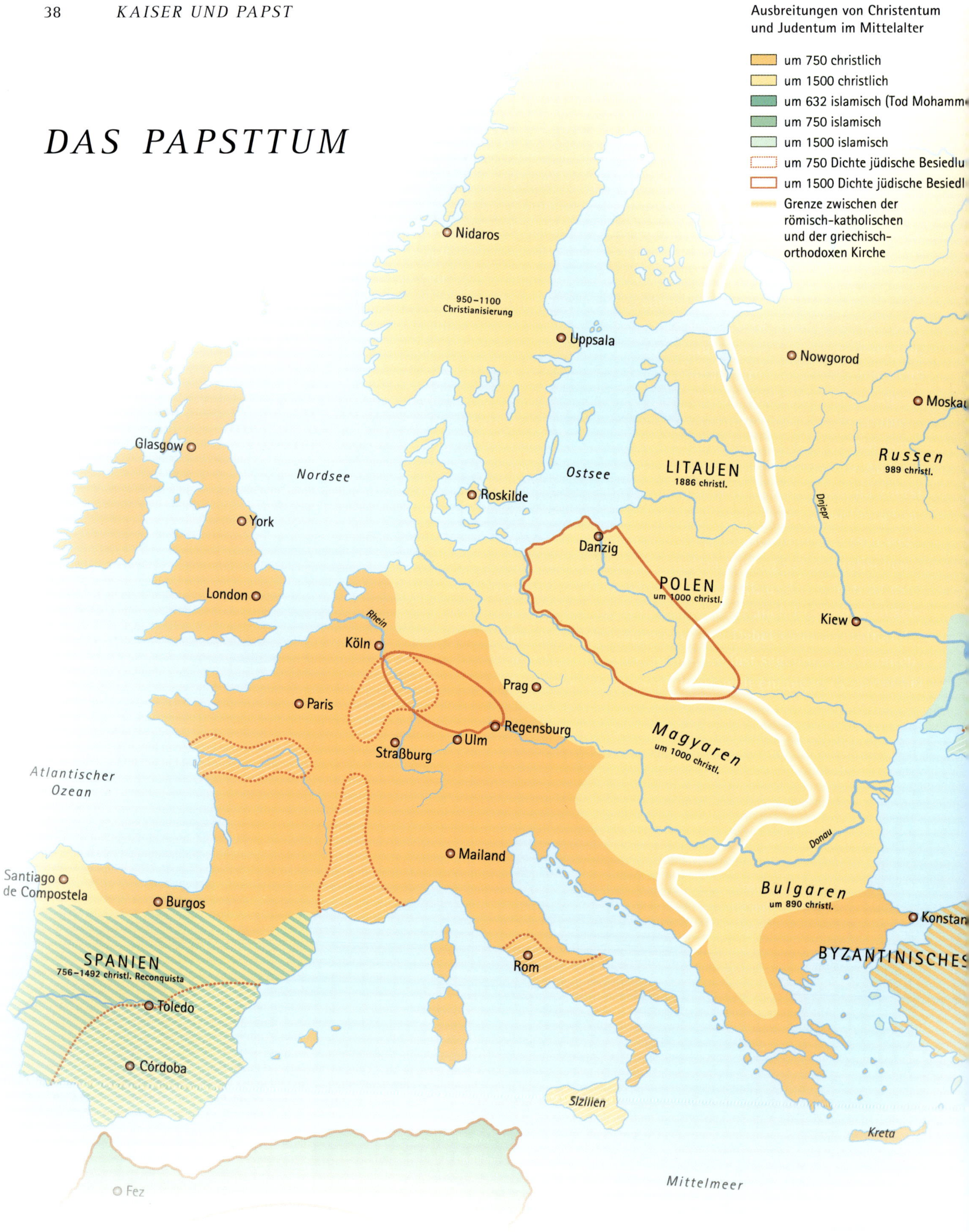
Ausbreitungen von Christentum und Judentum im Mittelalter
um 750 christlich
um 1500 christlich
um 632 islamisch (Tod Mohamm
um 750 islamisch
um 1500 islamisch
um 750 Dichte jüdische Besiedlu
um 1500 Dichte jüdische Besiedl
Grenze zwischen der römisch-katholischen und der griechisch-orthodoxen Kirche
Nidaros
950–1100 Christianisierung
Uppsala
Nowgorod
Moskau
Glasgow
Nordsee
Ostsee
LITAUEN
1886 christl.
Russen
989 christl.
Roskilde
York
Dnjepr
Danzig
POLEN
um 1000 christl.
London
Rhein
Kiew
Köln
Prag
Paris
Regensburg
Ulm
Straßburg
Magyaren
um 1000 christl.
Atlantischer Ozean
Donau
Mailand
Santiago de Compostela
Burgos
Bulgaren
um 890 christl.
Konstan
BYZANTINISCHES
SPANIEN
756–1492 christl. Reconquista
Rom
Toledo
Córdoba
Sizilien
Kreta
Fez
Mittelmeer

Dem heiligen Petrus kam unter den Jüngern eine herausgehobene Stellung zu. Indem er zugleich als erster Bischof von Rom gezählt wird, berufen sich die Päpste als seine Nachfolger auf diese Stelle des Neuen Testaments und damit auf Christus selbst.

Allerdings ist dieser Vorrang des römischen Bischofs nicht gleichsam durch Petrus eingesetzt worden, sondern über Jahrhunderte langsam gewachsen. In der Spätantike und im frühen Mittelalter bauten die Bischöfe von Rom ihren Primat nach und nach aus und unterfütterten ihn mit theologischen Rechtfertigungen. Zwei Päpsten, denen die Nachwelt den Beinamen »der Große« verliehen hat, kam dabei besondere Bedeutung zu: Leo I. (440-461) und Gregor I. (590-604). Beide haben die Überzeugung vertreten, dass dem Papst in allen theologischen Auseinandersetzungen die Entscheidung darüber zukam, was rechtgläubig war und was nicht. Von Kaiser Valentinian III. (452-455) erreichte Leo I. die Zusicherung, dass der Primat des Papstes unabhängig von der weltlichen Macht sei. Einen Rückschlag für den Primatsanspruch des Papstes brachte das Konzil von Chalcedon 451, das dem Patriarchen von Konstantinopel den gleichen Rang zusprach wie dem Bischof von Rom und letzterem nur einen symbolischen Vorrang einräumte, da Rom der ältere Bischofssitz war.

Sein hohes Ansehen verdankte Leo I. seinem mutigen Auftreten in den Wirren der Völkerwanderungszeit. Vor dem Hintergrund der zusammenbrechenden weltlichen Macht war das Papsttum in Rom die einzige Konstante, der letzte verbliebene Hort antiker Zivilisation. Dies gilt auch für Gregor I., der die Verwaltung der kirchlichen Besitzungen vereinheitlichte und damit den Grundstock für den späteren Kirchenstaat legte.

Die Vorstellung von den »zwei Schwertern der Christenheit« hat ihren Ursprung gleichfalls in der Spätantike, und schon damals stellte der Papst das »Amt der Bischöfe« (von Rom) über die weltliche Macht. So schrieb Papst Gelasius I. (492-496) an den oströmischen Kaiser Anastasius:

»Zwei sind es, erhabener Kaiser, durch die in erster Linie die Welt regiert wird: die geheiligte Gewalt der Bischöfe und die königliche Macht. Von diesen ist das Amt der Bischöfe von umso größerem Gewicht, als sie auch für die Könige der Menschen vor Gottes Richterstuhl Rechenschaft ablegen müssen. Daraus ziehe Eure fromme Majestät die einleuchtende Folgerung: dass niemand zu keiner Zeit... stolz sich erheben dürfe über das einzigartige Amt jenes Mannes, den Christi Befehl selbst allen als Haupt gegeben und den die heilige und ehrwürdige Kirche erkennt als ihr Oberhaupt.«

Papst Gregor der Große (540-604) war einer der bedeutendsten Kirchenlehrer des Mittelalters. (französische Buchmalerei, 1450)

Das war über weite Strecken der frühen Papstgeschichte bloße Theorie. Dies gilt insbesondere für die Zeit nach dem Tod Gregors des Großen. Das gesamte 7. Jahrhundert über waren die Päpste nicht viel mehr als bloße Verfügungsmasse in der Hand der byzantinischen Kaiser. Die schon unter Gregor angebahnte Annäherung zwischen dem Papst- und dem fränkischen Königtum sollte dazu ein Gegengewicht bilden und zugleich eine aktuelle Bedrohungslage entschärfen: Die Päpste standen damals unter dem Druck der Langobarden, die die Grenzen ihres norditalienischen Königreichs immer weiter nach Süden vorschoben und schließlich Rom direkt bedrohten. Die Hilfe der Franken sollte die Päpste davon befreien. Diese Unterstützung wurde zum Geschäft auf Gegenseitigkeit: Die fränkischen Könige aus dem Geschlecht der Merowinger waren nur noch dem Namen nach Herrscher, die eigentliche Macht lag bei den Karolingern, die als »Hausmeier« die zentrale Verwaltungsfunktion besetzten. Papst Zacharias (741-752) reichte dem karolingischen Hausmeier Pippin die Hand zum Sturz der Merowinger; sein Nachfolger Stephan II. (752-757) salbte den Karolinger und ernannte ihn zum »Schutzherrn der Römer«. Pippin wiederum überließ dem Papst weite Gebiete in Mittelitalien, die er von den Langobarden erobert hatte und schuf damit die territoriale Basis für den Kirchenstaat. Seinen Höhepunkt erreichte das Bündnis zwischen den Karolingern und dem Papsttum mit der Krönung Karls des Großen zum Kaiser am Weihnachtsfest des Jahres 800 durch Papst Leo III.

Mit dem Niedergang des Karolingerreichs im 10. Jahrhundert erlitt auch das Papsttum einen rasanten Niedergang seiner Macht und seines Ansehens. Es wurde zum Spielball der Interessen römischer Adelsfamilien. Als eine Eroberung Roms durch Berengar von Ivrea drohte, rief Papst Johannes XII. den deutschen König Otto I. zu Hilfe. Wie einst Pippin die Langobarden, so vertrieb Otto nun Berengar.

Als Gegenleistung krönte ihn Johannes 962 zum Kaiser. Allerdings beanspruchte Otto in der Tradition Karls des Großen die oberste Gewalt. Der Papst sollte dem Kaiser untergeordnet sein.

Ohne den Schutz des Kaisers war das Papsttum nach wie vor gefährdet, in innerrömischen Streitereien aufgerieben zu werden. Dies war auch nach dem plötzlichen Tod Ottos III. im Jahr 1002 der Fall, als sich dessen Nachfolger Heinrich II. zunächst auf die Sicherung seiner Herrschaft nördlich der Alpen konzentrierte. Erst 1014 ließ er sich zum Kaiser krönen. Zwar versuchte er, die Situation in Rom unter Kontrolle zu bringen, doch brach nach seiner raschen Abreise aus Rom neuerlich das Chaos aus. Zeitweise stritten sich drei Päpste darum, wer nun der rechtmäßige Nachfolger Petri sei. Erst Kaiser Heinrich III. machte diesem Treiben ein Ende: Er setzte die Streithähne allesamt ab und machte den Bischof von Bamberg zum neuen Papst, der sich Klemens II. (1046-1047) nannte. Auch für die Zukunft behielt sich der Kaiser das Recht vor, nach dem Tod des Papstes einen geeigneten Kandidaten als Nachfolger vorzuschlagen. Einer dieser Päpste, der Elsässer Leo IX. (1049-1054) exkommunizierte 1054 den Patriarchen von Konstantinopel und vollzog damit die sich schon lange abzeichnende Spaltung der Ost- und der Westkirche.

Indem Kaiser Heinrich III. mit seinem Eingreifen eine grundlegende Reform der Kirche anstieß und diese aktiv unterstützte, sägte er letztlich an seinem eigenen, kaiserlichen Ast: Denn ein grunderneuertes Papsttum konnte das schrankenlose Eingreifen der weltlichen Macht in religiöse Angelegenheiten niemals akzeptieren. Die zwangsläufige Auseinandersetzung entbrannte vollends mit der Wahl des römischen Archidiakons Hildebrand, der sich Gregor VII. (1073-1085) nannte und so schon bei seiner Namenswahl an vergangene Herrlichkeit anknüpfte. 1075 verfasste er ein als »Dictatus Papae« be-

Markgraf Berengar II. von Ivrea bittet Kaiser Otto den Großen (912–973) um Hilfe gegen den italienischen König Hugo von Niederburgund (941 oder 942). (Buchminiatur aus der Chronik Bischof Ottos von Freising, um 1150)

zeichnetes Schriftstück, das in 27 Leitsätzen den päpstlichen Primat nicht nur über die Kirche, sondern letztlich auch über die Welt festhielt: Der Papst durfte demnach nicht nur Bischöfe ab- und einsetzen, wie es ihm beliebte, sondern auch Kaiser. Er allein sollte die kaiserlichen Herrschaftszeichen verwenden dürfen, alle Fürsten »des Papstes Füße küssen«. Sein Urteilsspruch durfte von niemandem widerrufen werden, er aber die Urteile aller anderen widerrufen. Der Papst selbst durfte von niemandem gerichtet werden. Niemand sollte sich katholisch nennen dürfen, der nicht mit der römischen Kirche

und damit dem Papst in Übereinstimmung stand. Denn allein die römische Kirche sei von Christus gegründet worden. Und diese römische Kirche sei »niemals in Irrtum verfallen« und werde nie irren. Unmissverständlicher ist ein Machtanspruch wohl niemals formuliert worden.

Zum Auslöser des Streits wurde die Frage der Einsetzung von Bischöfen durch die weltliche Macht, sprich: den König bzw. Kaiser. Diese Praxis der Laieninvestitur wurde von Gregor VII. scharf kritisiert. Ihren Höhepunkt erreichte die Auseinandersetzung im Jahr 1076, als sich König Heinrich IV. und Papst Gregor VII. gegenseitig ab-

Die Konstantinische Schenkung auf einem Fresko von 1246. Kaiser Konstantin (280–337) überlässt Papst Silvester I. die kaiserlichen Herrschaftszeichen Phrygium und Baldachin, sowie den Lateranspalast. (Rom, Quattro Coronati, Oratorio di S. Silvestro)

DIE KONSTANTINISCHE SCHENKUNG

Um ihre Macht zu stärken, schreckte auch die Kirche nicht vor Fälschungen zurück. Zur berühmtesten Urkundenfälschung des Mittelalters wurde die sogenannte Konstantinische Schenkung (8./9. Jahrhundert). Die Urkunde berichtet zunächst von der Genesung des Kaisers Konstantin von einer schweren Erkrankung, von der er durch seine Taufe geheilt worden sei. Aus Dankbarkeit darüber habe er dem Papst die kaiserlichen Insignien und die Macht über Italien und die »westlichen Provinzen« übergeben. Da es zwei Herrscher in Italien nicht geben konnte, habe er seinen Regierungssitz in die neue Hauptstadt Konstantinopel verlegt. Erst im 15. Jahrhundert wurde die Konstantinische Schenkung aufgrund sprachlicher und inhaltlicher Ungereimtheiten als Fälschung erkannt.

Der Kirchenstaat im 8. und 9. Jahrhundert

Legende:
- Patrimonium Petri vor 754/56
- Schenkung Pipins 756
- Erwerbungen 757–817

0 20 40 60 km

setzten. Gregor nutzte in der Folge geschickt die fürstliche Opposition in Deutschland, um gegen Heinrich Stimmung zu machen. Der König sah sich schließlich 1077 zu seinem berühmten Bußgang nach Canossa gezwungen. Dadurch konnte er zwar seinen Thron retten, doch fügte dieser beispiellose Akt dem Ansehen des Kaisertums insgesamt Schaden zu. Beigelegt wurde der Investiturstreit erst durch einen Vergleich zwischen König Heinrich V. und Papst Kalixt II., dem sogenannten Wormser Konkordat von 1122. Darin erkannte der König die Investitur durch die geistliche Herrschaft an, behielt sich aber die Übergabe der weltlichen Hoheitsrechte (Regalien) an die Bischöfe vor.

Den Höhepunkt seiner weltlichen Macht erreichte das Papsttum während des Pontifikats Innozenz' III. (1198–1216, siehe Kasten rechts). Er verstand sich nicht mehr nur als Nachfolger des Apostelfürsten Petrus, sondern als Stellvertreter Christi (»Vicarius Dei«) auf Erden. Der Papst war für ihn dementsprechend zwar »geringer als Gott, aber größer als der Mensch«.

Die »Lehre von den zwei Schwertern« griff Papst Bonifatius VIII. (1294–1303) in seiner Bulle »Unam sanctam« im Jahr 1302 auf. Darin erhob er den Anspruch, dass beide Schwerter – die weltliche und die geistliche Macht – in der »Gewalt der Kirche« seien, das weltliche Schwert nur in deren Namen von Königen und Rittern geführt werde. Wer sich dem Papst als Nachfolger Petri widersetze, der widersetze sich »der Anordnung Gottes«. Für jedes menschliche Geschöpf, so Bonifatius, sei es »unbedingt notwendig zum Heil, dem Römischen Bischof unterworfen zu sein«.

Diese letzte Ausformulierung des päpstlichen Machtanspruchs stammt aus einer Zeit, in welcher der Aufstieg des Papsttums seinen Zenit bereits überschritten hatte. Bonifatius selbst musste am eigenen Leib erfahren, wie weit Theorie und Wirklichkeit in diesem Fall auseinanderlagen. Nach dem Untergang der Staufer war Frankreich zur neuen Vormacht in Europa aufgestiegen. Und König Philipp IV., der gerade dabei war, den französischen Klerus an die Krone zu binden, hatte nicht vor, sich diese Politik von einem machtlosen Papst verderben zu lassen. Er griff zu einer radikalen Maßnahme: Er ließ Bonifatius 1303 gefangen nehmen und sperrte ihn auf der Burg von Anagni bei Rom ein. Zwar wurde der Papst bald wieder befreit, doch starb er wenige Wochen später als gebrochener Mann.

Aus der Bevormundung durch Frankreich konnten sich auch die folgenden Päpste nicht mehr befreien. Im Gegenteil: Clemens V. (1305-1314), selbst Franzose, verlegte 1309 gar seinen Sitz nach Avignon. Die Stadt unterstand zwar nicht dem französischen König, sondern war ein Besitz der Grafen von Provence; gleichwohl geriet das Papsttum in Avignon gänzlich unter französischen Einfluss.

Von 1309 bis 1376 blieben die Päpste in Avignon. Die Stadt wuchs in dieser Zeit zu einer der größten Städte in Europa und wurde zu einem Zentrum von Kunst und Wissenschaft.

Erst Gregor XI. (1370-1378) kehrte 1377 nach Rom zurück. Sein Tod löste das Große Abendländische Schisma aus – zeitweise stritten sich wieder drei Päpste um Amt und Würden. Auf dem Konstanzer Konzil (siehe Kasten S. 102) wurden alle drei abgesetzt bzw. dankten ab.

Mit Martin V. (1417-1431) wurde 1417 dann wieder ein allseits anerkannter Papst gewählt. Doch die Zeit, in der Päpste nach der Herrschaft über die Welt gegriffen hatten, war unwiederbringlich vorbei. Geblieben bis zum heutigen Tag ist der Anspruch auf den Primat in Glaubensfragen, und in der offiziellen Titulatur Benedikts XVI. findet sich nach wie vor jener Titel, den Innozenz III. als erster Papst in Anspruch genommen hat: »Vicarius Dei« – Stellvertreter Gottes.

Papst Innozenz III. (1160/61–1216) mit der Schenkungsurkunde des Klosters San Benedetto in Subiaco 1210. (Fresko von 1210, Subiaco, Kloster San Benedetto)

PAPST INNOZENZ III.

Obwohl Innozenz, der aus der in Mittelitalien beheimateten Familie der Grafen von Segni stammte, bei seiner Wahl am 8. Januar 1198 erst 37 Jahre alt war, war er auf dieses Amt so gut vorbereitet wie kaum ein anderer: Er hatte in Paris und Bologna studiert, war allerdings mehr Jurist als Theologe und hatte danach als Kardinal-Diakon reiche diplomatische Erfahrungen an der Kurie sammeln können. Auf religiösem Gebiet rief er als Papst zwar gegen die Katharer in Südfrankreich zum Kreuzzug auf, anerkannte aber gleichzeitig die neuen Bettelorden der Dominikaner und Franziskaner und unterstützte damit die innerkirchliche Armutsbewegung. Im Jahr seines Amtsantritts übernahm er die Vormundschaft für den damals vierjährigen Friedrich II. Im staufisch-welfischen Thronstreit unterstützte der Papst zunächst den Welfen Otto IV., doch als dieser sich anschickte, alle Abmachungen zu brechen und im Königreich Sizilien einzumarschieren, ließ er ihn fallen mit den Worten: »Es reut mich, ihn gemacht zu haben.« Schließlich anerkannte er sein Mündel Friedrich II. als römischen König. Höhepunkt seines Pontifikats war das vierte Lateran-konzil, an dem über 400 Bischöfe und 800 Äbte teilnahmen. Zu den Beschlüssen des Konzils gehörte unter anderem die Festschreibung der Transsubstantiation – hinter dem schwierigen Wort verbirgt sich die Annahme der realen Wesensverwandlung von Brot und Wein in der Eucharistie zu Leib und Blut Christi. Neben dem Kampf gegen die Ketzer in Südfrankreich warb Innozenz bei dem Konzil auch vehement für einen neuen Kreuzzug ins Heilige Land. Die Verwirklichung dieses Vorhabens konnte der Papst nicht mehr vorantreiben: Er starb am 16. Juli 1216.

MEROWINGER UND KAROLINGER

Die Franken waren einer jener germanischen Stammesverbände, die in der Völkerwanderung in das zusammenbrechende Weströmische Reich strömten. Zu Beginn des 6. Jahrhunderts umfasste ihr Reich große Teile des heutigen Frankreich (mit Ausnahme Burgunds und der Provence), der Benelux-Staaten und Westdeutschlands. Die Merowinger, benannt nach ihrem Ahnherrn Merowech (gest. 456), waren zunächst nur eine unter mehreren Königsfamilien der verschiedenen fränkischen Stammeszweige gewesen. Chlodwig I. (482-511) gelang es aber, nicht nur im Jahr 486 Syagrius, den letzten römischen Befehlshaber in Gallien, zu bezwingen, sondern auch die anderen fränkischen Stämme seiner Herrschaft zu unterwerfen. Dabei ging er alles andere denn zimperlich vor und schreckte vor Mord in der eigenen Verwandtschaft nicht zurück. Mit seinem Übertritt zum katholischen Christentum (496) – als Dank für seinen Sieg gegen die Alamannen in der Schlacht von Zülpich – gab er seiner Herrschaft ein zusätzliches Fundament, das es ihm erleichterte, die katholische, gallorömische Bevölkerung in sein Reich zu integrieren. 507 bezwang er die Westgoten und eroberte deren Hauptstadt Toulouse.

Ein Recht des Erstgeborenen auf die Erbfolge (Primogenitur) gab es bei den Franken nicht. So wurde die Herrschaft nach Chlodwigs Tod unter seinen vier Söhnen Theuderich I., Chlodomer, Childebert I. und Chlothar I. aufgeteilt. Dahinter steckte die Vorstellung, dass die gesamte Herrscherfamilie über magische Kräfte verfügte. Äußeres Zeichen dieses »Königsheils« war das lange, bis über die Schultern reichende Haar.

Allerdings bedeutete diese Teilung der Herrschaft keine Teilung des Reichs: Die Söhne sollten von ihren Residenzen Paris, Orléans, Reims und Soissons aus »zu gesamter Hand« herrschen. Tatsächlich betrieben die Brüder eine gemeinsame Außenpolitik, die eine Schwächung des fränkischen Einflusses durch die Erbteilung verhinderte. Im Gegenteil: Die Merowinger erweiterten ihre Herrschaft auch nach dem Tod Chlodwigs. Im Osten unterwarfen sie 531 die Thüringer, deren Siedlungsgebiet damals bis in das heutige Mainfranken reichte, und drangen in Bayern ein; 534 unterwarfen sie Burgund, 536/37 trat der ostgotische König Witigis die Provence an sie ab.

Für kurze Zeit, von 558 bis 561, vereinigte Chlothar I., der jüngste Sohn Chlodwigs, das gesamte Reich in seiner Hand. Doch da er, wie schon sein Vater, vier Söhne hatte, wurde die Herrschaft nach seinem Tod unter diese aufgeteilt. Der älteste Sohn Charibert starb bereits 567, so dass sein Reichsteil den Brüdern zugeschlagen wurde. Die so entstandene Dreiteilung blieb auch in den folgenden Generationen bestehen: Neustrien, der (nord-) westliche Teil des Reichs mit den

GREGOR VON TOURS

Unsere Hauptquelle für die Zeit der Merowinger (bis 591) sind die »Decem libri historiarum« des Bischofs Gregor von Tours (538/39-594). Der Geschichtsschreiber stammt aus gallorömischem Senatorenadel und gehörte damit zu jener alteingesessenen Oberschicht, die von den Franken »übernommen« wurde. Vor diesem Hintergrund erstaunt es, dass Gregor sich in der Einleitung zu seinem Hauptwerk für seinen »einfachen Stil« entschuldigt. Doch wurde auch in adligen Familien längst nicht mehr das klassische Latein eines Cicero gesprochen, sondern ein Vulgärlatein, aus dem sich dann die französische Sprache entwickelt hat.

Erzogen wurde Gregor nach dem frühen Tod seines Vaters von seinem Onkel, der Bischof von Clermont war. Den Entschluss, Priester zu werden, fasste er nach der Genesung von einer schweren Krankheit. 573 wurde er Bischof von Tours. Als Bischof war er nicht nur geistlicher Oberhirte, sondern auch in die politischen Auseinandersetzungen seiner Zeit involviert. Dem Merowingerkönig Chilperich I., den er als »Nero und Herodes unserer Zeit« bezeichnet hat, trat Gregor mutig entgegen und verteidigte die Unabhängigkeit der Kirche. Die gewalttätigen Auseinandersetzungen unter den Merowingern hätten der Kirche größeren Schaden zugefügt, als die Verfolgungen unter dem römischen Kaiser Diokletian. Die katholische Kirche verehrt Gregor von Tours als Heiligen.

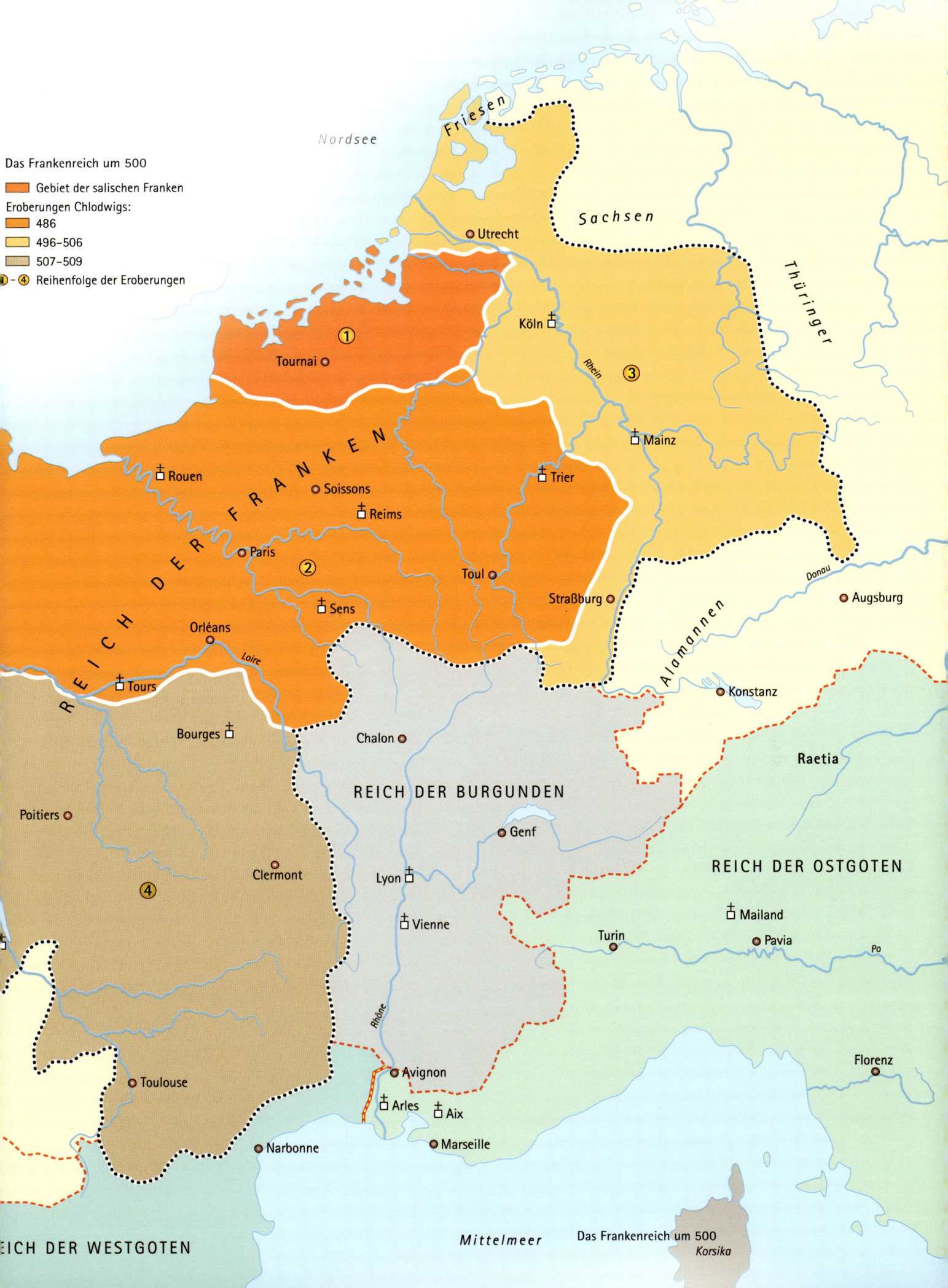

Das Frankenreich um 500

Gebiet der salischen Franken

Eroberungen Chlodwigs:
486
496–506
507–509

①–④ Reihenfolge der Eroberungen

Nordsee

Friesen

S a c h s e n

○ Utrecht

✝ Köln

T h ü r i n g e r

①
Tournai ○

Rhein

R E I C H   D E R   F R A N K E N

②

✝ Rouen

○ Soissons

✝ Reims

○ Paris

✝ Mainz

✝ Trier

③

Toul ○

Straßburg ○

Donau

○ Augsburg

A l a m a n n e n

✝ Sens

Orléans ○

Loire

✝ Tours

✝ Konstanz

Raetia

Bourges ✝

○ Chalon

Poitiers ○

④

Clermont ○

R E I C H   D E R   B U R G U N D E N

○ Genf

Lyon ✝

REICH DER OSTGOTEN

✝ Vienne

Turin ○

✝ Mailand

○ Pavia

Po

✝

Rhône

Florenz ○

Toulouse ○

Avignon ○

✝ Arles

✝ Aix

Narbonne ○

Marseille ○

Mittelmeer

Das Frankenreich um 500

Korsika

EICH DER WESTGOTEN

Hauptorten Paris und Soissons; Austrien oder Austrasien, der östliche Teil des Reichs mit den Hauptorten Reims und (später) Metz sowie schließlich das bis weit nach Süd- und Zentralfrankreich reichende Burgund mit den Zentren Lyon und Orléans. An Aquitanien erhielt jeder der Brüder einen Anteil. Nur lose war die fränkische Herrschaft über Alamannien und Bayern. Die dort eingesetzten Herzöge betrieben durchaus ihre eigene Politik.

Anders als eine Generation zuvor war die Reichseinheit nur noch eine bloße Fiktion. Die Herrscher der Teilreiche überzogen sich gegenseitig mit Krieg; Verschwörungen, Mord und Totschlag waren an der Tagesordnung. Von dieser chaotischen Gemengelage profitierte der Adel, ohne dessen Hilfe keine Schlachten geschlagen und keine Verschwörungen angezettelt werden konnten. Kindkönige ohne Macht und Einfluss wurden zu Spielbällen in der Hand der Großen des Reichs. Einer dieser Kindkönige war Chlothar II., der nach der Ermordung seines Vaters 584 den Thron von Neustrien bestieg – noch nicht einmal ein Jahr alt. Sein austrischer Kollege Childebert II. war 575 mit fünf Jahren König geworden. Als er mit 25 Jahren starb, waren seine Söhne Theuderich

Brunichilde wird auf Befehl Chlothars zu Tode geschleift. (Holzstich nach Emile Bayard, 1893)

und Theudebert zehn bzw. acht Jahre alt. Unter der Vormundschaft ihrer Großmutter Brunichilde herrschten sie in Austrien und Burgund, dessen König Guntram ohne männlichen Erben verstorben war. Brunichilde war eine energische Frau, die bestrebt war, den Einfluss des Adels zurückzudrängen, was ihr erwartungsgemäß dessen Feindschaft einbrachte. Einige dieser Adligen veranlassten daher Chlothar II., in Austrien einzufallen. Das Ende war fast zwangsläufig: Von allen verlassen, unterlag sie 613 ihrem Neffen Chlothar II. Brunichildes Ende war grausam: Der nunmehrige Alleinherrscher über das Frankenreich ließ seine Tante »drei Tage lang verschiedenen Foltern aussetzen, dann gab er den Befehl, sie zuerst auf ein Kamel zu setzen und im ganzen Heer herumzuführen und sie dann mit dem Haupthaar, einem Fuß und einem Arm an den Schwanz eines über alle Maßen bösartigen Pferdes zu binden; dabei wurde sie durch die Hufe und den rasenden Lauf in Stücke gerissen«.

Unter jenen Adligen, die Chlothar zum Sieg gegen Brunichilde verholfen hatten, war ein Mann, der zum Stammvater der Karolinger wurde: Pippin der Ältere (580-640). Zusammen mit Arnulf von Metz und dem burgundischen Hausmeier (Verwalter) Warnachar hatte er den Sturz Brunichildes betrieben. Das intrigante Trio forderte nun seinen Anteil an der Macht – und erhielt ihn: Arnulf wurde 614 Bischof von Metz, Warnachar erhielt sein Amt »auf Lebenszeit« zugesichert, und Pippin wurde zu einem der einflussreichsten Berater Chlothars. Im Edictum Chlotharii musste Chlothar 614 dem Adel weitere Zugeständnisse machen: So durfte der König das Grafenamt nur noch an einheimische Adlige vergeben – der Herrscher war damit nicht mehr frei in seiner Entscheidung, Männer seines Vertrauens an diese Stelle setzen zu können, egal wo diese herkamen. Den nächsten Schritt auf der Karriereleiter nahm Pippin der Ältere 623. In diesem Jahr richtete Chlothar II. ein Unterkönigtum für seinen Sohn Dagobert in Austrien ein. Dagobert war damals erst 13 Jahre alt – und stand daher ganz unter dem Einfluss Pippins und Arnulfs.

Im Rückblick erstaunt die gewalttätige Atmosphäre der Merowingerzeit. Doch brodelte unter der Oberfläche des Christentums weiter der Sturm der Völkerwanderungszeit. Ohne funktionierendes staatliches Fundament konnte Macht nur ausüben, wer Stärke zeigte und sich rücksichtslos seinen Weg bahnte. Die Diskrepanz zwischen den Ansprüchen des Christentums und dem eigenen Tun war der Führungsschicht durchaus bewusst. Dies mag am Beispiel Arnulfs von Metz illustriert werden: Um 612 entschied sich die Frau des damals schon einflussreichen Adligen, in ein Kloster einzutreten; Arnulf selbst ließ sich zum Priester weihen – dass er verheiratet war und das Paar Kinder hatte, spielte keine Rolle. Als Bischof von Metz und Erzieher des Königssohnes Dagobert hatte er den Gipfel der Macht erklommen. Im Jahr 629 trat er dann von allen Ämtern zurück, »aus Furcht, er möchte im Gedränge und Geräusche der Welt seine Seele verlieren«. Zwar hatte dieser Schritt auch politische Gründe, doch war es eine typische Entscheidung für die Zeit. Als Einsiedler lebte Arnulf fortan bei Remiremont in den Vogesen und kümmerte sich um Arme und Kranke.

Die angedeuteten politischen Gründe, die mit zum Rückzug Arnulfs geführt haben, wurden ausgelöst durch den Tod Chlothars II. 629. Damit war nun Dagobert I. König im gesamten Frankenreich. Und aus dem Kind von einst war auch dank der Erziehung durch Arnulf ein kluger, frommer – und machtbewusster Herrscher geworden. Es gelang ihm, Arnulf und Pippin auf Distanz zu halten. Doch während Arnulf daraus radikale Konsequenzen

König Dagobert I. (gest. 639) und seine dritte Gemahlin Nantechilde (um 610–642). Kennzeichnend ist das lange Haar Dagoberts als Zeichen seines Königsheils. (Glasmalerei in der Kirche der von Dagobert gegründeten Abtei Saint Denis, 1890)

zog, wartete Pippin auf bessere Zeiten. Um 635 verheiratete er seinen Sohn Ansegisel mit Begga, der Tochter Arnulfs.

Diese »besseren Zeiten« kamen 639 mit dem Tod Dagoberts I. Denn der verstorbene Alleinherrscher hatte zwei Söhne, und natürlich wurde die Herrschaft unter ihnen aufgeteilt. Zwar starb Pippin der Ältere nur ein Jahr später, doch schaffte es sein Sohn Grimoald, in seine Fußstapfen zu treten. Er brachte den kinderlosen austrischen König Sigisbert III. dazu, seinen Sohn Childebert zu adoptieren. Doch dieser erste Versuch der direkten Herrschaftsübernahme durch einen Karolinger scheiterte, Grimoald wurde von anderen Adligen in einen Hinterhalt gelockt und starb im Kerker »unter heftigen Qualen«. Immerhin gab es noch einen Karolinger, der die Scharte auswetzen konnte: Pippin den Mittleren (um 635–714). Dem Sohn Ansegisels und Beggas gelang es, nicht nur die traditionelle Position in Austrien wiederzugewinnen, sondern nach der siegreichen Schlacht von Tertry gegen den neustrischen König Theuderich III. 687 auch Hausmeier im gesamten fränkischen Reich zu werden. Die nominelle Herrschaft der merowingischen Könige tastete Pippin nicht an – es war dem klugen Taktiker egal, wer unter ihm König war, und er hatte aus der Katastrophe Grimoalds seine Lehren gezogen.

In der Schlacht von Tours und Poitiers (732) siegte Karl Martell über Abd ar-Rachman, den Statthalter des Kalifen in Spanien. (Gemälde von Carl von Steuben, 1837, Galerie des Batailles, Schloss Versailles).

Gefährlich wurde es noch einmal, als Pippin 714 starb und sich mehrere Anwärter um die Führungsposition in der Familie und im Frankenreich stritten. Aus diesem Kämpfen ging der erste »Karl« der Familie (mit dem Beinamen »Martell«, also Hammer, 686-741) als Sieger hervor. In der Geschichtsschreibung ist sein Name verbunden mit der Schlacht von Tours und Poitiers 732, ein vor allem nachträglich als epochal bewerteter Abwehrerfolg gegen die arabische Expansion über die Pyrenäen. Doch Karl Martell zog nicht nur gegen die Araber ins Feld, sondern auch gegen Sachsen, Bayern, Thüringer und Friesen.

Karl Martell war der unbestrittene Herrscher des Frankenreichs – er entschied darüber, welcher Merowinger sich König nennen durfte. Nach dem Tod Theuderichs IV.

737 hielt er es nicht einmal mehr für nötig, überhaupt einen Nachfolger zu benennen. Daran änderte sich auch nichts bis zu Karls Tod 741. Und sogleich begann wieder die mit brachialer Gewalt geführte Auseinandersetzung um seine Nachfolge. Dabei stand der jüngste Sohn Grifo gegen seine älteren Halbbrüder Pippin (den Jüngeren) und Karlmann. Die beiden letzteren machten das Rennen: Pippin erhielt Neustrien, Burgund und die Provence, Karlmann Austrien, Alamannien und Thüringen. Den Widerstand der Alamannen brach Karlmann mit Gewalt: Beim so genannten Blutgerichtstag von Cannstatt ließ er 746 zahlreiche alamannische Adlige hinrichten. Doch wie einst Arnulf von Metz fürchtete Karlmann um sein Seelenheil und zog sich 747 in ein Kloster bei Rom zurück. Damit wurde Pippin der Jüngere zum Alleinherrscher.

Kaiser Karl der Große (747–814) galt schon seinen Zeitgenossen als legendär. Dieses silberne und goldene Büsten-
reliquiar des als Heiliger verehrten Herrschers stiftete
Kaiser Karl IV 1349. (Aachen, Dom, Schatzkammer)

Pippin hatte nur ein Problem: Sein
Bruder Karlmann hatte 743 mit Childerich III.
noch einmal einen Merowinger als Schatten-
könig auf den Thron gesetzt. Der Karolinger
setzte alles auf eine Karte, die Legitimation
für seinen Coup holte er sich bei Papst
Zacharias III. Er sandte 750 eine hochran-
gige Delegation nach Rom, die den Pontifex
fragen sollte, ob es »gut sei oder nicht«, dass
die Könige der Franken keine »königliche
Gewalt« besaßen. Der Papst sah die Chance
für ein noch engeres Bündnis zwischen den
Franken und der Kirche und ließ antworten:
»Es sei besser, dass der König heiße,
der die Gewalt habe, als der, dem
keine königliche Gewalt ver-
blieben sei.« Damit waren die
Würfel gefallen: Pippin ließ
Childerich III. und seinem
Sohn das lange Haar scheren,
nahm ihnen damit symbo-
lisch ihr Königsheil – und
steckte beide in ein Kloster.
Ende 751 ließ er sich dann
von den Großen des Reichs
zum König wählen. Unklar
ist, ob es damals schon zu einer
Salbung des Königs (durch Bonifatius?) gekommen ist.
Drei Jahre später aber wurde das Bündnis zwischen Papsttum und Karolingern nachweislich durch eine solche
Salbung bekräftigt: Papst Stephan II. gab der neuen
Herrscherdynastie damit jene sakrale Legitimation, die
ihr noch gefehlt hatte.

Mit dem Tod Pippins des Jüngeren 768 kam es zu
der obligatorischen Teilung der Herrschaft zwischen seinen Söhnen Karlmann und Karl. Doch Karlmann starb
bereits im Dezember 771 im Alter von nur 20 Jahren.
Damit war Karl Alleinherrscher der Franken – und blieb
es 42 Jahre lang. In dieser Zeit verschob er nicht nur die
Grenzen des Fränkischen Reichs weit nach Osten und nach
Süden, sondern reformierte das Reich auch im Inneren
von Grund auf. Mit der Erneuerung des (west)römischen
Kaisertums stellte er seine Herrschaft gleichberechtigt
neben jene des byzantinischen Kaisers. Karl wurde so einer der zentralen Gestalten der europäischen Geschichte.

Karl starb am 28. Januar 814 in seiner
Lieblingsresidenz Aachen in dem vergleichsweise hohen Alter von 66 Jahren.
Von seinen legitimen Söhnen lebte damals
nur noch der 778 geborene Ludwig, dem
die Nachwelt den Beinamen »der Fromme« gegeben hat. Ludwig konnte
daher das alleinige Erbe seines
Vaters antreten. Unter dem Einfluss des
Abts Benedikt von Aniane entwickelte er
die Vorstellung eines christlichen Reichs-
volkes, das durch die Kaiserkrone geeint
war. Ein solches Volk würde im Idealfall
keine Stammesauseinanderset-
zungen und -egoismen mehr
kennen. Doch diese Utopie
ließ sich nicht verwirklichen
(und wartet – siehe die Europäische Union – bis heute darauf, verwirklicht zu
werden).

Ludwig versuchte
schon früh, seine Nach-
folge so zu regeln, dass
einerseits die fränkische
Vorstellung von der Teilung
der Herrschaft berücksichtigt, aber
auch der Vorrang des Kaisertums sichergestellt wurde.
Das kam der Quadratur des Kreises gleich: In der »Ordi-
natio Imperii« legte er 817 fest, dass sein ältester Sohn
Lothar ihm als Kaiser folgen sollte und dessen Brüder
Ludwig und Pippin sich diesem unterzuordnen hatten.
Auch sollten sie einen wesentlich kleineren Brocken von
dem großen Reichskuchen erhalten als Lothar. Ludwig
der Fromme machte die Sache selbst noch komplizierter
als sie ohnehin war, indem er 823 Karl dem Kahlen, einem Sohn aus zweiter Ehe, nachträglich ebenfalls einen
Anteil an der Herrschaft sichern wollte. Damit begann
ein Intrigieren wie in alten Merowingerzeiten: die Söhne
gegen den Vater, die Brüder untereinander... Diese Auseinandersetzungen überschatteten die weitere Herrschaft
Ludwigs des Frommen und machten auch seine nach
dem Regierungsantritt in Angriff genommenen Reform-
bemühungen zunichte. Der unglückliche Kaiser starb am
20. Juni 840 in Ingelheim am Rhein.

Map labels

Iren · ANGELSÄCHS. · Nordsee · DANEMARK · Ostsee
York · KÖNIGREICHE · Haithabu · Obodriten
Waliser · Angelsachsen · Paderborn · Elbe · Westslawen
London · Aachen · Sorben
Atlantischer Ozean · Bretagne · Rhein · Prag · Böhmen · Mährer
Paris · Verdun · Regensburg · Donau
Tours · Salzburg · Awaren
FRANKENREICH · Drau
Lyon · Kroaten · BULG. REI
Aquitanien · Mailand · Brescia · Venedig
KGR. VON GALICIEN UND ASTURIEN · Po · Ravenna · Serben
Spanische Mark · Florenz
Duero · Marseille · Spalate · Südslawen
OMAJADENEMIRAT · Barcelona · Korsika · Rom
Araber · Toledo · Neapel · Fsm. Benevent · Thes
KALIFAT VON CÓRDOBA · Balearen · Sardinien · BYZANTINIS REICH
Córdoba · Mittelmeer
Sevilla · Palermo
Sizilien

0 200 400 600 km

KARL DER GROSSE

Bis heute wird Karl der Große als einer der Väter Europas gewürdigt; vor allem in Frankreich und Deutschland wird sein Erbe gepflegt. Einer der angesehensten Preise für Bemühungen um die europäische Verständigung ist nach ihm benannt: der Internationale Karlspreis zu Aachen. Tatsächlich hat Karl der Große Westeuropa vereint, allerdings nicht zuletzt mit dem Schwert: Er unterwarf 774 die Langobarden in Oberitalien, besiegte 788 den bayerischen Stammesherzog Tassilo, über 30 Jahre lang kämpfte er in mehreren Kriegen die Sachsen nieder. Im »Blutgericht« von Verden an der Aller ließ er zahlreiche sächsische Aufständische hinrichten, wobei die früher häufig genannten mehreren tausend Toten eine Übertreibung darstellen dürften. Die Krönung zum Kaiser durch Papst Leo III. am Weihnachtsfest des Jahres 800 erkannte faktisch die Machtstellung an, die der fränkische König sich erworben hatte. Das Kaisertum war von den Römern auf die Franken übergegangen. Als Schutzherr der Kirche fühlte sich Karl nicht nur verantwortlich für deren äußeren Schutz, sondern griff auch in innerkirchliche Angelegenheiten ein, ganz im Stil der spätantiken römischen Kaiser.

Die innere Reform des riesigen Reichs war eine der größten Herausforderungen Karls. Von ihm eingesetzte Grafen sollten als königliche Amtsträger ein jeweils überschaubares Gebiet verwalten. Besondere Bedeutung kam den Markgrafen zu, die für den Schutz des Reichs an seinen äußeren Grenzen verantwortlich waren. Königsboten sollten die Verbindung zwischen dem Herrscher, seinen Beamten und Untertanen halten und überwachen, ob die Anordnungen Karls vor Ort auch tatsächlich befolgt wurden. Doch dieses System stieß angesichts der Größe des karolingischen Reichs zwangsläufig an seine Grenzen.

Zur Erneuerung des Reichs gehörte für Karl auch die Förderung von Bildung und Wissenschaft. An seinem Hof versammelte er die besten Gelehrten der Zeit. Karls Ziel war es, das kulturelle Defizit der fränkischen Elite abzubauen und vor allem den Klerus mit den notwendigen Kenntnissen über die Heilige Schrift zu versorgen. Im Zentrum dieser Bemühungen stand die Hofschule Karls in Aachen. Auch die Baukunst blühte wieder auf – Bauten wie die Pfalzkapelle in Aachen oder die Torhalle im hessischen Lorsch zeugen bis heute vom Erfolg dieser Bemühungen.

▢ Fränkisches Reich unter Karl dem Großen
▨ Wechselnd fränkische und islamische Herrschaft
▨ vom Reich abhängige Gebiete
▢ Byzantinisches Reich
▪▪▪▪▪ Awarenreich im 8. Jh.
▢ islamisch beherrschte Welt

Damals war einer der Söhne – Pippin – ebenfalls schon verstorben, so dass sich nun Lothar, Ludwig und Karl der Kahle um das Erbe stritten. Dabei verbündeten sich zunächst Ludwig und Karl gegen Lothar. Ihr Bündnis bekräftigten die Brüder 842 in Straßburg durch einen Eid, den Ludwig in altfranzösischer Sprache leistete – und Karl auf althochdeutsch; so war gewährleistet, dass die anwesenden Gefolgsleute verstanden, um was es eigentlich ging. Ein Jahr später kam es im Vertrag von Verdun zu einer Übereinkunft aller drei Brüder: Dieser sah für Lothar die Nachfolge als Kaiser und ein Herrschaftsgebiet vor, das sich von der Nordsee in einem zunächst schmalen und sich dann verbreiternden Band bis nach Mittelitalien hinzog. Karl der Kahle erhielt den Westteil des Reichs, Ludwig (der Deutsche) den Ostteil. Damit hatten, fränkischer Tradition folgend, alle Brüder einen etwa gleich großen Anteil an der Herrschaft, und von einer Unterordnung der jüngeren unter den Kaiser war ebenfalls keine Rede mehr. Alle drei sollten gemeinsam regieren – und so die Reichseinheit aufrechterhalten, »nach dem Rat und mit Zustimmung der Großen«. Doch das blieb weitgehend Theorie. Das lotharingische Mittelreich wurde bereits nach dem Tod des Kaisers 855 zwischen dessen Söhnen aufgeteilt, wobei der Kaisertitel und die Herrschaft in Italien an den älteren Ludwig II. fielen und der Bereich nördlich der Alpen an Lothar II. Nach Lothars Tod teilten seine Onkel Karl der Kahle und Ludwig der Deutsche dieses Gebiet im Vertrag von Meersen 870 unter sich auf und schufen damit die Grundlage für das deutsche bzw. französische Königtum weit über das Mittelalter hinaus. Der Vertrag von Ribémont verschob die Grenze 880 noch einmal leicht zugunsten des Ostfränkischen Reichs.

Nur einmal noch, 884 bis 887, kam es unter Karl dem Dicken, einem Sohn Ludwigs des Deutschen, zu einer Vereinigung der beiden Reichshälften (mit Ausnahme des seit 879 selbstständigen Königreichs Niederburgund bzw. Arelat), da der aus zweiter Ehe Ludwigs des Deutschen stammende westfränkische Thronfolger Karl der Einfältige als nicht legitim betrachtet wurde. Doch war das mehr eine Personal- als eine Realunion; die beiden Reichshälften hatten sich bereits auseinanderentwickelt, und

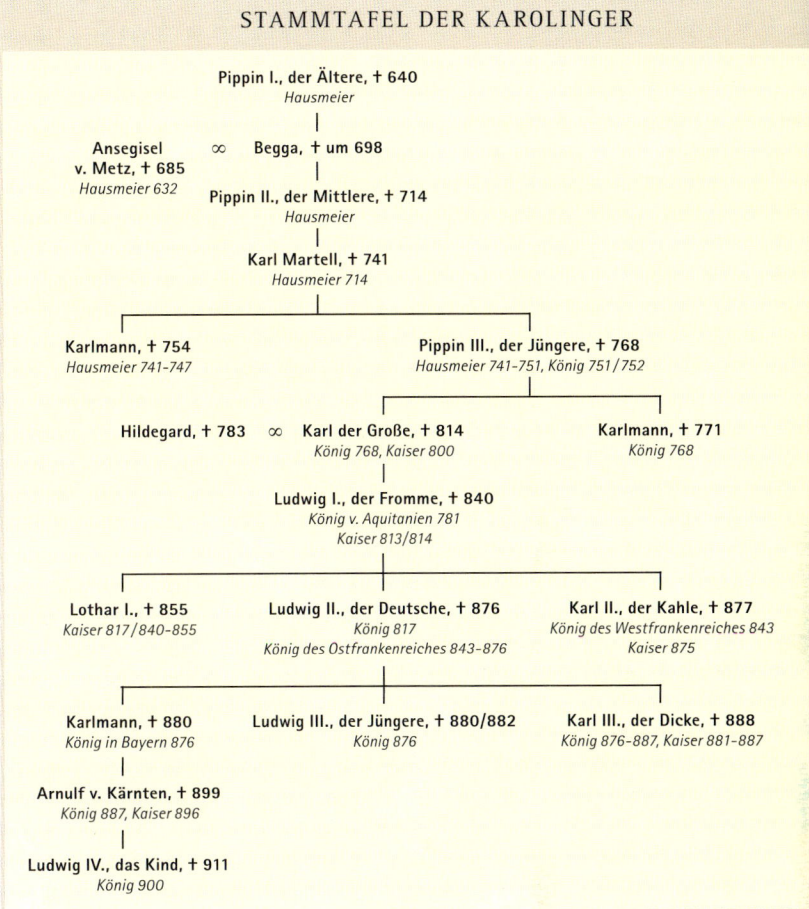

STAMMTAFEL DER KAROLINGER

Pippin I., der Ältere, † 640
Hausmeier

Ansegisel v. Metz, † 685 ∞ **Begga, † um 698**
Hausmeier 632

Pippin II., der Mittlere, † 714
Hausmeier

Karl Martell, † 741
Hausmeier 714

Karlmann, † 754
Hausmeier 741–747

Pippin III., der Jüngere, † 768
Hausmeier 741–751, König 751/752

Hildegard, † 783 ∞ **Karl der Große, † 814**
König 768, Kaiser 800

Karlmann, † 771
König 768

Ludwig I., der Fromme, † 840
König v. Aquitanien 781
Kaiser 813/814

Lothar I., † 855
Kaiser 817/840–855

Ludwig II., der Deutsche, † 876
König 817
König des Ostfrankenreiches 843–876

Karl II., der Kahle, † 877
König des Westfrankenreiches 843
Kaiser 875

Karlmann, † 880
König in Bayern 876

Ludwig III., der Jüngere, † 880/882
König 876

Karl III., der Dicke, † 888
König 876–887, Kaiser 881–887

Arnulf v. Kärnten, † 899
König 887, Kaiser 896

Ludwig IV., das Kind, † 911
König 900

Karl der Dicke war nicht der kraftvolle Herrscher, der daran hätte etwas ändern können. Das Zeitalter der Karolinger ging dem Ende entgegen. Der letzte Herrscher aus dieser Familie im ostfränkischen Reichsteil, Ludwig das Kind, starb 911. Daraufhin kam es nicht zur Erbfolge Karls des Einfältigen, der im Westfränkischen Reich inzwischen als König anerkannt war. Statt seiner wählten die Großen des Ostfränkischen Reichs Konrad I., der aus einem rheinfränkischen Adelsgeschlecht stammte. Der letzte westfränkische König aus der Familie der Karolinger, Ludwig der Faule, starb 987.

links:
Die Pfalzkapelle Karls des Großen in Aachen, 788–805 errichtet nach Plänen Odos von Metz, galt als Zentrum der kaiserlichen Macht.

DIE OTTONEN

Auch wenn sich meist mehrere Könige die Herrschaft über das Fränkische Reich geteilt haben, so war unter den Karolingern doch die Vorstellung von der Reichseinheit niemals aufgegeben worden. Mit der Wahl Konrads I. hatten die ostfränkischen Großen sich von dieser Vorstellung gelöst und damit begonnen, eigene Wege zu beschreiten. Allerdings galt dies nur für einen reduzierten Teil des alten Reichsgebiets: Das Königreich (Hoch-) Burgund hatte sich schon 888, also noch in karolingischer Zeit, verselbständigt. 911 wollten sich die lothringischen Adligen nicht der Herrschaft des neuen, nicht-karolingischen Königs anschließen und unterstellten sich dem westfränkischen König Karl dem Einfältigen.

Obwohl Konrad seine Macht den Stammesherzögen verdankte – er selbst war als Herzog von Franken einer von ihnen – versuchte er, nach seiner Thronbesteigung deren Einfluss zu beschneiden. Damit verkannte der König die realen Machtverhältnisse und sah seinen Wirkungskreis am Ende auf sein eigenes Herzogtum beschränkt. Den Einfällen der Ungarn im Südosten des Reichs konnte er kaum etwas entgegensetzen; zu sehr waren alle seine Kräfte im Inneren gebunden. Auf dem Sterbebett bat er seinen Bruder, auf die Nachfolge zu verzichten und den Weg frei zu machen für eine Wahl Herzog Heinrichs von Sachsen. Tatsächlich wählten die fränkischen und sächsischen Großen im Mai 919 Heinrich I. zum ostfränkischen König. Dass er arglos Vögel gefangen habe, als ihm ein Bote seine Wahl zum König mitgeteilt habe, ist wohl eine Legende. Obwohl Heinrich, der als erster »ottonischer« König gezählt wird, über mehr Macht verfügte als Konrad, musste er sich mit den Großen des Reichs arrangieren. Zwar griff auch Heinrich zu militärischer Gewalt, doch anders als Konrad versuchte er nicht, die Herzöge von Bayern und Schwaben, die an seiner Wahl nicht beteiligt gewesen waren, gänzlich zu unterwerfen. Er wollte sie – nach erfolgreicher Machtdemonstration – als Partner gewinnen. Das gelang ihm noch 919 in Schwaben und zwei Jahre später in Bayern, indem er den Herzögen weitgehende Selbstständigkeit gewährte und für sich selbst »nur« die Rolle des »primus inter pares« reklamierte. Mit der Wiedererwerbung Lothringens erzielte Heinrich einen weiteren Prestigeerfolg.

Ein Problem, das Heinrich von Konrad geerbt hatte, waren die Ungarneinfälle im Osten des Reichs. Während Konrad diesen machtlos hatte zusehen müssen, kamen seinem Nachfolger Glück und Geschick zu Hilfe: Glück in der Form der Gefangennahme eines ungarischen Großen – und Geschick, indem er sich zu dessen Freilassung und der Zahlung eines Tributs einverstanden erklärte für die Gegenleistung eines zehnjährigen Waffenstillstands. Diese Zeit ließ Heinrich nicht unnütz verstreichen, sondern begann mit einem ehrgeizigen Burgenbauprogramm und einer Neuorganisation der Verteidigung insgesamt, indem er beispielsweise nach dem Vorbild der Ungarn die Reiterei verstärkte. So besiegte er im März 933 die – nach der Aufkündigung des Waffenstillstands durch Heinrich – in Sachsen eingefallenen Ungarn.

Als zukunftsweisend erwies sich aber noch mehr die Regelung der Nachfolgefrage durch Heinrich. Er durchbrach die fränkische Tradition der Herrschaftsteilung und bestimmte – Jahre vor seinem Tod –, dass ihm allein Otto, sein ältester Sohn aus zweiter Ehe, auf dem Thron folgen sollte. Damit überging er die Erbansprüche seines Sohnes Thankmar aus erster Ehe und von Ottos jüngerem Bruder Heinrich. Den jüngsten Sohn Brun bestimmte er früh für die geistliche Laufbahn, so dass dieser als Kandidat für die Thronfolge ausfiel.

Nach dem Tod Heinrichs I. am 2. Juli 936 bestimmten zunächst die sächsischen und fränkischen Großen Otto I. zum König. Nur einen Monat später fand in Aachen eine »allgemeine Wahl« statt, nach der alle Stammesherzöge und andere Große dem neuen König huldigten. Mit der Wahl Aachens knüpfte Otto an das Königtum Karls des Großen und die fränki-

Europa um 1000

zwischen Ungarn und Kroatien umstritten
1023/34 zum Reich
Normannische Staaten in Apulien und Sizilien
Reichsgrenze unter Otto dem Großen († 973)
Reichsgrenze unter Konrad II. († 1039)
1. Bulgarisches Reich (1018 byzantinisch)
Polnisches Reich unter Boleslaw Chobry († 1025)

Nordsee

Ostsee

Mittelmeer

KGR. SCHWEDEN
Upsala
Tönsberg
Birka
Skara

KGR. DÄNEMARK
Aarhus
Ribe
Lund
Roskilde
Schleswig

Prußen
Kolberg
Danzig
Stettin

KGR. ENGLAND
Durham
York
Chester
Leicester
Oxford
London
Winchester
Canterbury
Exeter
Wales

Hamburg
Bremen
Hzm. Sachsen
Münster
Magdeburg
Brandenburg
Posen
Gnesen
HZM. POLEN
Breslau
Krakau

Gft. Flandern
Utrecht
Rhein
Lüttich
Köln
Aachen
Erfurt
Meißen
Lausitz
Elbe

Gft. Bretagne
Caen
Rouen
Hzm. Normandie
Paris
Reims
Trier
Frankfurt
Bamberg
Prag
Hzm. Böhmen
Brünn

Chartres
Metz
Straßburg
Hzm. Bayern
Ulm
Augsburg
Salzburg
Preßburg
Gran

Nantes
Loire
Orléans
Troyes
Hzm. Burgund
Hzm. Schwaben
Konstanz
Basel

Tours
Poitiers
Cluny
KGR. FRANKREICH
Hzm. Guyenne
Lyon
KGR. BURGUND
Hzm. Kärnten
Villach
Fünfkirchen

Bordeaux
KGR. UNG
Drau
Agram
Save

Navarra
Pamplona
Hzm. Gascogne
Toulouse
Nîmes
Marseille
Lombardei
Mailand
Verona
Trient
Aquileja
Venedig
KGR. KROATIEN
Belgrad

Aragon
Tudela
Huesca
GFT. BARCELONA
Genua
Po
Parma
Bologna
Ravenna
Zara
Serbien

astilien
Osma
Zaragoza
Ebro
Barcelona
Pisa
Florenz
Tuscien
Ancona
Spalato
Ragusa

Cuenca
Korsika
Ajaccio
KIRCHEN-STAAT
Rom
Hzm. Spoleto
KGR. ITALIEN
Benevent
Bari
Durazzo

AT
Valencia
Balearen
Sardinien
Cagliari
Neapel

Cartagena
Mittelmeer
Palermo
Messina
Reggio
Cotrone
Sizilien
Syrakus

0 100 200 300 km

sche Tradition an. Dass dies kein Zufall war, sondern bis ins Detail überlegt, zeigte sich darin, dass der Sachse bei diesem Ereignis fränkische Kleidung trug, während er sonst die seines Stammes bevorzugte. In der Pfalzkapelle Karls des Großen ließ sich Otto vom Mainzer Erzbischof Hildebert salben und krönen. Bei dem anschließenden Krönungsmahl in der Pfalz übernahmen die Stammesherzöge den zeremoniellen Tischdienst und anerkannten damit noch einmal ausdrücklich die hervorgehobene Stellung des neuen Königs an.

Ärger bekam Otto in der eigenen Familie, denn weder sein Halbbruder Thankmar noch sein jüngster Bruder Heinrich wollten ihre Hintansetzung akzeptieren und rebellierten. Doch Otto behauptete seine Krone gegen alle Anfeindungen. Durch geschickte Heiratsverbindungen band der König die Stammesherzogtümer an seine Familie: So verheiratete er seinen aufsässigen Bruder Heinrich mit der bayerischen Herzogstochter Judith und seinen Sohn Liudolf mit der schwäbischen Herzogstochter Ida. 948 wurde Heinrich Herzog von Bayern, 949 Liudolf Herzog von Schwaben. Doch diese verwandtschaftlichen Bande waren nur bedingt erfolgreich, wie ein Aufstand Liudolfs 953 zeigte. Erst im Dezember 954 konnte die Gefahr durch die Unterwerfung des »von tiefster Reue« ergriffenen Königssohnes beendet werden. Otto nahm Liudolf zwar sein Herzogtum, akzeptierte aber seine Unterwerfung und gab damit ein weiteres Zeichen seiner königlichen Milde.

Die Idee, die Stammesherzogtümer für die Krone zu gewinnen, indem er sie mit Familienmitgliedern besetzte, taugte – das hatte Otto einsehen müssen – nur bedingt

als Garantie für seine Herrschaft. Er musste eine andere Stütze gewinnen. Den Weg dazu wies ihm sein jüngster Bruder Brun, der inzwischen Erzbischof von Köln war und im Streit um Liudolf vermittelnd eingegriffen hatte. War es nicht möglich, die Kirche als Stütze der königlichen Macht zu nutzen? Zwar verfolgten auch die Bischöfe ihre eigenen Interessen, doch immerhin stellten sie aufgrund ihrer Ehelosigkeit keine dynastischen Ansprüche, und sie verfügten auch nicht – wie die Herzöge – über die Machtbasis eines Stammes. Diese Gedanken waren die Grundlage für das sogenannte ottonische Reichskirchensystem, das Bischöfe und Äbte zu »Beamten« des Königs machte, auf die sich seine gesamte Verwaltung stützte.

Mit der Gründung des Erzbistums Magdeburg schuf Otto eine Basis für seine Missionsbemühungen in Osteuropa, die aber nicht allein religiös motiviert waren. Östlich der Elbe richtete der Kaiser neue Grenzgrafschaften (Marken) ein und unterwarf die dort siedelnde slawische Bevölkerung.

Der Nachruhm Ottos I., der ihm auch den Beinamen »der Große« eingebracht hat, gründet vor allem in seiner dauerhaften Abwehr der Ungarneinfälle im Reich. 955 hofften die Ungarn, in dem durch die Familienstreitigkeiten vermeintlich noch geschwächten Reich leichtes Spiel zu haben. Doch das war eine Fehlkalkulation, denn Otto hatte die Zügel der Macht wieder fest in der Hand. Im Frühjahr 955 überschritten die Ungarn die Grenzen des Reichs und stießen bis Augsburg vor. Die Eroberung der Stadt, in welcher der charismatische Bischof Ulrich die Verteidigung koordinierte und die Kämpfer anspornte, gelang nicht. Während die Ungarn vergeblich Augsburg belagerten, stellte Otto I. ein großes Heer zusammen, mit dem er die Entscheidung suchte. Am 10. August 955 kam es auf dem Lechfeld zur Schlacht, die mit einem triumphalen Sieg des Königs endete. Mit der Heiligen Lanze in der Hand war Otto selbst an der Spitze seiner Ritter in den Kampf gezogen. Das ungarische Heer wurde nahezu vollständig vernichtet, die ungarische Gefahr dauerhaft abgewendet.

Bereits 951 hatte Otto erstmals in Italien eingegriffen. Nach dem Tod König Lothars II. hatte dort Berengar von Ivrea den Thron an sich gerissen. Um den Coup zu vollenden, wollte Berengar Lothars junge Witwe Adelheid mit seinem Sohn verheiraten. Doch Otto machte Berengar einen Strich durch die Rechnung: Er zog im September

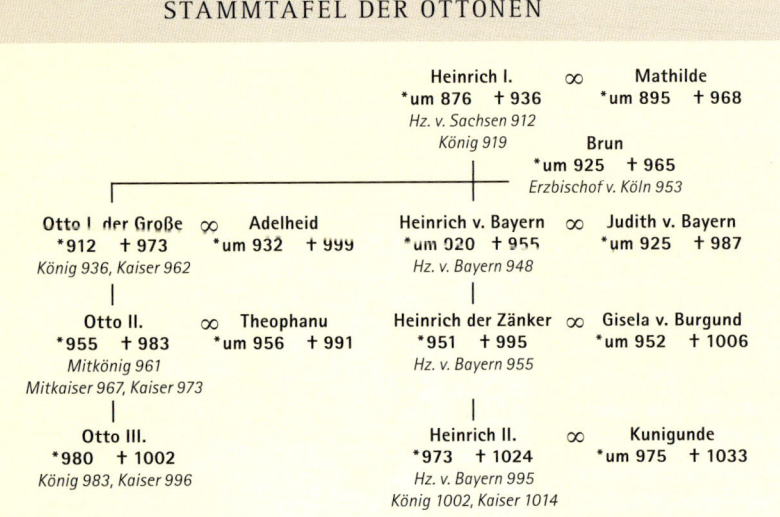

STAMMTAFEL DER OTTONEN

Heinrich I. ∞ **Mathilde**
*um 876 † 936   *um 895 † 968
Hz. v. Sachsen 912
König 919   **Brun**
*um 925 † 965
Erzbischof v. Köln 953

Otto I. der Große ∞ **Adelheid**	**Heinrich v. Bayern** ∞ **Judith v. Bayern**
*912 † 973 *um 932 † 999	*um 920 † 955 *um 925 † 987
König 936, Kaiser 962	*Hz. v. Bayern 948*
Otto II. ∞ **Theophanu**	**Heinrich der Zänker** ∞ **Gisela v. Burgund**
*955 † 983 *um 956 † 991	*951 † 995 *um 952 † 1006
Mitkönig 961	*Hz. v. Bayern 955*
Mitkaiser 967, Kaiser 973	
Otto III.	**Heinrich II.** ∞ **Kunigunde**
*980 † 1002	*973 † 1024 *um 975 † 1033
König 983, Kaiser 996	*Hz. v. Bayern 995*
	König 1002, Kaiser 1014

951 über die Alpen, befreite Adelheid, heiratete sie – und leitete daraus den Anspruch auf die italienische Königskrone ab. Auch wenn die ottonische Herrschaft südlich der Alpen wacklig blieb, war der Fuß nach Italien gesetzt. Seit dem Vertrag von Verdun 843 war mit der Herrschaft über Italien auch der Anspruch auf das Kaisertum verbunden. Doch seit dem Tod Berengars I. 924 war das Kaisertum vakant. Otto sah sich auch als Sachse fest in der fränkischen Tradition verwurzelt und seine Position nördlich der Alpen hatte durchaus bereits imperiale Züge. Den Anlass zum Eingreifen bot ihm neuerlich Berengar von Ivrea, der seine Ambitionen noch längst nicht aufgegeben hatte. Einem Hilferuf Papst Johannes' XII. folgte der König daher nur allzu gern.

An der Spitze eines gewaltigen Heeres überquerte Otto im August 961 die Alpen. Nachdem Berengar sich in einer Burg bei San Marino verschanzt hatte, eilte der König weiter nach Rom – dem eigentlichen Ziel seiner Reise. Am 2. Februar 962 krönte der Papst den König zum Kaiser. Johannes bereute diese Krönung bald, denn Otto garantierte zwar in einem wenig später geschlossenen Abkommen den päpstlichen Besitz in Mittelitalien, doch wurde darin ebenso festgelegt, dass jeder neu gewählte Papst dem Kaiser ein Treueversprechen leisten musste. Der Sachse strebte nicht nur eine symbolische Wiederaufrichtung des karolingischen Imperiums an. Während sich im Westfränkischen Reich ein Königtum mit »nationalen« Zügen herauszubilden begann, stand das universale Kaisertum Ottos über den Stämmen und Völkern, verbunden durch den Herrscher und den christlichen Glauben.

Doch versuchte Johannes XII. schon bald nach der Krönung Ottos, sich aus dessen Umklammerung zu lösen, indem er ein Bündnis mit dem wieder auf der Bildfläche erschienenen Berengar einging. In zähen Kämpfen gelang es Otto jedoch, sich in Italien durchzusetzen. Johannes XII. wurde unter dem Druck des Kaisers von einer unter seinem Vorsitz tagenden Synode abgesetzt. Der neue Papst Leo VIII. war bis dahin hoher Beamter der päpstlichen Kanzlei gewesen. Mit Leo, der bei seiner Wahl noch nicht einmal Priester war, bekam der Kaiser einen ihm gefügigen Pontifex.

Neben Kaiserkrone und Zepter waren der goldene Reichsapfel und das Reichsschwert die Insignien der kaiserlichen Macht. Das hier gezeigte Schwert stammt aus dem 12. Jahrhundert.

Die Macht Ottos zeigte sich nicht zuletzt darin, dass es ihm gelang, die Thronfolge seines gleichnamigen Sohnes als König wie auch als Kaiser zu sichern. 961, vor seinem Zug über die Alpen, hatte er den damals sechsjährigen Knaben zum Mitkönig wählen und in Aachen krönen lassen. Als er im Dezember 967 erneut in Rom eingriff, um Papst Johannes XIII., der vor dem aufsässigen römischen Adel aus der Stadt geflohen war (Leo VIII. war 965 gestorben), wieder in seine Rechte einzusetzen, nutzte er die Gelegenheit, seinen Sohn vom Papst auch noch zum Mitkaiser krönen zu lassen.

Die Krönung seiner Lebensleistung sollte die Anerkennung des erneuerten Kaisertums durch Byzanz sein, das an einem Ausgleich mit Otto damals interessiert war, um seine verbliebenen Besitzungen in Süditalien zu sichern. Eine Hochzeit sollte den Frieden zwischen den beiden Kaisern, Otto I. und Johannes Tzimiskes, besiegeln. So kam es im April 972 zur Hochzeit zwischen Otto (II.) und Theophanu, die zwar nur eine Nichte und nicht, wie erhofft, eine Tochter des byzantinischen Herrschers war, aber daran scheint sich Otto nicht besonders gestört zu haben. Theophanu war eine hoch gebildete, kluge Frau, die – etwas überspitzt formuliert – Kunst und Kultur an den sächsischen Kaiserhof brachte. Am 7. Mai 973 ist Otto der Große in Memleben gestorben.

Die Thronfolge des neuen Herrschers verlief zwar zunächst problemlos, doch zeigte sich bald, dass die unter Otto I. kurz gehaltenen Herzöge versuchten, ihren alten Einfluss zurückzugewinnen. Zum Gegenspieler des jungen Kaisers wurde der bayerische Herzog Heinrich mit dem bezeichnenden Beinamen »der Zänker«. Um dessen königsgleichem Auftreten einen Riegel vorzuschieben, setzte er nach dem Tod des schwäbischen Herzogs Burchard III. am 12. November 973 nicht dessen bayerische Ehefrau als Regentin ein, sondern seinen eigenen Neffen. Heinrich setzte schließlich mit böhmischer und polnischer Hilfe alles auf eine Karte, um Otto II. zu stürzen. Erst 978 gelang es dem Kaiser, seinen hartnäckigen Konkurrenten auszuschalten. Zeit zum Durchatmen hatte Otto II. nicht: Im Westen versuchte König Lothar I. von Frankreich, Lothringen zurückzugewinnen. Doch ging dieser Plan völlig schief. Otto II. verfolgte seinen Gegner bis nach Paris, unternahm aber keinen Versuch, vor dem Hintergrund dieses militärischen Erfolgs die alte Einheit des Frankenreichs wiederherzustellen.

Dass Otto II. noch über den imperialen Anspruch seines Vaters hinausging, zeigte sich als er 982 versuchte, ganz Italien seiner Herrschaft zu unterwerfen. In Süditalien gab es noch immer vereinzelte byzantinische Stützpunkte; weite Gebiete waren jedoch von den Sarazenen erobert worden. Der Feldzug Ottos wurde allerdings zum Fiasko: In der Schlacht bei Cotrone musste der Kaiser am 13. Juli 982 eine bittere Niederlage einstecken; er selbst entkam nur mit Mühe. Im Jahr darauf wandte sich Otto neuerlich nach Italien, um die Scharte auszu-

wetzen. Nun zeigte sich ein Problem, das dem Kaisertum in den folgenden Jahrhunderten stets zu schaffen machte: die Überdehnung des Reichs von der Nordsee bis an die Südspitze Italiens. Der Herrscher musste anwesend sein, um seinen Thron dauerhaft sichern zu können. Doch selbst bei einem ständigen Leben im Sattel war das nicht zu schaffen. Dies bekam bereits Otto II. zu spüren: Während er nach Süditalien zog, erhoben sich Dänen und Slawen, um das unter Otto I. verloren gegangene Terrain zwischen Elbe und Oder zurückzugewinnen. Derweil hatte Otto II. mit einem weiteren Problem zu kämpfen, das die deutschen Ritter in den folgenden Jahrhunderten begleiten sollte: In den Sümpfen Süditaliens hatte sich der Kaiser mit der Malaria infiziert. An den Folgen dieser Krankheit starb er am 7. Dezember 983 in Rom, während die Flammen in seinem Reich an allen Enden loderten.

Und der neue Herrscher, Otto III. war ein drei Jahre altes Kind! Für ihn übernahm seine Mutter Theophanu die Regentschaft. Sie war entschlossen, das Erbe eines ungeteilten Reichs für ihren Sohn zu bewahren. Theophanu gelang es in der Folge, alle Brandherde zu löschen, in Italien und im Osten, auch wenn sie die Gebiete jenseits der Elbe nicht wiedererobern konnte. Ihr früher Tod 991, im Alter von erst 35 Jahren, war ein herber Schlag nicht nur für ihren Sohn, sondern für das gesamte Imperium. Adelheid von Burgund, die Großmutter des jungen Kaisers, amtierte nun als alleinige Regentin, nachdem sie bislang im Schatten Theophanus gestanden hatte. Doch Adelheid fehlte das politische Talent ihrer Schwiegertochter.

Im Alter von 15 Jahren übernahm Otto III. im September 994 selbst die Regierung. Die Vorstel-

Kaiser Otto II. (955–983) mit den ihn huldigenden Provinzen Germania, Francia, Italia und Alemania. (Buchmalerei, um 985)

Kaiser Otto III. am 19. Mai 1000 in der Gruft
Karls des Großen in Aachen. (Holzstich, 1859)

lung von einem christlichen Universalreich war für ihn
kein Traum, sondern politisches Programm. 996 zog er
über die Alpen, um sich von Papst Johannes XV. zum
Kaiser krönen zu lassen. Doch der Pontifex starb kurz
vor der Ankunft Ottos. Kurzerhand ernannte der Kaiser
seinen Vetter Brun, der ihn als Hofkaplan nach Italien
begleitet hatte, zum Papst. Dieser bestieg als Gregor V.
den Thron Petri – und krönte als erste Amtshandlung
seinen Onkel zum Kaiser. Nur kurz kehrte Otto daraufhin
über die Alpen zurück. Nach einem Aufstand gegen den
deutschen Papst zog er sofort wieder los, um die Auf-
rührer zu bestrafen. Was darauf folgte, hat es seit der Antike nicht mehr gegeben: Der Kaiser beschloss, in Rom zu
residieren, die Stadt wieder zum »Haupt der Welt« zu machen und die Kirche von Grund auf zu reformieren. Auf
dem Palatin, wo einst die großen Kaiser der römischen
Antike lebten, ließ sich Otto einen Palast erbauen. Aske-
tische Strenge und byzantinisches Hofzeremoniell ließen
den Kaiser gleichermaßen abgehoben von der Welt erscheinen. In Aachen ließ der Kaiser sogar das Grab Karls
des Großen öffnen und zeigte dadurch, dass er sich zugleich als dessen Nachfolger sah, die karolingische Tradition also nicht außer Acht ließ.

Vor dem Hintergrund seiner imperialen Bestrebung
ist auch Ottos Ostpolitik zu sehen: Die Stärkung der kirchlichen Eigenständigkeit Polens und die Rangerhöhung
Herzog Boleslaws sollten Polen an Ottos universales
Reich binden. In Ungarn bewegte Otto den heidnischen
Herzog Waik, sich taufen zu lassen – und sein Land
damit zum Teil der christlichen Welt zu machen, deren
Zentrum das kaiserliche Rom war. Doch so urplötzlich
diese Wiederaufrichtung des Imperiums begonnen hatte,
so plötzlich brach alles in sich zusammen, als Otto III.
am 24. Januar 1002 im Alter von knapp 22 Jahren starb,
ohne einen direkten Erben zu hinterlassen und ohne seine
Nachfolge geregelt zu haben.

Auf dem Thron folgte ihm sein Vetter Herzog
Heinrich II. von Bayern, der sich gegen andere potenzielle
Kandidaten durchsetzen konnte. Auch er war tiefreligiös
und von dem Wunsch beseelt, die Kirche zu reformieren.
Dem Ämterkauf und der weltlichen Lebensweise der Geistlichen sollten rigide Schranken gesetzt werden. Vehement
setzte sich Heinrich daher für den Zölibat ein.

Natürlich wollte er auch die Kaiserkrone erringen.
Doch Heinrich war Realist, und nach dem Tod Ottos III.
hatte er alle Hände voll zu tun, seine Herrschaft zu stabilisieren und der Bedrohungen von außen Herr zu werden.
Zwar zog er 1004 erstmals über die Alpen, doch begnügte
er sich damit, sich in Pava zum König der Langobarden
krönen zu lassen, ohne nach Rom weiterzuziehen.

Zuvor hatte Heinrich es bereits geschafft, endlich zum
Kaiser gekrönt zu werden. Papst Benedikt VIII. hatte die
Unterstützung des Königs gesucht, da er sich mit einem
Gegenpapst konfrontiert sah. Am 14. Februar 1014 krönte
er Heinrich in Rom zum Kaiser. Die Ehe Heinrichs mit
Kunigunde von Luxemburg blieb kinderlos, der Legende
zufolge, weil die beiden keusch, nur in geschwisterlicher
Liebe vereint, zusammengelebt haben. Ob wahr oder
nicht – die Legende passt zumindest gut zu dem später
heilig gesprochenen Kaiserpaar. Mit dem Tod Heinrichs II.
am 13. Juli 1024 erlosch die Dynastie der Ottonen.

DAS LEHNSWESEN

Das Lehnswesen war die Grundlage der mittelalterlichen Gesellschaftsordnung. Lehnsherr und
Lehnsmann waren durch das Versprechen gegen-
seitiger Treue gebunden. Schon die Karolinger
forderten als Gegenleistung für die Übergabe von
Besitztümern oder Ämtern von ihren Gefolgsleu-
ten die Heerfolge. Die sogenannten Kronvasallen
(Herzöge, Fürsten, Bischöfe) vergaben ihrerseits
Lehen an Untervasallen (Niederadlige, später
auch Ministeriale). So entstand die Lehnspyrami-
de, an deren Spitze der König stand, der aber im
deutschen Reich keine direkte Verbindung mit
den Untervasallen hatte (anders als in Frankreich
oder England). Dies war eine der Voraussetzungen
für die Entstehung fürstlicher Landesherrschaf-
ten in Deutschland. Die unterste Schicht der Le-
henspyramide besetzten die meist leibeigenen
Bauern, die keine lehnsrechtlichen Beziehungen
eingehen konnten. Nach dem Tod eines Lehns-
mannes wurde dessen Amt oder Besitz neu vergeben, doch setzte sich bereits im 10./11. Jahrhundert die Erblichkeit der Lehen durch.

KGR.
DÄNEMARK

Schleswig

Billunger-Mark
Lübeck

Hamburg

Nordmark

Posen

Bremen

Friesland

SACHSEN

Weser

Magdeburg

Ostmark

Bresl

Holland

Paderborn

Elbe

Oder

Rhein

NIEDER-
LOTHRINGEN

Mark Meißen

Aachen

Lüttich

FRANKEN

Frankfurt

Mark
Nordgau

Eger

Prag

KGR. BÖHMEN

Reims

Trier

Mosel

OBER-
LOTHRINGEN

Worms

Würzburg

Nürnberg

Moldau

Paris

Seine

Speyer

Regensburg

Mark Österreich

Donau

Straßburg

Augsburg

Wien

SCHWABEN

Inn

Salzburg

Steiermark

GR.
REICH

Besançon

Basel

Konstanz

BAYERN

Gft. Tirol

KÄRNTEN

BURGUND

Rhône

Mark
Krain

Agram

Loire

Mark Verona

Aquileja

Lyon

ermont

Mailand

Triest
Mark
Istrien

Venedig

REP. VENEDIG

Rhône

Lombardei

Po

Genua

Bologna

Ravenna

Gft. Provence

Arles

Pisa

Arno

Adriatisches
Meer

Marseille

Siena

Narbonne

Elba

ITALIEN

Rom

Kirchenstaat

Foggia

Mittelmeer

Neapel

◻ Das Reich der Salier

▨ seit 1033 zum Reich

0   50   100   150 km

Das Reich der Salier

DIE SALIER

Nach dem Tod Heinrichs II. war es nahe liegend, einen König zu wählen, der möglichst eng mit den Ottonen verwandt war und daher mit einer größeren Akzeptanz rechnen konnte. Das Rennen machte der 34-jährige Konrad von Speyer. Seine Urgroßmutter Liutgard (gest. 953) war die älteste Tochter Ottos des Großen gewesen. Konrad war ein unbeschriebenes Blatt und politisch wenig erfahren. Verheiratet war Konrad mit Gisela von Schwaben, mit der er bereits einen Sohn hatte – nach zwei kinderlosen Herrschern ein nicht zu vernachlässigender Trumpf. 1027 zog Konrad nach Rom, wo ihn Papst Johannes XIX. am 26. März zum Kaiser krönte.

Ein großer außenpolitischer Erfolg war der Gewinn des Königreichs Burgund 1032. König Rudolf III. war verstorben, ohne Nachkommen zu hinterlassen. Vor seinem Tod sandte Rudolf an König Konrad, entsprechend einem zuvor geschlossenen Vertrag und da Burgund ein Reichslehen war, die Insignien seiner Macht. Diesem Gewinn folgte bald ein zweiter: 1033 eroberte Konrad die Lausitz zurück.

Wie seine ottonischen Vorgänger setzte Konrad auf die Unterstützung der Reichskirche. Doch zugleich brachte er ein neues Element in die Politik ein: die Ministerialen. Darunter versteht man ursprünglich unfreie Dienstleute, die von Konrad gezielt für den Reichsdienst herangezogen wurden. So entstand eine neue Oberschicht, die ihren Aufstieg einzig dem König verdankte – und ohne dessen Unterstützung auch sofort sozial abgestiegen wäre. Ähnlich wie die kinderlosen Bischöfe waren daher auch die Ministerialen ein Gegengewicht gegen die Macht der großen Fürsten. Zugleich stärkte Konrad den niederen Adel. Dieser musste sich seinen Besitz im Erbfall stets von dem jeweiligen fürstlichen Lehnsherrn neu bestätigen lassen. Diese konnten den Besitz aber auch jederzeit willkürlich einziehen. Konrad setzte 1037 die Erblichkeit dieser kleinen Lehen durch – womit er die Fürsten schwächte und die Niederadligen für sich einnahm. Kurz nach seiner Rückkehr von seinem zweiten Italienzug verstarb Konrad am 4. Juni 1039. Das »unbeschriebene Blatt« hatte das Kaisertum auf eine grundsolide Basis gestellt und hinterließ seinem gleichnamigen Nachfolger einen wohl bestellten Tisch.

Anders als für seinen in dieser Frage eher desinteressierten Vater war für Heinrich III. die weitere Reform der Kirche eine Frage von zentraler Bedeutung. So unterstützte er beispielsweise die von dem Reformkloster Cluny in Burgund ausgehende Gottesfriedensbewegung, mit der das ausufernde Fehdeunwesen eingeschränkt werden sollte.

Früh wurde Heinrich mit Problemen an der unruhigen Ostgrenze des Reichs konfrontiert. Doch in beiden Fällen setzte sich der König durch und untermauerte damit seinen imperialen Anspruch: Dabei musste Herzog Bretislav 1041 seine Träume von einem großböhmischen Reich unter Einschluss Polens begraben und Heinrich als Lehnsherrn anerkennen. Heinrich wiederum versuchte nicht, den besiegten Böhmen zu vernichten, sondern beließ ihm seinen Thron und sicherte sich damit fortan dessen Unterstützung – zum Beispiel bei Heinrichs Feldzug nach Ungarn im Jahr 1044 zugunsten des vertriebenen Königs Peter I. Orseolo. Heinrich vertrieb den heidnischen Gegenkönig Aba. Der wieder eingesetzte Peter anerkannte die Lehnshoheit Heinrichs.

1046 zog Heinrich III. erstmals nach Italien. Auf einer Bischofssynode in Pavia (unter seinem Vorsitz natürlich!) zeigte der König, dass es ihm mit einer Reform der Kirche ernst war. Vor allem wollte er den nach wie vor grassierenden Kauf geistlicher Ämter endlich unterbinden. Ausgerechnet im päpstlichen Rom trieb diese Unsitte damals geradezu groteske Blüten. Drei Päpste, die unwürdiger kaum sein konnten, stritten um die Tiara: Zuerst verkaufte (!) Benedikt IX. den päpstlichen Thron an Gregor VI., weil er sich Hals über Kopf verliebt hatte und heiraten wollte. Doch ein Jahr später überlegte er es sich anders und wollte wieder Papst sein. Dazu kam mit Sylvester III. noch ein weiterer Papst, der seine »Wahl« der Unterstützung einflussreicher Adliger in Rom zu verdanken hatte.

Kaiser Konrad II. (990–1039) wurde 1027 als erster Salier zum Kaiser gekrönt. (altkolorierter Kupferstich, 1847)

Nach seiner Kaiserkrönung in Rom kehrte Heinrich III. Anfang 1047 über die Alpen zurück. Im Vordergrund der abgesetzte Papst Gregor VI., den Heinrich verbannte und der wenige Monate später in Köln starb. (Fresko von Hermann Wislicenus, 1879/97, Goslar, Kaiserpfalz, Reichssaal)

Heinrich III. war entschlossen, gründlich aufzuräumen: Synoden in Sutri und Rom beschlossen die Absetzung aller drei Päpste. In Rom wurde der Bamberger Bischof Suitger zum neuen Papst gewählt. Als Klemens II. krönte er am Weihnachtstag des Jahres 1046 Heinrich III. zum Kaiser und ernannte ihn zum Schutzherrn Roms. Damit stand dem Kaiser das Vorschlagsrecht bei jeder Papstwahl zu. Damit sollte verhindert werden, dass das Papsttum wieder zum Spielball des römischen Stadtadels wurde. Mit Damasus II., Leo IX. und Viktor II. folgten drei weitere deutsche Päpste auf dem Stuhl Petri, die im Sinne Heinrichs III. die Erneuerung der Kirche fortsetzten.

Am 5. Oktober 1056 starb Kaiser Heinrich III. im Alter von erst 39 Jahren. Der neue König, Heinrich IV., war gerade sechs Jahre alt. Die Regentschaft für ihn übernahm seine Mutter Agnes von Poitou. Zwar wurde sie allgemein anerkannt, doch verlor das Kaisertum in ihrer Regentschaft sowohl im Reich selbst als auch in der Kirche an Einfluss. Das Eintreten der Kaiser für eine Reform der Kirche wurde nun zunehmend zum Bumerang. Solange deutsche Päpste auf dem Stuhl Petri saßen, war das Problem nicht gravierend. Das wieder erstarkte, moralisch gefestigte Papsttum konnte auf Dauer aber nicht die Fesseln dulden, die ihm Heinrich III. angelegt hatte. Die Ablösung erfolgte Schritt um Schritt: Papstwahlen ohne Mitwirkung des deutschen Königs bzw. der Regentin markierten den Beginn einer Entwicklung, an deren Ende sich Papst und Kaiser wie Todfeinde gegenüberstanden.

Im Reich sah sich die Regentin Agnes einer wachsenden Opposition gegenüber. Unter der Federführung des Kölner Erzbischofs Anno wurde Heinrich IV. im April 1062 auf einem Rheinschiff bei Kaiserswerth entführt. Dieser Staatsstreich bekam Anno wenig, denn er musste sich die Regentschaft mit seinem Kollegen Adalbert von Bremen teilen, dem er in herzlicher Feindschaft verbunden war. 1065 wurde Heinrich IV. mit 15 Jahren für mündig erklärt und übernahm selbst die Regierung. Mit dem Versuch, verloren gegangenes Reichsgut wiederzugewinnen, machte er sich beim Adel gleich unbeliebt. Er verstärkte diese Aversionen noch, indem er auf den zum Schutz dieser Güter in Sachsen und Thüringen errichteten Burgen vor allem schwäbische Ministerialen einsetzte. Einen daraufhin ausgebrochenen Aufstand in Sachsen konnte Heinrich erst 1075 niederschlagen.

Von diesem Erfolg geblendet, ließ sich Heinrich auf einen Streit mit Papst Gregor VII. ein, der einen vom König eingesetzten Erzbischof von Mailand nicht anerkennen wollte. Gregor war entschlossen, den Kampf mit Heinrich aufzunehmen und verbot ihm jegliche Einmischung in die kirchlichen Angelegenheiten Italiens. Ganz im Stil seines Vaters ließ Heinrich IV. daraufhin den als »falschen Mönch« bezichtigten Papst am 24. Januar 1076 von einer Synode der deutschen Bischöfe in Worms absetzen. Keine drei Wochen später holte Gregor zum Gegenschlag aus, erklärte Heinrich seinerseits am 14. Februar 1076 für abgesetzt und belegte ihn mit dem Kirchenbann. Nun zeigte sich, wie stark die fürstliche Opposition gegen die unumschränkte Königsmacht inzwischen war. Auf einem Fürstentag in Tribur wurde im Oktober 1076 ein Ultimatum an Heinrich beschlossen: Schaffte er es nicht, binnen Jahresfrist (also bis zum 14. Februar 1077) wieder in den Schoß der Kirche aufgenommen zu werden, sollte ein neuer König gewählt werden. Zugleich luden die Versammelten Gregor VII. dazu ein, über die Alpen zu kommen.

rechts:
Agnes von Poitou, hier auf einer Buchmalerei um 1050 mit Ihrem Ehemann Heinrich III. und der in der Mitte thronenden Maria, übernahm nach dem Tod Heinrichs 1056 die Regentschaft für ihren Sohn Heinrich IV.

SCA MARIA

AGNES REGINA

1077 erreichte Heinrich IV. die Lösung des Bannes gegen ihn durch Papst Gregor VII. Der links abgebildete Abt Hugues von Semur trat als Vermittler auf. Rechts die Markgräfin Mathilde von Tuszien, auf deren Burg Canossa sich der Papst aufhielt. Die Bildunterschrift lautet: »Der König bittet den Abt und fleht Mathilde an.« (Buchmalerei aus der Vita Mathildes des Donzio, vor 1114)

Heinrichs Antwort darauf war sein spektakulärer Gang nach Canossa mitten im Winter 1077. Zwar konnte der Papst dort nicht anders, als den büßenden König vom Bann zu lösen, doch der harte Kern der fürstlichen Opposition ließ sich davon nicht beeindrucken und wählte auf einem Fürstentag in Forchheim den schwäbischen Herzog Rudolf von Rheinfelden zum Gegenkönig. Rudolf blieb aber blass und konnte sich nie entscheidend gegen Heinrich IV. durchsetzen. Nachdem er den Salier vom Bann gelöst hatte, zögerte der Papst lange damit, den Gegenkönig zu unterstützen. Erst 1080 schlug er sich offen auf dessen Seite und bannte Heinrich erneut. Der König blieb seinem Widersacher auch dieses Mal nichts schuldig und ließ mit Klemens III. einen Gegenpapst wählen. Bei der entscheidenden Schlacht zwischen Heinrich IV. und Rudolf von Rheinfelden am 15. Oktober 1080 bei Hohenmölsen verlor der Gegenkönig seine (rechte) Schwurhand; an den Folgen der Verletzung starb er wenig später. Allgemein wurde dies als Gottesurteil betrachtet. Zwar wählte die (immer kleinere) Opposition mit Hermann von Salm einen weiteren Gegenkönig, doch versank dieser in völliger Bedeutungslosigkeit.

Im Jahr 1084 schätzte Heinrich seine Macht in Deutschland als so gesichert ein, dass er sich zutraute, nach Rom zu ziehen, um mit seinem alten Feind Gregor VII. abzurechnen und um endlich Kaiser zu werden. Heinrichs Triumph war vollständig: Gregor musste aus Rom fliehen (er starb ein Jahr später in Salerno), und Klemens III. krönte Heinrich zum Kaiser. Die folgenden Jahre waren die ruhigsten in der Regierungszeit Heinrichs, ohne dass das grundsätzliche Problem gelöst worden wäre. Denn nach dem Tod Gregors VII. war es keineswegs zu einer allgemeinen Anerkennung Klemens' III. gekommen, sondern mit Viktor III. ein neuer Reformpapst gewählt worden. Da Heinrich »seinen« Papst nicht opfern wollte, scheiterten alle Bemühungen um einen Ausgleich. Der Kaiser suchte die militärische Entscheidung und zog erneut nach Italien. Doch erlitt er dort 1092, ausgerechnet bei Canossa, eine Niederlage, die umso herber war, weil sein eigener Sohn Konrad die Seiten gewechselt hatte. Heinrich zog sich nach Venetien zurück; erst fünf Jahre später konnte er wieder über die Alpen zurückkehren, nachdem er sich mit Herzog Welf V. von Bayern versöhnt hatte.

REX ROGAT ABBATEM! MATHILDIM SUPPLICAT ATQ;

CANOSSA:
EIN KAISER KRIECHT ZU KREUZE

Mitten im tiefsten Winter, bei Eis und Schnee, zog der König im Januar 1077 über die Alpen. Warum nahm er diese Strapaze auf sich? Heinrich musste erreichen, dass Papst Gregor VII. seine Exkommunikation aufhob. Nur so konnte er seinen Thron retten und die Wahl eines Gegenkönigs verhindern. Dabei dachte der Papst nicht daran, Heinrich zu empfangen. Er zog seinerseits nach Norden, um sich mit den oppositionellen deutschen Fürsten zu treffen. Heinrich musste dem Pontifex zuvorkommen. Niemand hatte damit gerechnet, dass Heinrich wirklich im Winter die Alpen überqueren würde. Auch nicht der Papst, der sich zu dieser Zeit auf der Burg Canossa im Apennin aufhielt. Er bekam einen gehörigen Schrecken, als auf einmal Heinrich IV. vor der Burg auftauchte. Drei Tage lang harrte der König im Büßergewand vor den mächtigen Mauern aus. Nie hatte sich ein König in vergleichbarer Weise selbst gedemütigt. Doch zunächst ging die Rechnung auf: Gregor konnte nicht anders, als den reumütigen Büßer wieder in den Schoß der Kirche aufzunehmen. Heinrich IV. hatte sein Ziel erreicht – doch um welchen Preis?

Unter Umgehung seines Erstgeborenen ernannte er nun seinen nächstälteren Sohn Heinrich (V.) zum Thronfolger, ließ sich aber zuvor von diesem versichern, nie etwas gegen seinen Vater zu unternehmen. Doch daran hielt sich der Sohn nicht: Nach seiner Rückkehr aus Italien stützte sich der Kaiser noch mehr als zuvor auf den niederen Adel, die Ministerialen und die Städte. Der Unmut der Fürsten wuchs dadurch von neuem. Vor diesem Hintergrund fiel nun auch der zweite Sohn von Heinrich IV. ab. Heinrich V. nahm seinen Vater sogar gefangen und erzwang im Dezember 1105 seine Abdankung. Die Sache des Kaisers schien vollständig verloren, doch es gelang ihm 1106, aus der Haft seines Sohnes zu fliehen. Am 7. August 1106 starb der glücklose Kaiser in Lüttich.

Heinrich V., der nach dem Tod seines Vaters allgemein als König anerkannt wurde, sah sich vor allem vor die Aufgabe gestellt, das Problem der zwischen König- und Papsttum umstrittenen Frage der Einsetzung in geistliche Ämter (Investitur) zu lösen. Doch der erste Versuch endete am 12. Februar 1111 mit einem Eklat in der Peterskirche. Heinrich V. und Papst Paschalis II. hatten sich darauf geeinigt, dass die Bischöfe auf ihre weltlichen Güter verzichten sollten, der Kaiser auf jede Einmischung bei der Investitur. Dagegen erhob sich unter den anwesenden Bischöfen ein Sturm der Entrüstung; die ursprünglich im Anschluss an die Verlesung des Ausgleichs geplante Krönung konnte inmitten des ausgebrochenen Tumults nicht stattfinden. Zwei Monate später erzwang Heinrich V. dann mit nackter Gewalt, dass Paschalis ihn doch noch krönte. Diese Krönung wurde später für ungültig erklärt, so dass Heinrich neuerlich nach Rom aufbrach und Papst Gelasius II. aus der Ewigen Stadt floh. Der Salier setzte daraufhin einen Gegenpapst ein, der die Kaiserkrönung wiederholte, woraufhin Papst Gelasius den Kaiser exkommunizierte, wie einst Gregor VII. seinen Vater – eine Ironie der Geschichte. Ohnehin trat Heinrich V. in der Folge immer mehr in die Fußstapfen seines Vaters und ließ sich von Ministerialen und Städten unterstützen.

Mehr aber als sein Vater suchte Heinrich V. doch auch weiterhin den Konsens. Und so gilt denn auch das im September 1122 beschlossene Wormser Konkordat, mit dem der Investiturstreit beendet wurde, als sein größter Erfolg. Das Ergebnis war eine Trennung der Bischofseinsetzung in einen weltlichen und einen geistlichen Akt:

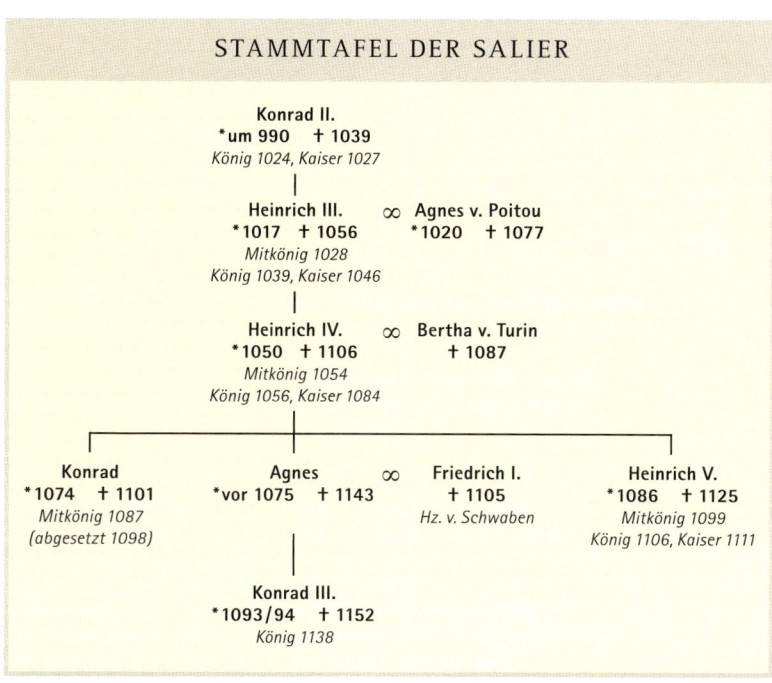

STAMMTAFEL DER SALIER

Eklat im Petersdom: Heinrich V. lässt Papst Paschalis II. gefangen nehmen, um das Privileg der Investitur und die Kaiserkrönung zu erzwingen. (Gemälde von Karl Friedrich Lessing, 1840)

Ring und Stab sollten nicht mehr vom König überreicht werden, sondern nur noch das Zepter als Ausdruck der weltlichen Herrschaft des Bischofs. Die Bischöfe sollten frei gewählt werden können, allerdings in Anwesenheit des Königs oder eines Vertreters des Herrschers. Nach dieser Einigung wurde der Kirchenbann über Heinrich V. aufgehoben, der Streit zwischen Kaiser- und Papsttum fürs Erste beendet. Mit dem Tod Heinrichs V. am 23. Mai 1125 endete die Dynastie der Salier.

DIE STAUFER

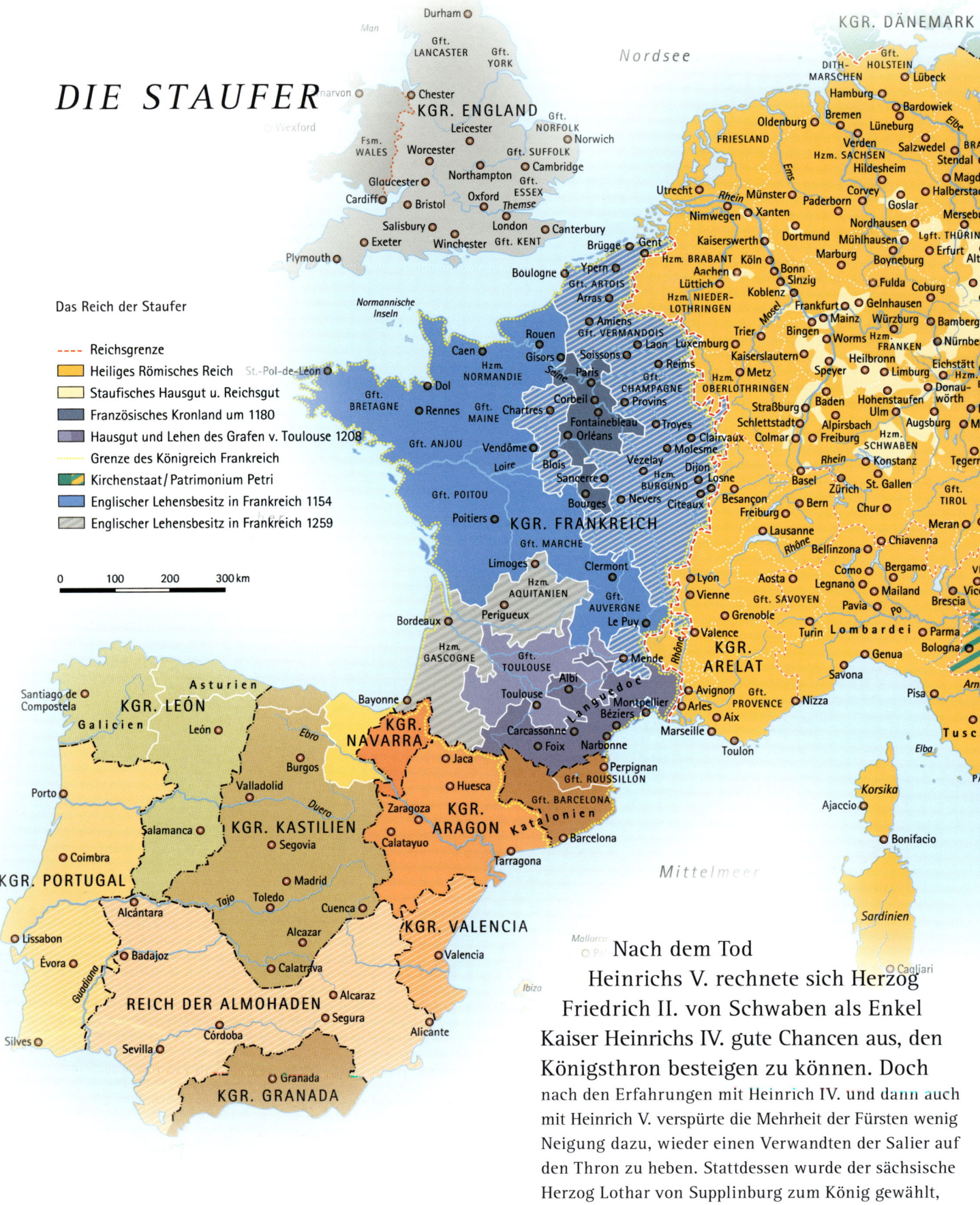

Das Reich der Staufer

- - - - Reichsgrenze
- ▭ Heiliges Römisches Reich
- ▭ Staufisches Hausgut u. Reichsgut
- ▭ Französisches Kronland um 1180
- ▭ Hausgut und Lehen des Grafen v. Toulouse 1208
- ⋯⋯ Grenze des Königreich Frankreich
- ▭ Kirchenstaat/Patrimonium Petri
- ▭ Englischer Lehensbesitz in Frankreich 1154
- ▨ Englischer Lehensbesitz in Frankreich 1259

0　100　200　300 km

Durham
Gft. LANCASTER
Gft. YORK
Man
Nordsee
KGR. DÄNEMARK
DITH-MARSCHEN
Gft. HOLSTEIN
Lübeck
Harvon
Chester
KGR. ENGLAND
Leicester
Gft. NORFOLK
Norwich
Wexford
Hamburg
Bardowiek
Oldenburg
Bremen
Lüneburg
FRIESLAND
Verden
Salzwedel
Elbe
Hzm. SACHSEN
Stendal
BRAND
Fsm. WALES
Worcester
Gft. SUFFOLK
Cambridge
Utrecht
Rhein
Münster
Paderborn
Corvey
Hildesheim
Magdeb
Halberstadt
Nimwegen
Xanten
Goslar
Merseburg
Gloucester
Northampton
Gft. ESSEX
Themse
Nordhausen
Dortmund
Mühlhausen
Marburg
Lgft. THÜRINGE
Erfurt
Cardiff
Bristol
Oxford
Kaiserswerth
Köln
Bonn
Boyneburg
Alten
Salisbury
London
Canterbury
Hzm. BRABANT
Aachen
Sinzig
Fulda
Coburg
Plo
Exeter
Winchester
Gft. KENT
Brügge
Gent
Lüttich
Hzm. NIEDER-LOTHRINGEN
Koblenz
Frankfurt
Gelnhausen
Plymouth
Boulogne
Ypern
Gft. ARTOIS
Arras
Amiens
Gft. VERMANDOIS
Luxemburg
Mosel
Trier
Bingen
Mainz
Würzburg
Bamberg
Normannische Inseln
Rouen
Laon
Soissons
Reims
Hzm.
Metz
Worms
Hzm. FRANKEN
Nürnberg
Caen
Hzm. NORMANDIE
Gisors
Paris
CHAMPAGNE
Provins
OBERLOTHRINGEN
Kaiserslautern
Speyer
Heilbronn
Eichstätt
St.-Pol-de-Léon
Dol
Seine
Corbeil
Troyes
Straßburg
Baden
Hohenstaufen
Limburg
Donau-wörth
BAY
Gft. BRETAGNE
Rennes
Gft. MAINE
Chartres
Fontainebleau
Orléans
Clairvaux
Molesme
Schlettstadt
Alpirsbach
Ulm
Augsburg
Mün
Gft. ANJOU
Vendôme
Loire
Blois
Vézelay
Dijon
BURGUND
Losne
Colmar
Freiburg
SCHWABEN
Sancerre
Rhein
Basel
Konstanz
Tegernse
Gft. POITOU
Bourges
Nevers
Cîteaux
Besançon
Zürich
St. Gallen
Poitiers
KGR. FRANKREICH
Bern
Gft. TIROL
Gft. MARCHE
Freiburg
Chur
Meran
Limoges
Clermont
Lausanne
Chiavenna
Bellinzona
Bergamo
VER
Hzm. AQUITANIEN
Gft. AUVERGNE
Le Puy
Lyon
Rhône
Como
Legnano
Mailand
Brescia
Perigueux
Gft. TOULOUSE
Vienne
Gft. SAVOYEN
Aosta
Pavia
Po
Vicenz
Bordeaux
Grenoble
Turin
Lombardei
Genua
Parma
Hzm. GASCOGNE
Mende
Valence
KGR. ARELAT
Savona
Bologna
Santiago de Compostela
Asturien
Albi
Languedoc
Montpellier
Béziers
Avignon
Gft. PROVENCE
Arles
Nizza
Pisa
Elba
Tuscie
Galicien
KGR. LEÓN
León
Bayonne
Toulouse
Carcassonne
Narbonne
Marseille
Aix
Toulon
Korsika
PAT
Foix
Ebro
KGR. NAVARRA
Jaca
Perpignan
Gft. ROUSSILLON
Ajaccio
Porto
Burgos
Huesca
Gft. BARCELONA
Bonifacio
Valladolid
Duero
Zaragoza
Katalonien
Salamanca
KGR. KASTILIEN
Calatayud
KGR. ARAGON
Barcelona
Segovia
Tarragona
KGR. PORTUGAL
Coimbra
Madrid
Toledo
Cuenca
KGR. VALENCIA
Mittelmeer
Mallorca
Sardinien
T
Alcántara
Tajo
Alcazar
Lissabon
Badajoz
Calatrava
Valencia
Ibiza
Cagliari
Évora
Guadiana
Alcaraz
REICH DER ALMOHADEN
Segura
Alicante
Silves
Córdoba
Sevilla
Granada
KGR. GRANADA

Nach dem Tod Heinrichs V. rechnete sich Herzog Friedrich II. von Schwaben als Enkel Kaiser Heinrichs IV. gute Chancen aus, den Königsthron besteigen zu können. Doch nach den Erfahrungen mit Heinrich IV. und dann auch mit Heinrich V. verspürte die Mehrheit der Fürsten wenig Neigung dazu, wieder einen Verwandten der Salier auf den Thron zu heben. Stattdessen wurde der sächsische Herzog Lothar von Supplinburg zum König gewählt, der zu den entschiedensten Gegnern Heinrichs V. gehört hatte. Die Staufer waren jedoch weder bereit, die von ihnen als Erbe beanspruchten salischen Besitzungen herauszugeben, noch überhaupt die Wahl des Supplinburgers anzuerkennen. Am 18. Dezember 1127 erhob die staufische Partei den jüngeren Bruder Herzog Friedrichs II. – Konrad – zum Gegenkönig. Doch konnte sich Konrad nicht durchsetzen und musste sich 1135 Lothar von Supplinburg unterwerfen.

Bereits zwei Jahre zuvor war Lothar zum Kaiser gekrönt worden. Zwar war er kein »Pfaffenkönig«, wie ihm vorgeworfen wurde, doch verdankte er seinen Thron maßgeblich der Unterstützung durch die geistlichen Fürsten. Eine Lehnshoheit des Papstes über den Kaiser lehnte Lothar jedoch ebenso ab wie seine Vorgänger.

Mit dem Tod Lothars von Supplinburg am 3. Dezember 1137 kam dann doch die Stunde der Staufer. Zwar machte sich Lothars Schwiegersohn, der Welfe Heinrich der Stolze, berechtigte Hoffnungen auf die Nachfolge, doch die Fürsten stimmten nun für den Schwaben Konrad III. Vielleicht erschien ihnen die Machtkonzentration Heinrichs als Herzog von Bayern und Sachsen zu groß. Durch die Wahl Konrads wurde aber der Grundstein für den staufischwelfischen Gegensatz gelegt. Das begann bereits mit der Herrschaft Konrads, der sich weigerte, Heinrich als Herzog von Sachsen anzuerkennen – niemand dürfe zwei Herzogtümer besitzen. Doch der stolze Welfe wollte sich allein mit Bayern nicht zufrieden geben. Erst nach seinem Tod kam es zu einem zwischenzeitlichen Ausgleich, indem Konrad den Sohn des unbeugsamen Welfen, Heinrich den Löwen, als Herzog

von Sachsen anerkannte. Doch im Untergrund schwelte der Konflikt weiter. 1147 brach der Staufer zum Kreuzzug ins Heilige Land auf – und holte sich eine blutige Nase. Von seinem ursprünglichen Plan, sich nach der Rückkehr in Rom zum Kaiser krönen zu lassen, ließ er ab; in Süddeutschland musste er sich einmal mehr mit den Welfen auseinandersetzen.

Die größte Leistung seines Lebens vollbrachte Konrad III. angeblich auf dem Sterbebett: Sein einziger Sohn war damals erst sechs Jahre alt. Niemals würden die Welfen diese Chance verstreichen lassen, um doch noch auf den Thron zu kommen. Doch wie konnte ein dauerhafter Ausgleich mit dieser mächtigen Familie gelingen, ohne den das Reich insgesamt weiter geschwächt zu werden drohte? Die Lösung hatte einen Namen: Friedrich Barbarossa. Der Neffe Konrads III. war ein Sohn Herzog Friedrichs II. von Schwaben – und der Welfin Judith. Dass Konrad ihn tatsächlich vorschlug, gilt mittlerweile jedoch nicht mehr als gesichert. Vielleicht hat das Gros der Fürsten auch von sich aus die entsprechenden Schlüsse gezogen. Friedrichs Wahl am 4. März 1152 erfolgte jedenfalls einhellig.

Der neue König versprach sogleich, die »Erhabenheit des römischen Reichs« zu erneuern. Zielstrebig arbeitete er daran, im Reich für Ruhe zu sorgen und sich mit dem Papst über seine Krönung zu einigen. Diese 1153 erreichte

Während des zweiten Kreuzzuges 1147–49 wurde 1148 Damaskus belagert. Auf dieser flämischen Buchmalerei (um 1480) sind oben links die Truppen Balduins III. von Jerusalem zu sehen, rechts das Heer Konrads III. und unten links das Heer Ludwigs VII. von Frankreich.

Siegel Kaiser Lothars III., 1137

rechts:
Friedrich Barbarossa war bis ins 19. Jahrhundert einer der am meisten verklärten deutschen Herrscher des Mittelalters. Hier die berühmte Sitzstatue Barbarossas am Kyffhäuser (1890–1896).

Einigung (Konstanzer Vertrag) sah unter anderem vor, dass Barbarossa den Papst vor den wieder einmal aufsässigen Römern schützen und gegen die mittlerweile zu mächtig gewordenen Normannen in Süditalien vorgehen sollte, die sogar den Kirchenstaat bedrohten. Im Gegenzug sollte er die Kaiserkrone erhalten. Hadrian hielt sein Versprechen und krönte Friedrich I. am 18. Juni 1155 zum Kaiser. Doch der Staufer fand für den versprochenen Feldzug nach Süditalien keine Unterstützung, so dass er wieder nach Norden abzog, ohne diese Klausel des Konstanzer Vertrags erfüllt zu haben. Damit zwang Barbarossa den Papst zum Ausgleich mit den Normannen, deren König Wilhelm I. er mit Sizilien und Süditalien belehnte. Nach seiner Rückkehr aus Rom löste Friedrich auch die bayerische Frage, in dem er den Welfen Heinrich den Löwen als Herzog von Sachsen und Bayern anerkannte. Den bisherigen Herzog von Bayern, Heinrich Jasomirgott, entschädigte er mit dem zum Herzogtum erhobenen und von Bayern abgetrennten Österreich.

Wie fragil das Band zwischen Kaiser und Papst war, zeigte sich im Oktober 1157. In einem Brief, der auf einem Hoftag in Besançon verlesen wurde, hatte Hadrian IV. im Zusammenhang mit seinem Verhältnis zum Kaiser das Wort »beneficia« benutzt. Friedrichs Kanzler Rainald von Dassel, ein unerbittlicher Scharfmacher, übersetzte dieses Wort für die nicht des lateinischen mächtigen Ritter mit »Lehen«. Daraufhin erhob sich, wie von Rainald wohl beabsichtigt, sofort ein Sturm der Entrüstung: Das Kaisertum ein Lehen des Papstes? Niemals! Reichlich ungeschickt fragte der päpstliche Legat, der das Schreiben überbracht hatte, von wem der Kaiser sonst sein Amt habe, wenn nicht vom Papst. Die Empörung schlug hohe Wellen, und Hadrian musste kleinlaut einräumen, dass er mit »beneficia« keineswegs »Lehen« gemeint habe.

Der weitere Konflikt mit dem Papsttum war vorprogrammiert. Zum Auslöser wurde der zweite Italienzug Barbarossas von 1158 bis 1163. Dabei ging es dem Kaiser um die Einforderung alter Reichsrechte in den oberitalienischen Städten, die er sich bei einem Hoftag in Roncaglia von einer juristischen Expertenkommission bestätigen

ließ. Währenddessen starb in Rom 1159 Papst Hadrian IV. Die Kardinäle konnten sich nicht auf einen Nachfolger einigen: Die Gegner Barbarossas wählten Alexander III., seine Unterstützer Viktor IV. In Oberitalien hatte sich der Kaiser überall durchgesetzt – nur in Mailand nicht. Im Mai 1162 eroberte er die stolze Stadt und ließ sie dem Erdboden gleichmachen. Papst Alexander III. nahm dies zum Anlass, den Kaiser zu exkommunizieren.

Um das päpstliche Schisma – in seinem Sinne natürlich – zu beenden, brach Barbarossa 1167 zu einem neuerlichen Zug nach Rom auf. Alexander III. verließ fluchtartig die Stadt, und alles deutete auf einen Triumph des Kaisers, der mit »seinem« Gegenpapst Paschalis II. in die Stadt einzog. Doch dann brach eine Seuche aus, der viele der deutschen Ritter zum Opfer fielen. Überstürzt musste Friedrich den Rückzug antreten. War das die Strafe Gottes für seine Belagerung der Ewigen Stadt?

1174 versuchte Barbarossa neuerlich sein Glück und brach mit einem Heer nach Italien auf. Doch die Kämpfe ließen sich wenig günstig an, und Heinrich der Löwe weigerte sich, den Kaiser militärisch zu unterstützen. In dieser Situation zeigte sich, dass Barbarossa auch ein guter Diplomat war. Er kam den lombardischen Städten weit entgegen und suchte den Ausgleich mit Papst Alexander III., der ihn 1176 vom Bann löste.

Auf diese Weise gestärkt, ging der Kaiser nun gegen Heinrich den Löwen vor, dessen Machtansammlung ihm mittlerweile bedrohlich schien und dem er die verweigerte Hilfeleistung in Italien nach wie vor gründlich übel nahm. Ein gegen den Welfen angestrengtes Gerichtsverfahren endete mit der Ächtung Heinrichs und der Aberkennung aller Reichslehen. Erst nach seiner völligen Unterwerfung konnte er 1184 in das ihm als Eigengut verbliebene Braunschweig zurückkehren.

Friedrich stand auf dem Gipfel seiner Herrschaft. Die Krönung sollte ein Kreuzzug in das Heilige Land werden: Der Kaiser als »Befreier« Jerusalems! Doch Friedrich starb am 10. Juni 1190 bei einem Bad im Fluss Saleph in Kleinasien.

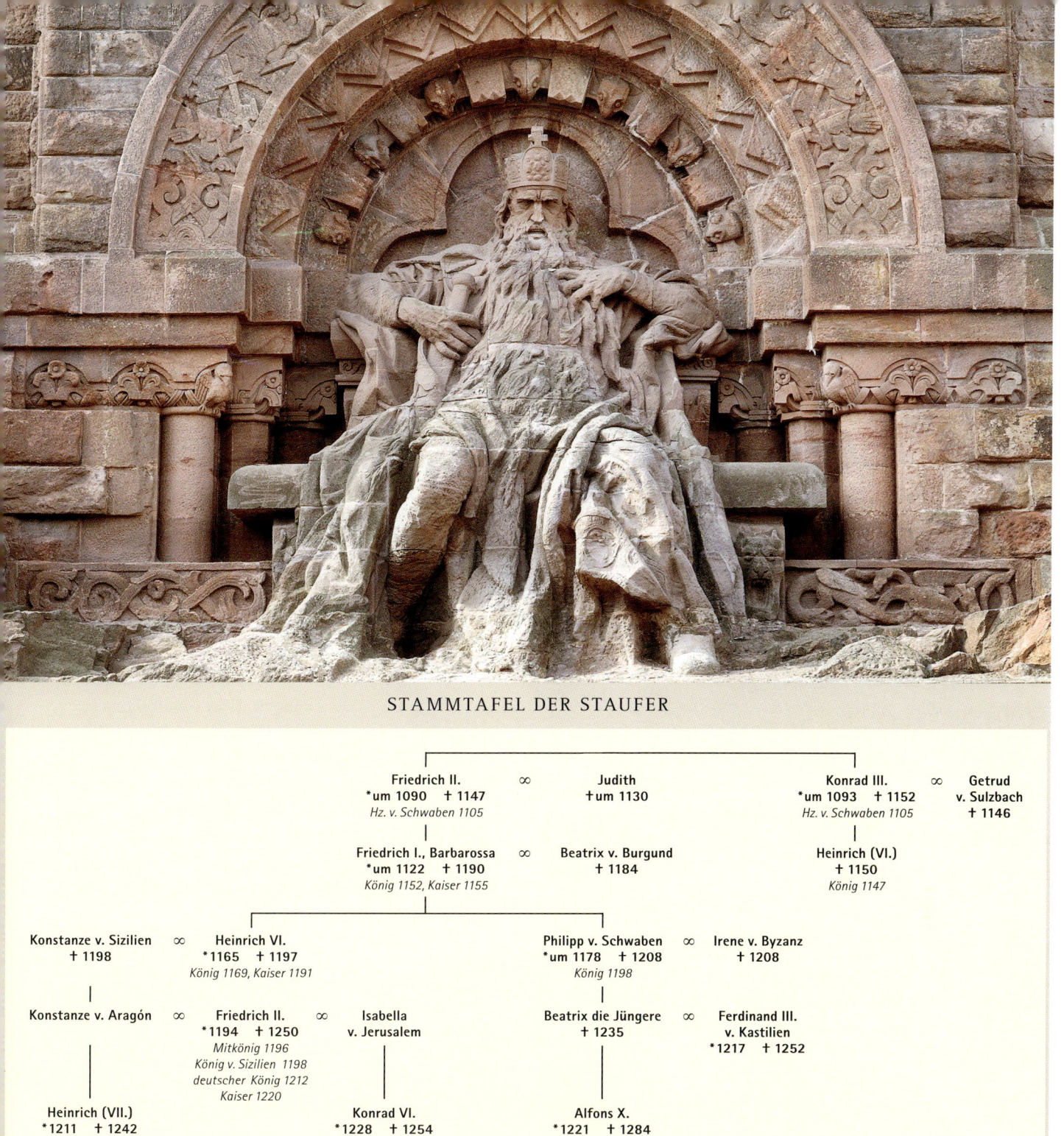

STAMMTAFEL DER STAUFER

Friedrich II. ***um 1090 † 1147** *Hz. v. Schwaben 1105*	∞	**Judith** **† um 1130**	**Konrad III.** ***um 1093 † 1152** *Hz. v. Schwaben 1105* ∞ **Getrud** **v. Sulzbach** **† 1146**

Friedrich I., Barbarossa
*um 1122 † 1190
König 1152, Kaiser 1155 ∞ **Beatrix v. Burgund**
† 1184

Heinrich (VI.)
† 1150
König 1147

Konstanze v. Sizilien ∞ **Heinrich VI.**
† 1198   ***1165 † 1197**
König 1169, Kaiser 1191

Philipp v. Schwaben ∞ **Irene v. Byzanz**
*um 1178 † 1208   **† 1208**
König 1198

Konstanze v. Aragón ∞ **Friedrich II.** ∞ **Isabella**
    *1194 † 1250   **v. Jerusalem**
    Mitkönig 1196
    König v. Sizilien 1198
    deutscher König 1212
    Kaiser 1220

Beatrix die Jüngere ∞ **Ferdinand III.**
† 1235   **v. Kastilien**
    *1217 † 1252

Heinrich (VII.)
*1211 † 1242
König 1220 - 35

Konrad VI.
*1228 † 1254
König 1237

Alfons X.
*1221 † 1284
König v. Kastalien
deutscher König 1257

Nachfolger Barbarossas wurde der älteste Sohn aus seiner Ehe mit Beatrix von Burgund, Heinrich VI. Zwar hatte er auch eine zarte Seite und dichtete gefühlvolle Liebeslieder, doch anders als sein Vater nahm er die Menschen nicht für sich ein. Er war verschlossen und mürrisch, seine Feinde verfolgte er mit unvorstellbarer Brutalität. Ein Hauch von Eiseskälte ging von diesem Staufer aus.

Heinrich war verheiratet mit Konstanze de Hauteville, einer Tochter König Rogers II. von Sizilien. Mit dem Tod ihres kinderlosen Neffen Wilhelm II. am 18. November 1189 wurde Konstanze zur Erbin des Königreichs. Doch die Gegner des Staufers handelten rasch und bestimmten Tankred von Lecce, einen unehelich geborenen und daher eigentlich nicht erbberechtigten Enkel Rogers II., zum

König. Nun war Eile angesagt: Heinrich musste vom Papst so schnell wie nur irgend möglich die Kaiserkrone erlangen – um den Übergang der Herrschaft im Reich zu sichern, aber auch um sich im Kampf um Sizilien eine bessere Ausgangsbasis zu verschaffen. Tatsächlich wurde Heinrich an Ostern 1191 von Papst Coelestin III. zum Kaiser gekrönt. Der Preis für die Krönung war die Übergabe des kaisertreuen Tusculum an den Papst, der die Stadt sogleich plündern und zerstören ließ. Dieser »Verrat« zehrte weiter am ohnehin nicht guten Ruf Heinrichs VI.

Die im Anschluss an seine Krönung geplante Eroberung Siziliens musste Heinrich überstürzt abbrechen, nachdem in seinem Heer eine Epidemie ausgebrochen war. Erst 1194 kehrte er zurück – mit einem gewaltigen Heer, unterstützt von den Flotten Pisas und Genuas. Das Geld für dieses Unterfangen hatte ihm ein moralisch wieder einmal anrüchiger Coup eingebracht: Herzog Leopold von Österreich hatte den englischen Richard Löwenherz auf dessen Rückkehr vom Kreuzzug gefangen genommen. Die beiden waren sich spinnefeind, und Leopold lieferte den König an Heinrich VI. aus. Der hatte mit dem Engländer auch noch eine Rechnung offen, da Richard in Sizilien Tankred von Lecce unterstützt hatte. Erst gegen die Zahlung eines gewaltigen Lösegeldes ließ Heinrich Richard frei. Mit diesem Geld eroberte er nun »sein« Königreich Sizilien.

Was und wer sollte diesem mächtigen Herrscher nun noch entgegentreten können? Eine tückische Krankheit! Im Alter von noch nicht einmal 32 Jahren starb Kaiser Heinrich VI. am 6. August 1197 in der Nähe von Messina an den Folgen eines Malariaanfalls.

Damit brach das staufische Imperium in sich zusammen. Heinrichs Frau Konstanze versuchte für ihren kleinen Sohn Friedrich das Königreich Sizilien zu retten und verabschiedete sich aus dem deutschen Thronstreit. Als Kandidat der Staufer ging daher Friedrichs Onkel Philipp von Schwaben ins Rennen, für die Welfen Otto (IV.), der Sohn Heinrichs des Löwen.

Nachdem sich Philipp nach Jahren des Kampfes endlich durchgesetzt hatte, wurde er am 21. Juni 1208 von dem Pfalzgrafen Otto von Wittelsbach ermordet, ob aus politischen oder privaten Gründen ist nicht sicher. Damit war der Weg frei für Otto IV., den Papst Innozenz III. 1209 auch zum Kaiser krönte. Doch als sich Otto anschickte, Sizilien zu erobern, ließ er ihn genauso schnell wieder fallen. Der Welfe hatte seine Macht überschätzt und zog sich über die Alpen zurück.

Unterstützt von Papst Innozenz III., nahm Friedrich II. den Kampf gegen den Welfen auf. Im September 1212 erschien der 17-jährige Sohn Heinrichs VI. und Enkel Friedrich Barbarossas vor Konstanz, der Bischof öffnete ihm die Tore der Stadt. Damit hatte der Staufer seinen Fuß in die Tür des Reichs gesetzt. Vor allem in Süddeutschland verhalf dem inzwischen zum Gegenkönig gewählten jungen Friedrich der Mythos seines Namens zum Erfolg, doch die letzte Entscheidung brachte ein Ereignis außerhalb der deutschen Grenzen. In der Schlacht bei Bouvines in der Nähe von Lille besiegte der französische König Philipp II. August am 27. Juli 1214 Kaiser Otto IV., der in Frankreich als Verbündeter des englischen Königs Johann Ohneland kämpfte. Damit war der deutsche Thronstreit weitgehend entschieden; der Welfe zog sich verbittert in seine Erblande zurück, wo er am 19. Mai 1218 verstarb. Der Aufstieg Friedrichs II. ging dagegen unvermindert weiter: Am 22. November 1220 krönte ihn Papst Honorius III. zum Kaiser.

Doch danach war es vorbei mit der päpstlich-staufischen Eintracht: Weil er sein Kreuzzugsgelübde nicht erfüllte und der Papst ihm nicht abnahm, dass tatsächlich eine Epidemie den Aufbruch seiner Flotte in Brindisi verhindert hatte, exkommunizierte er den Staufer 1227.

Kaiser Heinrich VI.
(1165–1197, Kupferstich, 1847)

DAS STAUNEN DER WELT: FRIEDRICH II.

In Sizilien schuf Kaiser Friedrich II. ein vergleichsweise modernes Staatswesen mit einer straffen zentralistischen Verwaltung, mit nur ihm verpflichteten Beamten und Richtern. Alle Bereiche des öffentlichen Lebens wurden der königlichen Ordnung als oberster unumschränkter Gewalt unterworfen. Doch diese Politik konnte Friedrich nur in Sizilien durchsetzen, nicht in seinem Reich nördlich der Alpen. In Deutschland begünstigte der Staufer dagegen – die reale Machtverteilung akzeptierend – die Fürsten, was ihm bisweilen Kritik einbrachte.

Doch wenn der Staufer als »Staunen der Welt« bezeichnet wird, dann weniger wegen der vorbildlichen Organisation seines sizilianischen Königreichs, sondern wegen der außergewöhnlichen Aura, die ihn umgab: Friedrich war hochgebildet und wissenschaftlich vielseitig interessiert: Er beschäftigte sich mit Medizin und Mathematik, Literatur und Sprachen, Astronomie und Biologie.

Sein Buch »Über die Kunst, mit Vögeln zu jagen« ist viel mehr als eine Anleitung zur Falkenjagd, sondern fast ein Vorläufer von Brehms »Tierleben« mit lebendigen, von eigener Anschauung geprägten Beschreibungen jener Tierarten, die in seinem Königreich gelebt haben. Zuhause fühlte sich Friedrich nicht im kalten Deutschland, sondern in seinem geliebten Apulien, wo er von 1240 an auch sein berühmtes und geheimnisumwittertes Castel del Monte erbauen ließ. Das Schloss ist voller mathematischer Anspielungen und Ergebnis eines ausgeklügelten geometrischen Programms, das bis heute Rätsel aufgibt.

Kaiser Friedrich II. (1194–1250) ist der Verfasser eines berühmten Werkes über die Falknerei. Hier ein Ausschnitt aus dem Dedikationsbild zur Handschrift von 1232.

Philipp II. August (links) und Otto IV. in der Schlacht bei Bouvines (französische Buchmalerei, 1375/79)

Friedrich ließ sich davon nicht beirren und brach im Juli 1228 trotzdem zum Kreuzzug auf, allerdings dem seltsamsten der Geschichte. Begleitet von einer kleinen Ritterschar erreicht er in Verhandlungen die Rückgabe Jerusalems an die Christenheit. Über diesen »Triumph« mochte sich in Rom niemand freuen. Dass Friedrich mit einem »Ungläubigen« verhandelt hatte, nährte nur den Verdacht, dass der Kaiser heimliche Sympathien für den Islam hege. Zwar erreichte Friedrich vorübergehend wieder seine Lösung vom Bann, doch 1239 bannte ihn Papst Gregor IX. erneut, 1245 wurde Friedrich von Gregors Nachfolger Innozenz IV. für abgesetzt erklärt.

Doch in seinem Königreich Sizilien konnte dem Staufer niemand etwas anhaben, und auch nördlich der Alpen, wo 1246 mit dem thüringischen Landgrafen Heinrich Raspe erstmals ein Gegenkönig gewählt worden war, schienen sich die Staufer wieder durchsetzen zu können. Doch inmitten der Vorbereitungen zu einem Kriegszug nach Deutschland starb Friedrich II. am 13. Dezember 1250 in Castel Fiorentino an der Ruhr.

Die Staufer stemmten sich mit allen Kräften gegen den Niedergang ihrer Herrschaft: Friedrichs Sohn Konrad IV. zog sich nach Sizilien zurück, wo er sich behaupten konnte. Doch starb er bereits 1254. In Sizilien trat sein Halbbruder Manfred, aus der Verbindung Friedrichs mit der italienischen Niederadligen Bianca Lancia, an seine Stelle. Doch er unterlag 1266 in der Schlacht von Benevent Karl von Anjou. Daraufhin versuchte Konradin, der Sohn Konrads IV., sein Glück in Italien. Doch auch er wurde von dem Anjou bezwungen, der den »letzten Staufer« am 29. Oktober 1268 in Neapel gar wie einen Verbrecher hinrichten ließ. Und in Rom jubilierten die Päpste über das Ende des staufischen »Natterngezüchts«.

HERRSCHAFTEN IN EUROPA

Die Hanse prägte Wirtschaft, Politik und Kultur im Norden des spätmittelalterlichen Europa. Mit dem Frieden von Stralsund 1370 baute das Handelsbündnis seine Machtstellung aus. Links auf diesem kolorierten Holzschnitt von 1860 ist der dänische König Waldemar Atterdag zu sehen, wie er rechts einer respektlos-überlegen dasitzenden Personifizierung der Hanse die Hand reicht. Am rechten Bildrand sind Vertreter der Städte Stralsund und Hamburg zu erkennen.

DAS BYZANTINISCHE REICH

KGR. UNGARN

PETSCHENEGEN (bis 1171)

KUMANEN (nach 1171)

Drau

Sawe

Donau

Sirmium

Belgrad

SERBIEN
(1159–1180 byz.)

Ras

Ragusa

Cattaro

Skadar

Nisch

Sofia

Tirnowo

BULGARIEN

Petschenegen
(1090)

Durazzo

Skopje

Philippopel

Ochrid

Adrianopel

Konstantinopel

Nikomedeia

Tarent

Berrhoia
1122

Thessalonike

Gallipoli

Nikaia

Korfu

Abydos

Brussa

Doryleion

Ank

Lemnos

Larissa

Nikopolis

Lesbos

Pergamon

Amorion

Kephalonia

Euboia

Negroponte

Chios

Smyrna

Mysiokephalon
1176

Philor

Theben

Athen

Ephesos

Sozopolis

Zante

Korinth

Samos

Laodikeia

Milet

Methone

Sparta

Attaleia

Korone

Rhodos

Das Byzantinische Reich im 12. Jahrhundert

KRETA

- Byzantinisches Reich unter Alexios I. (1118)
- Gebietsgewinne unter Johannes II. (1118–1143) und Manuel I. (1143–1180)
- Verluste
- Kreuzfahrerstaaten
- Seldschukenherrschaft

Die Absetzung des letzten weströmischen Kaisers Romulus Augustulus durch den germanischen Heerführer Odoaker im Jahr 476 war für den oströmischen Kaiser Zenon an sich kein einschneidendes Ereignis, denn dieser Jüngling auf dem Cäsarenthron war von ihm ohnehin nie anerkannt worden. Zenon war viel zu sehr mit eigenen Schwierigkeiten beschäftigt, als dass er hätte im Westreich eingreifen können. Dennoch hielt er an der Vorstellung der Reichseinheit fest. Dies zeigte sich, als Odoaker erklärte, die Herrschaft im Westen im Namen Zenons ausüben zu wollen. Doch das war für den Germanen nicht mehr als eine Worthülse, die der eigenen Legitimation diente. Auf dem Balkan sah sich Zenon zugleich durch die Ostgoten bedrängt. Indem er deren Anführer Theoderich förmlich dazu einlud, nach Italien zu ziehen, gab er das Problem nach Westen weiter. Am Ende des 5. Jahrhunderts war die unmittelbare gotische Bedrohung für den Osten beendet.

Schon diese ersten Entwicklungen nach dem Wegfall des weströmischen Kaisertums zeigen das Dilemma, in dem die oströmischen bzw. byzantinischen Kaiser steckten. Durch wechselnde Bedrohungen an ihren eigenen Grenzen (vor allem durch die persischen Sassaniden) waren sie nicht in der Lage, ihrem Anspruch auf die Herrschaft im gesamten Reich Ausdruck zu verleihen. Die größten Anstrengungen zur Wiedergewinnung Italiens unternahm Kaiser Justinian (527-565). Sein Vater war Befehlshaber der kaiserlichen Leibgarde gewesen und 518 zum Kaiser ausgerufen worden. War damit schon die eigene Legitimation nicht ganz frei von Zweifeln, so musste Justinians Gemahlin Theodora den

Großen des Reichs wie ein Schlag ins Gesicht wirken: Ihr Vater war Bärenwärter im Zirkus gewesen; sie selbst war Schauspielerin! Doch dieses ungewöhnliche Paar ging energisch daran, dem Reich innen- wie außenpolitisch seinen Stempel aufzudrücken.

Um für sein Ausgreifen nach dem Westen den Rücken frei zu haben, erkaufte er sich 532 den Frieden von den Sassaniden, nachdem diese von Syrien und vom Kaukasus aus erneut Angriffe gegen das Oströmische Reich gestartet hatten. So gelang es Justinian, 533 Norditalien von den Vandalen zurückzugewinnen, Sardinien, Korsika und die Balearen zu erobern und den Westgoten Gebiete im Süden Spaniens zu entreißen. Die Krönung dieser Erneuerung des Römischen Reichs aber war die Eroberung Italiens, die im Dezember 536 mit der Eroberung Roms gekrönt wurde. Das Mittelmeer war damit wieder ein römisches Binnenmeer.

Innenpolitisch zielte Justinians Politik ebenso auf größtmögliche Einheitlichkeit unter der Allgewalt des Kaisers, der sich auch als Haupt der Kirche verstand. Seine größte Bedeutung erlangte Justinian auf dem Gebiet der Gesetzgebung. Das Corpus Iuris Civilis (528-534) wurde zur Grundlage aller späteren Festschreibungen des bürgerlichen Rechts.

Kaiserin Theodora auf einem Mosaik in der Kathedrale von Ravenna, 547.

Justinians Nachfolger konnten dieses riesige Reich nicht zusammenhalten. Große Teile Italiens fielen an die Langobarden; nur in Süditalien und Sizilien, in Rom sowie im äußersten Nordosten der Halbinsel konnten sich die oströmischen Truppen halten. Kernpunkt der byzantinischen Besitzungen war das sogenannte Exarchat von Ravenna.

1 Jüngeres Quartier der Genuesen
2 Quartier der Venezianer (992)
3 Quartier der Pisaner (11. Jh.)
4 Quartier der Amalfitaner (11. Jh.)
5 Mauer des Septimius Severus (2. Jh. n. Chr.)
6 Konstantin-Forum (4. Jh.)
7 Älteres Quartier der Genuesen (1155)
8 Kirche der hl. Eirene (4. Jh.)
9 Manganenkloster

Konstantinopel zur Zeit des 4. Kreuzzuges (um 1200)

Um 600 machten soziale Gegensätze und die Erschöpfung der Finanzen das Byzantinische Reich für äußere Angriffe verwundbar. Niederlagen gegen Awaren und Perser brachten es an den Rand des Untergangs. In dieser Situation wurde Herakleios, der Sohn des Exarchen von Karthago, zum Kaiser ausgerufen. Ihm gelang es, die Situation zu stabilisieren und die awarische und persische Bedrohung abzuwehren. 628 kehrte er als gefeierter Sieger nach Konstantinopel zurück.

Mit den muslimischen Arabern erstand Byzanz jedoch bald ein neuer, schlagkräftiger Feind. Durch die Niederlage am Jarmukfluss ging 636 Palästina mit Je-

rusalem verloren. Lediglich die Uneinigkeit der Araber führte damals zu einer Atempause, die Byzanz jedoch nicht nutzte. Zwischen 674 und 678 tauchte alljährlich die arabische Flotte vor Byzanz auf. Eine andere Bedrohung stellten die über die Donau nach Süden vorstoßenden Bulgaren dar. Ihre Reichsgründung verschärfte die Krise, denn nun stand Byzanz nicht mehr nur eine unorganisierte Masse gegenüber, sondern ein durchorganisiertes Staatswesen. So blieb das Byzantinische Reich am Ende des 7. Jahrhunderts auf Kleinasien, Griechenland und den westlichen Balkan beschränkt. Bereits 751 war das Exarchat Ravenna verloren gegangen.

Entscheidend für die Trennung zwischen West- und Ostkirche wurde der Bilderstreit, der von Kaiser Leon III. forciert wurde. Im Jahr 730 erließ er ein Edikt gegen die Bilderverehrung, und es kam zu blutigen Verfolgungen jener Gläubigen, die davon nicht ablassen wollten. Dass Kaiserbilder von diesem Verbot ausgenommen blieben, ist bezeichnend, denn es ging Leon weniger um Glaubensüberzeugungen als um die Durchsetzung seiner eigenen Staatsideologie. Dem diente auch die Trennung aller östlichen Diözesen von Rom und deren Unterstellung unter den Patriarchen von Konstantinopel. Diese Entwicklung erreichte ihren Höhepunkt mit dem gegenseitigen Bannfluch von Papst und Patriarch im Jahr 1054.

Eine letzte Blüte für Byzanz brachte die Herrschaft der makedonischen Dynastie von 867 bis 1056. Außenpolitische Erfolge gegen Bulgaren und Araber gingen unter Basileios I. (867–886) einher mit einer inneren Reform des Reichs, die ihren Höhepunkt in einer unter Leo VI. abgeschlossenen Gesetzessammlung (Basilika) fand. »Bulgarentöter« war der Beiname Kaiser Basileios II. (976–1025). Er verleibte, daher der »Ehrenname«, den bulgarischen Staat dem Byzantinischen Reich ein.

Mit den Seldschuken, einem Turkvolk, war Byzanz im Osten aber der nächste Gegner erwachsen. In der Schlacht von Mandzikert am 26. August 1071 erlitt Kaiser Romanos IV. eine verheerende Niederlage und wurde selbst gefangen genommen. Auf dem Boden der eroberten Gebiete in Anatolien errichteten die Seldschuken einen eigenen Staat. Gleichzeitig gingen Byzanz die letzten verbliebenen Besitzungen in Süditalien an die Normannen verloren. Auch auf dem Balkan kam es zu neuerlichen Absatzbewegungen, indem Bulgaren und Serben die byzantinische Oberherrschaft abschüttelten.

Das türkische Heerlager 1453 vor Konstantinopel war so gewaltig, dass Kaiser Konstantin XI. ihm nur wenig entgegenzusetzen hatte. (französische Buchmalerei, 1455)

In dieser Situation brachte der vom Westen unternommene erste Kreuzzug vordergründig eine Erleichterung. Doch die damit von byzantinischer Seite verbundenen Hoffnungen, das Reich in seiner alten Größe wieder erstehen lassen zu können, erfüllten sich nur zu einem sehr geringen Teil in Kleinasien. Die Kreuzfahrerstaaten in Syrien und Palästina blieben westliche Herrschaften.

Doch blieb dieses lateinische Kaiserreich weitgehend auf seine Hauptstadt beschränkt. Die griechische Opposition sammelte sich in mehreren Nachfolgestaaten, unter denen die Kaiserreiche von Trapezunt und Nikaia sowie das Despotat von Epiros die bedeutendsten waren. Mit der Unterstützung von Venedigs altem Rivalen Genua gelang dem Kaiser von Nikaia, Michael VIII. Palaiologos, im August 1261 die Wiedereroberung Konstantinopels, doch blieb dieses neue griechische Kaiserreich in seinem Einfluss territorial beschränkt, da die 1204 gegründeten Nachfolgestaaten sich ihm nicht unterstellen wollten.

Im 14. Jahrhundert vollzog sich dann der eigentliche Niedergang des Byzantinischen Reichs. Geschwächt durch innenpolitische Auseinandersetzungen und eine große Pestepidemie (um 1350), wurde das Reich eine leichte Beute der Osmanen, die nach dem Niedergang der Seldschuken deren Erbe in Anatolien angetreten hatten. Die Bezeichnung »Osmanen« geht auf Osman I. (um 1258-1326) zurück. Aus dem losen turkmenischen Nomadenverbund, den er von seinem Vater übernommen hatte, formte er ein eigenständiges Staatswesen, das in kurzer Zeit zur bedeutendsten Macht Anatoliens aufstieg. 1331 eroberten die Osmanen Nikaia, 1362 Adrianopel und 1387 Thessaloniki. Auch auf dem Balkan drangen die Osmanen vor. Seit 1388 war Bulgarien tributpflichtig; in der Schlacht auf dem Amselfeld brachten sie Serben und Bosniern eine verheerende Niederlage bei.

Im Herbst 1394 schien das Ende gekommen, als Sultan Bajasid Konstantinopel belagerte. Doch die starken Mauern der Stadt hielten stand. Nachdem sich ein christliches Entsatzheer unter dem ungarischen König Sigismund zur Unterstützung der Byzantiner auf den Weg gemacht hatte, brach der Sultan die Belagerung ab. In der Nähe der bulgarischen Stadt Nikopolis wurden die Kreuzfahrer im September 1396 vernichtend geschlagen.

Lediglich eine Atempause bedeuteten die Kämpfe zwischen den Osmanen und dem mongolischen Khan Timur Lang (Tamerlan), der 1402 Sultan Bajasid bei Ankara bezwang. Erobert wurde die Stadt schließlich 1453 (siehe Kasten). Mit Trapezunt fiel 1461 der letzte Außenposten des einstigen Byzantinischen Reichs in osmanische Hände.

DIE EROBERUNG KONSTANTINOPELS

Die einst blühende Hauptstadt des Byzantinischen Reichs war 1453 nur noch ein Schatten ihrer selbst. Nur noch ein Zehntel der einst über eine Million Bewohner lebte darin. Und doch kam dieser Stadt für Christen wie Muslime eine hohe symbolische Bedeutung zu. Sultan Mehmed II. hatte schon als Jugendlicher davon geträumt, als Eroberer in Konstantinopel einziehen zu können. Doch die starken Mauern hatten bereits manche Belagerung überstanden; das Goldene Horn war durch eine dicke Kette gesperrt – kein fremdes Schiff konnte in den Hafen eindringen. Doch nun waren die Kräfte so ungleich verteilt, dass die Rettung der Stadt einem Wunder gleichgekommen wäre. Fast 100.000 Mann hatte Sultan Mehmet II. vor Konstantinopel zusammengezogen; Kaiser Konstantin XI. befehligte kaum 10.000 Kämpfer. Hilfe vom Westen war nicht zu erwarten, allen Bemühungen Papst Nikolaus' V. zum Trotz.

Ein Ungar namens Urban hatte zunächst dem byzantinischen Kaiser den Bau einer gigantischen Kanone angeboten, doch fehlte Konstantin das Geld dazu. Also wandte sich Urban an Mehmet, dem klar war, dass der Artillerie entscheidende Bedeutung zukam. Das schließlich gebaute Geschütz mit seinem acht Meter langen Rohr und 600 Kilogramm schweren Kugeln riss tatsächlich breite Breschen in die Stadtmauern, doch gelang es den Verteidigern stets, die Löcher wieder zu flicken. Erst ein versehentlich nicht zugemauertes Ausfallstor soll den Osmanen den entscheidenden Angriff am 29. Mai 1453 ermöglicht haben. Bei den tagelangen Straßenkämpfen fand auch Kaiser Konstantin XI. Palaiologos den Tod. Das Byzantinische Reich war untergegangen, Konstantinopel wurde zu Istanbul – und Mehmet II. erhielt den Beinamen, den er gewünscht hatte: »der Eroberer«.

DAS KÖNIGREICH FRANKREICH

Mit dem Grafen Odo von Paris war im West-fränkischen Reich 887 erstmals ein Nicht-Karolinger zum König gewählt worden. Doch nach seinem Tod gelang es der Dynastie Karls des Großen, noch einmal für hundert Jahre auf den Thron zurückzukehren. Erst mit der Wahl Herzog Hugos von Neustrien (Franzien) im Jahr 987 war es mit den Karolingern auch dort endgültig vorbei, nachdem im Ostfränkischen Reich bereits seit 911 keine Angehörigen dieser Dynastie mehr an der Macht waren. Die beiden Reichshälften hatten sich endgültig auseinanderent-wickelt – aus dem Westfränkischen Reich wurde Frank-reich, und im Osten etablierte sich ein deutsches König-tum, das mit Otto dem Großen das westliche Kaisertum neu begründete.

In Anlehnung an den Beinamen ihres ersten Königs – »Capet« (Mantel, in Erinnerung an das Gewand des heili-gen Martin von Tours) – nannte sich die Dynastie, die in Frankreich in direkter Linie bis 1328 den Thron besetzte, »Kapetinger«. Von der späteren Machtfülle französischer Könige war Hugo weit entfernt. Das Zentrum seiner Herr-schaft lag um Paris und Orléans; im übrigen Frankreich war die Stellung der fürstlichen Feudalherren so stark, dass Hugo kaum über Einflussmöglichkeiten

verfügte. Einer dieser Feudalherren war Wilhelm II., Herzog der Normandie. Er fühlte sich so mächtig, dass er 1066 den Kanal überquerte, um mit Waffengewalt die eng-lische Krone zu erringen. Als »Wilhelm der Eroberer« ist er in die Geschichte eingegangen. Vor diesem Hinter-grund wird verständlich, wie schwer es die Könige zu-nächst hatten, sich durchzusetzen.

Als Kaiser Heinrich V. 1124 in Frankreich einfiel, um seinen Schwiegervater Heinrich V. von England zu unter-stützen, der die französische Lehnsherrschaft über die Normandie abschütteln wollte, zog Ludwig VI. mit einer Fahne ins Feld, die mit der Oriflamme Karls des Großen identifiziert wurde (siehe Kasten S. 78). Heinrichs Feld-zug endete mit einem raschen Rückzug.

Das französische Königtum war wie das deutsche zunächst eine Wahlmonarchie, wobei das durchgängige Vorhandensein männlicher Erben im Hause Capet und die zum Teil sehr langen Regierungszeiten den Übergang zum dynastischen Erbrecht erleichterten. Ein weiterer wichtiger Punkt für den Aufstieg des Königtums war die Konzentration auf den inneren Ausbau des Kronguts in der Île de France, das auf diese Weise zu einer soliden Machtbasis wurde.

Entscheidende Weichensteller auf diesem Weg waren Ludwig VII. (1137-1180) und Philipp II. Augustus (1180-1223), die innenpolitisch auf eine ihnen ergebene Beamtenschaft bauten und außenpolitisch die Gefahr bannten, die ihnen durch die immer bedrohlichere Macht der englischen Könige in Frankreich erwuchs. Diese Ent-wicklung erreichte ihren Höhepunkt mit der Thronbestei-gung Heinrichs II. von England aus dem Haus Plantage-net 1154. Der König hatte zwei Jahre zuvor die Herzogin Eleonore von Aquitanien geheiratet und damit den eng-lisch-normannischen Einfluss in Frankreich noch einmal vergrößert. Das so genannte Angevinische Reich, wie die Lehen der englischen Könige in Frankreich zusammen-fassend genannt wurden, reichte nun von der Normandie bis tief in den Süden. Doch mit erstaunlicher Zähigkeit gelang es Ludwig VII., die Position der französischen Krone zu verteidigen. Und noch mehr: Indem er dem vor

Hugo Capet, der Stammvater der Kapetinger, bei einer Ratsver-sammlung um 991. Französische Buchmalerei, um 1335/40. Der Mantel Hugos mit den stilisierten Lilien ist deutlich zu erkennen.

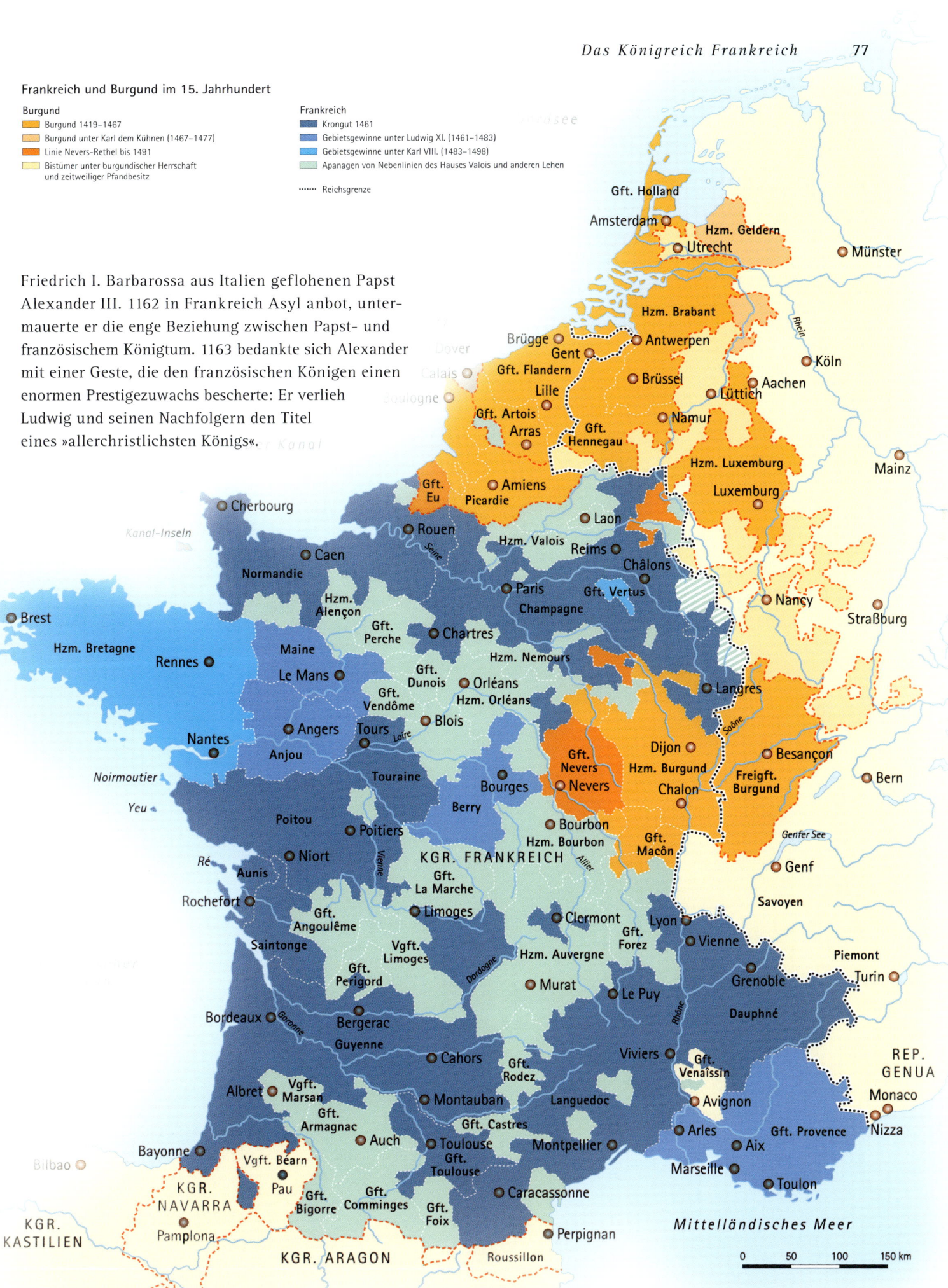

Frankreich und Burgund im 15. Jahrhundert

Burgund

- Burgund 1419–1467
- Burgund unter Karl dem Kühnen (1467–1477)
- Linie Nevers-Rethel bis 1491
- Bistümer unter burgundischer Herrschaft und zeitweiliger Pfandbesitz

Frankreich

- Krongut 1461
- Gebietsgewinne unter Ludwig XI. (1461–1483)
- Gebietsgewinne unter Karl VIII. (1483–1498)
- Apanagen von Nebenlinien des Hauses Valois und anderen Lehen

········· Reichsgrenze

Friedrich I. Barbarossa aus Italien geflohenen Papst Alexander III. 1162 in Frankreich Asyl anbot, untermauerte er die enge Beziehung zwischen Papst- und französischem Königtum. 1163 bedankte sich Alexander mit einer Geste, die den französischen Königen einen enormen Prestigezuwachs bescherte: Er verlieh Ludwig und seinen Nachfolgern den Titel eines »allerchristlichsten Königs«.

Nordsee

Gft. Holland
Amsterdam
Hzm. Geldern
Utrecht
Münster
Hzm. Brabant
Rhein
Dover
Brügge
Antwerpen
Calais
Gent
Köln
Boulogne
Gft. Flandern
Brüssel
Aachen
Lille
Lüttich
Gft. Artois
Namur
Arras
Gft. Hennegau
Hzm. Luxemburg
Mainz
Gft. Eu
Amiens
Luxemburg
Picardie
Cherbourg
Laon
Kanal-Inseln
Rouen
Hzm. Valois
Reims
Caen
Châlons
Nancy
Normandie
Paris
Straßburg
Hzm. Alençon
Champagne
Gft. Vertus
Brest
Hzm. Bretagne
Maine
Gft. Perche
Chartres
Langres
Rennes
Hzm. Nemours
Le Mans
Gft. Dunois
Orléans
Gft. Vendôme
Hzm. Orléans
Blois
Angers
Tours
Besançon
Nantes
Anjou
Loire
Dijon
Bern
Noirmoutier
Touraine
Gft. Nevers
Hzm. Burgund
Freigft. Burgund
Yeu
Bourges
Nevers
Chalon
Berry
Poitou
Bourbon
Gft. Macôn
Genf
Poitiers
Hzm. Bourbon
Niort
Vienne
KGR. FRANKREICH
Allier
Ré
Aunis
Gft. La Marche
Savoyen
Rochefort
Clermont
Lyon
Gft. Angoulême
Limoges
Gft. Forez
Vienne
Saintonge
Vgft. Limoges
Hzm. Auvergne
Piemont
Gft. Perigord
Murat
Grenoble
Turin
Bordeaux
Bergerac
Garonne
Le Puy
Dauphné
Guyenne
Cahors
Gft. Rodez
Viviers
REP. GENUA
Albret
Vgft. Marsan
Gft. Venaissin
Monaco
Gft. Armagnac
Montauban
Languedoc
Avignon
Nizza
Bayonne
Auch
Gft. Castres
Arles
Gft. Provence
Bilbao
Vgft. Béarn
Toulouse
Montpellier
Aix
KGR. NAVARRA
Pau
Gft. Toulouse
Marseille
Toulon
KGR. KASTILIEN
Gft. Bigorre
Gft. Comminges
Caracassonne
Mittelländisches Meer
Pamplona
Gft. Foix
Perpignan
KGR. ARAGON
Roussillon
Genfer See
Rhône
Dordogne
Vienne
Saône
Seine

0   50   100   150 km

Unter Philipp II. Augustus kam es dann zum großen Schlagabtausch mit England. Stück um Stück des englischen Festlandsbesitzes hatte Philipp zurückerobert, da König Johann Ohneland durch innenpolitische Probleme und Querelen mit Papst Innozenz III., die in seiner Exkommunikation gipfelten, gebunden war. Sogar eine Invasion Englands bereitete der französische König vor. Doch Johann söhnte sich mit dem Papst aus, und Philipp bekam in seinem eigenen Land Probleme, als sich der Graf von Flandern gegen ihn erhob. Der französische König sah sich nun einer mächtigen Allianz gegenüber: England, Flandern und Kaiser Otto IV., der sich mit dem Staufer Friedrich II. um die Kaiserkrone stritt und dabei auf englische Unterstützung hoffte. Bei Bouvines in der Nähe von Lille, das damals zur Grafschaft Flandern gehörte, kam es am 27. Juli 1214 zur Schlacht, die mit einem triumphalen Sieg Philipps endete. Im Vertrag von

Chinon musste Johann Ohneland (der in Bouvines selbst nicht dabei war) auf den gesamten englischen Festlandsbesitz nördlich der Loire verzichten.

Zu einer tiefen Krise in der lange Zeit so engen Beziehung zwischen Papst und Krone kam es unter Philipp IV., dem Schönen (1285-1314). Offensichtlich hielt Philipp das französische Königtum für so gefestigt, dass er die Auseinandersetzung mit dem Papsttum geradezu suchte – und dies während des Pontifikats Bonifaz' VIII., der den Primat des Papsttums so radikal vertrat wie kein Pontifex vor ihm. Philipp besteuerte den Klerus und verbot, Waren in den Kirchenstaat zu exportieren. Höhepunkt der Krise war die Gefangennahme des Papstes durch einen Vertrauten des Königs.

Philipp IV. war auch sonst nicht zimperlich, wenn es galt, die Macht seiner Krone zu mehren: 1306 ließ er die Juden ausweisen, 1312 durch den von ihm völlig abhängigen, in Avignon residierenden Papst Clemens V. einen fadenscheinigen Prozess gegen die Templer anstrengen, um den mächtigen Ritterorden zu zerschlagen.

Mit dem Tod König Karls IV. 1328 endete die direkte Linie der Kapetinger. Die Krone ging über an Karl von Valois, dessen Großvater ein Bruder Philipps des Schönen gewesen war. Welche Gefahr dieser halbe Dynastiewechsel mit sich brachte, zeigte sich wenige Jahre später, als König Eduard III. von England, dessen Mutter Isabella eine Tochter Philipps IV. gewesen war, selbst Anspruch auf die Krone Frankreichs erhob. Diese Ereignisse mündeten schließlich in den Hundertjährigen Krieg (1337-1453). Im Januar 1340 fiel Eduard in Frankreich ein. In zwei großen Schlachten errangen vor allem die englischen Langbogenschützen triumphale Siege über die Franzosen, die diese unritterliche Art des Kämpfens verachteten. In

In der Schlacht bei Bouvines am 27. Juli 1214 siegte Philipp II. August über die Engländer und Kaiser Otto IV. (französische Buchmalerei, um 1335/40)

DIE ORIFLAMME

Die ideologische Basis für den Aufstieg des französischen Königtums legte Abt Suger von Saint-Denis (1081-1151). Das Kloster war im 5. Jahrhundert über dem Grab des heiligen Dionysius gegründet worden und Grabstätte der merowingischen Könige wie auch des karolingischen Hausmeiers Karl Martell, der in der Schlacht von

Poitiers 732 einen symbolisch erhöhten Sieg gegen die Araber errungen hatte. Als Kaiser Heinrich V. 1124 in Frankreich einfiel, übergab Suger seinem König die Fahne der Grafschaft Vexin, die ein Lehen des Klosters war. Indem diese Fahne mit der Oriflamme, dem legendären Heerzeichen Karls des Großen, gleichgesetzt wurde, wurde Ludwig VI. zum Nachfolger Karls des Großen, das französische Königtum zum

eigentlichen Erben des karolingischen Kaisertums. Nach der erfolgreichen Abwehr Heinrichs V. wurde die nun allseits als Oriflamme anerkannte Fahne in der Abtei von St. Denis aufbewahrt und immer dann als Feldzeichen hervorgeholt, wenn französische Könige in den Krieg zogen – bis zur Französischen Revolution, in dem nicht nur die Monarchie unterging, sondern auch die Oriflamme zerstört wurde.

Jeanne d'Arc überzeugt Karl VII. 1429, sich zum König krönen zu lassen. (französische Buchmalerei, um 1484)

der Schlacht von Poitiers am 19. September 1356 geriet auch noch König Johann II. von Frankreich (1350-1364) in englische Gefangenschaft. Im Vertrag von Bretigny wurde 1360 ein horrendes Lösegeld für den unglücklichen Monarchen vereinbart; zudem erhielt Eduard III. das Herzogtum Aquitanien als Eigenbesitz – das heißt ohne lehensrechtliche Verbindung mit Frankreich – übertragen. Doch auch Eduard sah sich, nachdem beide Seiten erschöpft waren und die Pest in beiden Ländern wütete, zu einem Verzicht auf die französische Königskrone gezwungen.

In eine nächste Runde ging der Krieg unter Johanns Sohn Karl V. (1363-1380). Auf der Basis einer konsolidierten Königsmacht nahm er die Kampfhandlungen wieder auf. Doch im Alter von erst 42 Jahren starb Karl überraschend; ihm folgte sein gleichnamiger Sohn, der damals erst zwölf Jahre alt war. Als sich auch noch Zeichen einer Geisteskrankheit bei dem jungen König einstellten, begann hinter den Kulissen ein Hauen und Stechen, bei dem die Onkel Karls die Fäden zogen. In dieser Situation kam es 1415 zu einer neuerlichen englischen Invasion. In der Schlacht von Azincourt am 25. Oktober 1415 waren wieder einmal die englischen Langbogen entscheidend. Der Triumph Heinrichs V. von England hätte größer nicht

sein können. 1420 heiratete Heinrich die Tochter Karls VI. und ließ sich zugleich die Thronfolge in Frankreich zusichern.

Zwar wurde diese Designation vom bisherigen Dauphin nicht anerkannt und dieser nach dem Tod seines Vaters 1422 zum König ausgerufen, doch wer sollte den Anspruch des 17-Jährigen durchsetzen? Ein einfaches Bauernmädchen: Jeanne d'Arc. Es gelang ihr, den Widerstand zu mobilisieren und die Engländer zum Abbruch der Belagerung von Orléans zu bewegen. Dass Karl VII. am 17. Juli 1429 in Reims zum König gekrönt und damit alle Zweifel an seiner Legitimität ausgeräumt waren, hatte er vor allem ihr zu verdanken. Jeanne selbst ging derweil einem traurigen Ende entgegen: 1430 wurde sie von – mit England verbündeten – burgundischen Truppen gefangen genommen und schließlich in einem Inquisitionsprozess zum Tod auf dem Scheiterhaufen verurteilt.

Der französische Siegeszug ging derweil unvermindert weiter: Erst mit der Einnahme von Bordeaux am 19. Oktober 1453 endete der Hundertjährige Krieg. Damit war ganz Frankreich in der Hand der Krone; die englischen Festlandsbesitzungen waren mit Calais auf eine einzige Stadt zusammengeschmolzen.

DIE BRITISCHEN INSELN

Ganz ähnlich wie hinter dem Limes im heutigen Südwestdeutschland stellten im römischen England Kelten das Gros der Bevölkerung. Und auch diese wurden von germanischen Stämmen (Angeln, Sachsen und Jüten) verdrängt. Diese sogenannte angelsächsische Landnahme war Ende des 6. Jahrhunderts weitgehend abgeschlossen. Lediglich Wales, der englische Nordwesten, Schottland und Irland blieben davon zunächst unberührt.

Die Angelsachsen waren in sieben kleinen Königreichen organisiert: Mercia, Northumbria, Ostanglia, Kent, Wessex, Sussex und Essex. Die Reiche kämpften mit wechselndem Erfolg um die Vorherrschaft. Dabei wurde die Domschule von York in Northumbrien zu einem weit ausstrahlenden kulturellen und wissenschaftlichen Zentrum. Aber auch Klöster wie Jarrow bei Newcastle upon Tyne wirkten als Kristallisationspunkte, über die Einflüsse der karolingischen Renaissance auf dem Kontinent nach England gelangten.

KGR. ALBAN

Firth of Forth

LOTHIAN

STRATHCLYDE

BERNICIA

GALLOWAY

Tyne

Durham ✝

Whitby ⊙

NORTHUMBRIA

Man

Aire

✝ York □

Irische See

Manchester ⊙

Anglesey

⊙ Runcorn

Chester ■

Trent

Lincoln ⊙

Wash

Derby ⊙   ⊙ Nottingham

Stafford ⊙

Lichfield ■

MERCIA

■ Leicester   Crowland ✝

Elmham ■

OST-ANGLIA

WALES

Severn

Ely ✝

Dunwich ⊙

Worcester ■

✝ Evesham

Hereford ✝

Ouse

Oxford ⊙

ESSEX

Abingdon ⊙   ✝ Dorchester

Malmesbury ✝

London ■

Canterbury ✝ □

Bath ✝   Ramsbury ■

Rochester ✝

KENT

Severn

Wells ✝   Winchester ✝

Dover ⊙

Calais ⊙

SUSSEX

Glastonbury ✝   New Minster ■

Sherborne ✝   Wilton ⊙

Hastings ✝

Boulogne ⊙

Crediton ✝

Selsey ✝

WESSEX

Exeter ⊙

Wight

CORNWALL

S. Germans ✝

Kanal

0   100   200   300 km

Britannien um 800

■ Norweger (grün)
□ Dänen (weiß)
Moor- und Sumpfland (grau)
✝□ Erzbischofssitz
■ Bischofssitz
⊙ Kloster
---- Im Vertrag zwischen Alfred und Guthrum festgelegte Grenze zwisch[en] England und dem »Danelag« (um 80[0])

Die in sich zerstrittenen Kleinkönigreiche hatten
den Überfällen der dänischen Wikinger, welche die
britischen Inseln seit der Mitte des 9. Jahrhunderts heimsuchten, nur wenig entgegenzusetzen. Den Dänen gelang es sogar, große Gebiete im Nordosten des Landes
dauerhaft zu besetzen und dort eine eigene Verwaltung
aufzubauen (Danelagh). Zur entscheidenden Kraft auf
angelsächsischer Seite wurde König Alfred von Wessex,
der sein Reich nach karolingischem Vorbild von Grund
auf neu organisierte. Er verpflichtete alle Freien zum
Wehrdienst und baute eine Flotte, um den Wikingern in
ihrem ureigensten Element entgegentreten zu können.
Zugleich war ihm klar, dass nur mit einer Bündelung der
Kräfte eine Chance bestand, gegen die Wikinger zu bestehen. Ein wichtiger Erfolg auf diesem Weg war die Anerkennung Alfreds als König aller Angelsachsen um 886.
Schon 878 hatte er in der Schlacht von Edington ein
dänisches Heer besiegt und 886 London zurückerobert.
Zwar gelang es ihm nicht, die Dänen ganz zu vertreiben,
aber immerhin einigte er sich mit deren König Guntram
auf eine von beiden Seiten anerkannte Grenzziehung
zwischen den angelsächsischen Königreichen und dem
Danelagh. Erst König Athelstan (924-939) konnte seinen
Einfluss auf nahezu das gesamte Gebiet des heutigen
England ausdehnen.

Doch die Blütezeit währte nicht lange; 980 kam es
zu neuen Einfällen der Wikinger. Dem Versuch, sich die
Dänen durch die Zahlung des »Danegeldes« vom Hals zu
schaffen, war nur begrenzter Erfolg beschieden. König
Aethelred (978-1016) suchte auf dem Kontinent nach Verbündeten. Jedoch weder Aethelred noch sein Sohn und
Nachfolger Edmund Ironside konnten die Dänen aufhalten. Im Jahr 1035 eroberte der dänische König Knut der
Große trotz heftiger Gegenwehr ganz England und verleibte es seinem Reich ein. Doch in einer Zeit, in der die
persönliche Anwesenheit des Herrschers erforderlich war,
überspannte er damit seine Kräfte. Er versuchte dem
entgegenzuwirken, indem er England in vier Herrschafts-
bezirke (earldoms) teilte, an deren Spitze er Earls stellte.

Knuts Söhne schafften es nicht, die dänische Macht
in England langfristig zu sichern. Im Jahr 1042 wurde
Eduard der Bekenner, ein weiterer Sohn Aethelreds, zum
König ausgerufen, der bis dahin im Exil in der Normandie
gelebt hatte und sich auch als König am liebsten mit normannischen Beratern umgab. Dies führte zu Auseinander-

Eduard der Bekenner war der letzte angelsächsische Herrscher
aus dem Haus Wessex. Anfang 1066 gestorben, wurde er später
als Heiliger verehrt. Diese Skulptur von 1589 aus der Florentiner
Klosterkirche S. Marco stammt von Pietro Francavilla.

setzungen mit den einheimischen Earls, vor allem mit
dem mächtigen Grafen Godwin von Wessex, der zugleich
Eduards Schwiegervater war. Der kinderlose König soll den
normannischen Herzog Wilhelm zu seinem Nachfolger
bestimmt haben. Dies behauptete der Herzog jedenfalls,
als er nach dem Tod Eduards 1066 dessen Thron beanspruchte. Doch bestimmte der »Witan« (eine Art königlicher Rat, der sich ursprünglich aus allen Freien des

Landes, später aber nur noch aus einem kleinen Kreis von Funktionsträgern und Adligen zusammensetzte) Harold, den Sohn Godwins und Schwager Eduards, zum neuen König. Der dritte im Bunde der Thronprätendenten war der norwegische König Harald Hardrada, der vorgab, dass König Knuts Sohn Hardiknut seinem Vater und dessen Nachfahren den Thron versprochen habe. Mit 300 Schiffen fuhr Harald Hardrada nach England. Harold jedoch schlug den Norweger im September 1066 vernichtend – nur 25 der 300 Schiffe kehrten zurück.

Noch im selben Monat brach Herzog Wilhelm der Normandie zur Eroberung Englands auf. In Hastings, noch an der Küste, suchte Harold am 25. Oktober 1066 die Entscheidung. Und dieses Mal verließ ihn das Glück. Der König selbst wurde in der Schlacht getötet, und Wilhelm ließ sich am Weihnachtstag des Jahres 1066 in Westminster Abbey zum neuen König krönen. Wilhelm der Eroberer krempelte England von Grund auf um und belehnte seine treuen normannischen Vasallen mit Gütern, die er zuvor angelsächsischen Adligen entzogen hatte; Französisch wurde zur Sprache von Hof und Verwaltung. Vor allem gab es fortan keinen adligen Eigenbesitz mehr – alles Land gehörte dem König, das dieser als Lehen vergab. Als oberste Verwaltungsbeamte setzte er in den shires (Grafschaften) meist aus dem niederen Adel stammende

Englische Münze aus der Zeit der Däneneinfälle nach England, 10./11. Jahrhundert.

Sheriffs ein – ein überzogenes Zerrbild hiervon ist die Darstellung des Sheriffs von Nottingham in den bekannten Verfilmungen des Legendenstoffs um Robin Hood. Die Verteilung von Land und Lehen ließ Wilhelm 1086 bis ins kleinste Detail im Domesday Book festhalten.

Auf Wilhelm den Eroberer folgten seine beiden Söhne Wilhelm II. (1087-1100) und Heinrich I. (1100-1135). Heinrich setzte die unter seinem Vater begonnene Neustrukturierung des gesamten Verwaltungsapparats fort. So präzisierte er die Aufgaben der Sheriffs, die er vor allem aus dem niederen Adel rekrutierte, und gründete 1118 ein Schatzamt (exchequer), bei dem alle Einnahmen der Krone zusammenflossen.

Vergeblich schwor Heinrich die englischen Großen auf seine mit dem Grafen von Anjou verheiratete Tochter Mathilde als Thronerbin ein. Statt ihrer errang sein Neffe Stephan von Blois die Krone, doch blieb seine Herrschaft ein von bürgerkriegsähnlichen Zuständen begleitetes Zwischenspiel. 1154 folgte ihm Heinrich II. Plantagenet, ein Sohn Mathildes und Gottfrieds von Anjou. Wie sein Großvater erkannte er, wie wichtig eine funktionierende Verwaltung für seine Herrschaft war. Entscheidend war der Ausbau der königlichen Gerichtsbarkeit und die Zurückdrängung feudaler rechtlicher Strukturen. Jedermann sollte in England sein Recht bekommen – unabhängig von seiner Stellung. Allerdings geriet Heinrich

dadurch in einen tief greifenden Konflikt mit der Kirche, denn der König wollte die Rechtsprechung über straffällig gewordene Priester der kirchlichen Gerichtsbarkeit entziehen und der königlichen unterstellen. Dem widersetzte sich Thomas Becket, der Erzbischof von Canterbury, der die Unabhängigkeit der Kirche in Gefahr sah. Nach einer zwischenzeitlichen Versöhnung eskalierte der Streit erneut; am 29. Dezember 1170 wurde der Erzbischof am Altar von Anhängern des Königs ermordet.

Auch Richard Löwenherz, König von 1189 bis 1199, ist einer breiten Öffentlichkeit aus dem Legendenkreis um Robin Hood bekannt. Tatsächlich verbrachte Richard die Hälfte seiner Herrschaft außer Landes: zunächst auf dem Dritten Kreuzzug als Gegenspieler Saladins und dann als Gefangener Herzog Leopolds von Österreich und Kaiser Heinrichs VI. Erst durch eine horrende Lösegeldzahlung kam er wieder frei. Dieses Geld riss große Lücken in den englischen Staatshaushalt. Auch gestorben ist Richard nicht in England, sondern bei der Belagerung einer Burg in Frankreich.

Die verheerende Niederlage von Bouvines, die Richards Nachfolger Johann Ohneland (1199-1216) im Jahr 1214 erlitt, führte nicht nur zum Verlust großer Teile des englischen Festlandsbesitzes, sondern schwächte auch die königliche Macht auf der britischen Insel. Dort war Johann, der böse Prinz John aus »Robin Hood«, ohnehin schon zuvor unbeliebt gewesen. Um seine Kriege zu finanzieren, hatte er die Abgabenlast drastisch erhöht; sein düsterer Charakter, verbunden mit einem Hang zur Grausamkeit, tat ein Übriges, um die Unzufriedenheit zu schüren. Der durch die Niederlage geschwächte König sah keine andere Möglichkeit, als 1215 auf die Forderungen der Barone einzugehen und die so genannte Magna Charta Libertatum zu erlassen, die den Untertanen größere Rechtssicherheit brachte und die Willkür des Königs erheblich einschränkte (siehe Kasten).

links:
Auf dem berühmten Teppich von Bayeux sind die Ereignisse vor und während der Überfahrt Wilhelms des Eroberers nach England und seines Sieges bei Hastings 1066 dargestellt. Der Teppich wurde 1070/80 hergestellt. Er ist 70 Meter lang und etwa einen halben Meter breit. Dieser Ausschnitt zeigt das Vorrücken von normannischer Reiterei und Bogenschützen.

DIE MAGNA CHARTA LIBERTATUM

Zähneknirschend unterzeichnete Johann Ohneland am 15. Juli 1215 die Urkunde, mit der er seine eigenen Kompetenzen erheblich beschnitt. Doch war seine innenpolitische Stellung damals so geschwächt, dass ihm keine andere Wahl blieb. In der Magna Charta bestätigte König Johann zunächst die »vollen Rechte und Freiheiten« der englischen Kirche. Dies meinte vor allem die Freiheit der Bischofswahlen, auf die der König keinen Einfluss mehr nehmen sollte. Steuern sollten künftig nur noch durch den »allgemeinen Rat unseres Reiches« bewilligt werden können. Auf dem Gebiet der Unverletzlichkeit der Person und der Strafverfolgung wurden der königlichen Willkür ebenfalls Grenzen gesetzt: »Kein Freier darf ergriffen und ins Gefängnis gesteckt oder enteignet oder verbannt oder auf irgendeine andere Art in den Ruin getrieben werden, noch werden wir ihn ergreifen oder nach ihm schicken, außer auf Grund eines rechtmäßigen Urteils und des Rechtes des Landes.« Beschwerden von mindestens vier Baronen über Verstöße des Königs gegen diesen »Großen Freibrief« mussten vor dem 25-köpfigen Rat der Barone verhandelt werden, der noch im 13. Jahrhundert durch Vertreter des niederen Adels und der Städte ergänzt wurde.

Heinrich III. (1216-1272) versuchte die Zugeständnisse seines Vaters rückgängig zu machen, hatte aber damit keinen Erfolg. Im Gegenteil: Unter der Führung seines Schwagers Simon de Montfort erhoben sich die Barone gegen den König, der dabei sogar in deren Gefangenschaft geriet. Unter diesem Druck sah er sich zu weiteren Zugeständnissen veranlasst, wie der Einberufung eines drei Mal jährlich tagenden Parlaments als Kontrollorgan.

Heinrichs Sohn Eduard I. (1272-1307) erkannte das Parlament als dauerhafte Einrichtung an. Indem er es Vertretern des niederen Adels und der Städte öffnete, machte er es zu einem Instrument seiner Politik, von dem er vor allem finanzielle Unterstützung für seine kostspieligen Feldzüge in Frankreich, Schottland und Wales erhoffte. Tatsächlich eroberte er 1298 Wales. In Schottland war Eduard bereits 1290 als König anerkannt worden, doch erhob sich dagegen breiter Widerstand, der immer kostspieligere Militäraktionen erforderlich machte. Die Nachfolge seines gleichnamigen Sohnes sicherte Eduard, indem er ihn 1301 zum »Prinzen von Wales« ernannte; dieser

Heinrich III. hatte unter anderem als Förderer der gotischen Architektur (Kathedralen von Westminster und Salisbury) nachhaltige Wirkung. Hier das Grab Heinrichs in der Westminster Abbey.

Titel wird seither traditionell jedem britischen Thronfolger verliehen. Die Regierung Eduards II. (1307-1327) verlief jedoch alles andere als glücklich: In der Schlacht von Bannockburn wurde er am 23./24. Juli 1314 von den schottischen Aufständischen unter Robert the Bruce besiegt. Schottland entglitt daraufhin der englischen Oberherrschaft und wurde wieder ein unabhängiges Königreich.

Die Herrschaft Eduards III. und seiner Nachfolger ist geprägt vom Hundertjährigen Krieg um den englischen Festlandsbesitz in Frankreich (siehe S. 78f.). Zwar errangen die Engländer dabei große Siege (Crécy 1346, Poitiers 1356, Azincourt 1415), doch am Ende gingen, initiiert durch das Eingreifen Jeanne d'Arcs, 1453 sämtliche Besitzungen auf dem Festland verloren, mit Ausnahme der Hafenstadt Calais, die erst 1558 an Frankreich fiel. Zu diesen außenpolitischen Kraftanstrengungen kamen noch Schwierigkeiten im Inneren, die zum Teil ausgelöst wurden durch eine große Pestepidemie zwischen 1348 und 1352, der rund die Hälfte der Bevölkerung zum Opfer fiel. Die ohnehin benachteiligten Bauern wurden durch eine Kopfsteuer 1380 und steigende Preise noch zusätzlich belastet. Die sozialen Spannungen entluden sich im Bauernaufstand von 1381.

Auch religiöse Konflikte waren typisch für diese Krisenzeit. Der Theologe John Wyclif übersetzte das Neue Testament ins Englische und forderte die Rückkehr der Kirche zur apostolischen Armut, womit er den Bauern eine Argumentationshilfe für ihren Aufstand an die Hand gab. Mit der Amtskirche verdarb er es sich zudem durch seine Ablehnung der Transsubstantionslehre, nach der Brot und Wein in der Eucharistie tatsächlich in Leib und Blut Christi verwandelt werden.

König in dieser schweren Zeit war Richard II. (1377-1399), der durch seine Günstlingswirtschaft weitgehend verhasst war. Sein Versuch, das Parlament als politische Kraft auszuschalten, war nur zeitweise von Erfolg gekrönt. Während Richard zu einem Feldzug nach Irland aufbrach, übernahm in London sein Vetter Henry Bolingbroke die Macht und als Heinrich IV. (1399-1413) schließlich auch die Krone. Richard II. wurde bei seiner Rückkehr aus Irland gefangen genommen und ein Jahr später im Kerker ermordet.

Heinrich IV. war der erste Herrscher des Hauses Lancaster, einer Seitenlinie der Plantagenet, deren Stellung von anderen Thronprätendenten aus der vielköpfigen Nachkommenschaft Eduards III. stets angefochten blieb. Durch Triumphe, wie den Sieg Heinrichs V. (1413-1422) in Azincourt, wurde die Thronfrage nur zeitweilig überdeckt, zumal die militärischen Unternehmungen auf dem Festland zunehmend die Kassen des Königreichs leerten. Der Verlust der englischen Festlandsbesitzungen unter der schwachen Herrschaft Heinrichs VI. (1422-1461 und 1470/71) war das Fanal für den Aufstand. Als »Rosenkriege« (so bezeichnet wegen der Rosen in beiden Familienwappen) sind die folgenden Auseinandersetzungen zwischen den Häusern Lancaster und York (1455-1485) in die Geschichte eingegangen. Einen Schlussstrich unter die Krise zog König Heinrich VII. (1485-1509). Sein Vater Edmund Tudor war ein Halbbruder Heinrichs VI. gewesen. Ein geschickter Schachzug war seine Heirat mit der ältesten Tochter König Eduards IV. (1461-1483) aus dem Haus York, durch die er die beiden so lange verfeindeten Häuser einte und damit die »Rosenkriege« beendete.

Irland im 9. und 10. Jahrhundert

- ▨ Einflussgebiete der Wikinger
- ⊙ Frühe Wikingersiedlungen
- ⬗ Frühe Wikingerüberfälle

795 ⬗ Rathlin

⊙ Lough Foyle

⊙ Lough Neagh

823 ⬗ Bangor

Lough Neagh

Strangford ⊙

Isle of Man

Carlingford ⊙

Inishmurray ⬗
795 und 807

Annagassan ⊙

Irische See

Inishbofin ⬗
795

⊙ Lough Ree

798 ⬗ St. Patrick's Island

IRLAND

807 ⬗ Roscam

Dublin ⊙
Clondalkin ⊙

Aran Islands

Atlantischer
Ozean

Arklow ⊙

Scattery Island ⬗
816 und 835

Limerick ⊙

St. Mullíns ⬗ 825

Wexford ⊙

Waterford ⊙

Sceilg ⬗
824

Youghal ⊙

Cork ⊙

0   50   100 km

IRLAND

Irland ist das einzige Land Westeuropas, das nicht von der spätantiken bzw. frühmittelalterlichen Völkerwanderung berührt worden ist. Die keltischen Stämme der Insel blieben unter sich, bewahrten ihre Kultur und ihre Sprache. Im frühen Mittelalter war Irland in zahlreiche Kleinkönigreiche zersplittert, die potenziellen Angreifern nur wenig entgegenzusetzen hatten. Immerhin konnte ein erster englischer Versuch, die Insel zu besetzen, 684 abgewehrt werden. Weitgehend hilflos standen die Iren dagegen den Plünderungs-

zügen der Wikinger gegenüber, die von 795 an regelmäßig die irische Küste heimsuchten. Bald beließen die Wikinger es nicht bei Raubzügen, sondern gründeten Siedlungen und bauten Burganlagen, in denen sie den Winter verbrachten. Die berühmteste dieser Gründungen ist die heutige irische Hauptstadt Dublin. Dabei kam es häufig zu Kämpfen zwischen dänischen und norwegischen Wikingern, die ihren jeweiligen Einflussbereich zu vergrößern suchten. Zu Beginn des 11. Jahrhunderts gelang es dem irischen Hochkönig Brian

Ború, die gesamte Insel unter seiner Oberherrschaft zu vereinen und den Einfluss der Wikinger zurückzudrängen.

König Heinrich II. von England begann 1171 mit der Eroberung der Grünen Insel. Die eroberten Gebiete vergab er an normannische Adlige als Lehen. Allerdings erging es ihm wie einst seinen wikingischen Vettern: Die entlegenen Gebiete der Insel bekamen die Engländer im Mittelalter niemals unter Kontrolle.

OSTEUROPA

Reval
Narwa
1224–1346 dänisch
Nowgorod
Ilmensee
Peipussee
Ösel
Pskow
DEUTSCHORDENS-STAAT
Polozk
Gotland
Riga
Düna
Dünaburg
Ostsee
Wilna
SCHWEDEN
GFSM. LITAUEN
Öland
Seeland
Bornholm
Pommerellen
Danzig
DEUTSCH-ORDENSSTAAT
Nowogrudok
Fünen
Lübeck
Hzm. Wolgast
Marienburg
Hamburg
Hzm. Stettin
Neumark
Kujawien
Masowien
Pinsk
Pripjet
Mark Brandenburg
Großpolen
Weichsel
Magdeburg
Aller
Mark Lausitz
KGR. POLEN
Wladimir
Elbe
Schlesische Fürstentümer
ALTRUSSISCHE FÜRSTENTÜMER UNTER TATARISCHER OBERHERRSCHAFT
Oder
Kleinpolen
Eger
Prag
Krakau
KGR. BÖHMEN
Halitsch
Dnjestr
Bug
Olmütz
Mkgft. Mähren
Hzm. Bayern
Kaschau
Donau
Wien
Inn
REICH DER GOLDENEN HORDE
Hzm. Österreich
Steiermark
Theiß
Buda
Pest
Krain
KGR. UNGARN
HEILIGES RÖMISCHES REICH
Fünfkirchen
Hermannstadt
Kronstadt
Kilia
Drau
Pruth
Venedig
Sove
REP. VENEDIG
Po
Walachen
Zara
Donau
Adria
KGR. SERBIEN
Tirnowo
Schwarzes Meer
Ragusa
(2.) BULGARENREICH
KGR. SIZILIEN

0   100   200   300

links: Osteuropa um 1300

Auch im osteuropäischen Raum hat es im Mittelalter bedeutende Reichsgründungen gegeben. Bei zwei dieser Reichsgründungen war Kaiser Otto III. gleichsam Pate gewesen. Im Jahr 1000 besuchte er das Grab des heiligen Adalbert in Gnesen. Doch seine Reise war nicht nur eine fromme Pilgerfahrt, sondern diente auch handfesten politischen Interessen: Der polnische Herzog Boleslaw Chrobry hoffte, durch den Besuch des Kaisers seine Stellung stärken zu können. Und Otto enttäuschte ihn nicht: Er richtete in Gnesen ein Erzbistum ein und legte damit den Grundstein für die Selbständigkeit der polnischen Kirche. Boleslaw bezeichnete er als »Freund und Bundesgenossen des römischen Volkes«. Zwar hat der junge Kaiser den Herzog wohl nicht zum König gekrönt, aber durch eine symbolische Geste in seinem Rang erhöht. So wurde Boleslaw als Herrscher über die Slawen Teil der von Otto erträumten universalen Weltordnung. Bei diesem friedlichen Bild blieb es allerdings nicht lange. Der Kaiser starb bereits 1002 im Alter von nur 22 Jahren, und mit seinem Nachfolger Heinrich II. kam es sofort zu Auseinandersetzungen. Der polnische Herzog drohte dem neuen König zu mächtig zu werden. Tatsächlich erreichte es Boleslaw, der kurz vor seinem Tod 1025 noch den Königstitel gewann, sich Pommern, Schlesien, Böhmen, die heutige Slowakei, Mähren und die Lausitz seinem Reich einzuverleiben. Durch Erbteilungen unter seinen Söhnen gingen die hinzugewonnenen Gebiete jedoch zum großen Teil wieder verloren. Der Mongolensturm von 1241 warf Polen auch wirtschaftlich nieder.

Das Zentrum des Landes verlagerte sich in der Folge von Gnesen (»Großpolen«) nach Krakau (»Kleinpolen«). Eine zweite Blütezeit Polens begann im 14. Jahrhundert unter

Die Marienburg heute

Wladislaw I. (1296-1333) und Kasimir III. (1333-1370). Schon im 13. Jahrhundert waren zahlreiche deutsche und jüdische Siedler ins Land gekommen; die prosperierenden Städte, die zu einem Pfeiler der erneuerten Königsherrschaft wurden, erhielten das »Magdeburger Stadtrecht«. 1364 gründete Kasimir III. in Krakau die erste polnische Universität. Die Bedrohung durch den Deutschen Orden war bereits im Frieden von Kalisch 1343 abgewendet worden, in dem beide Seiten ihre Interessensgebiete absteckten. Die Expansionspolitik des Königs richtete sich fortan vor allem nach Osten.

Die Kinderlosigkeit Kasimirs führte zur Nachfolge Ludwigs I. von Ungarn (1370-1382), seines Neffen. Doch Ludwig konzentrierte sich auch weiter auf Ungarn und machte dem polnischen Adel weitreichende Zugeständnisse, der das Herrschaftsvakuum nur zu gerne füllte. Durch die Heirat von Hedwig, der Thronerbin Ludwigs in Polen, mit dem litauischen Fürsten Jagiello (der sich aus diesem Anlass eigens taufen ließ), wurde die polnische Entwicklung 1386 neuerlich in eine andere Bahn gelenkt. Zwar wurde die dadurch entstandene Personalunion erst 1569 in eine Realunion umgewandelt (die bis 1791 bestand), doch konnte es Jagiello auf dieser neuen Machtbasis auch mit dem Deutschen Orden aufnehmen, dem er in der Schlacht von Tannenberg 1410 eine verheerende Niederlage beibrachte.

DIE MARIENBURG

Die Marienburg (polnisch: Malbork) bei Danzig ist das Symbol der Herrschaft des Deutschen Ordens im östlichen Europa und zugleich ein herausragendes Beispiel norddeutscher Backsteingotik. Von 1309 bis 1457 residierte der Hochmeister des Ordens auf der Burg, die sich malerisch über dem Ufer der Nogat erhebt. Zentrum der weit ausgedehnten Anlage aus Vorburg, Mittelschloss und Hochschloss ist der Hochmeisterpalast, der einzige niemals zerstörte Teil der Burg. Die Marienburg war jedoch nicht nur Residenz, sondern auch Sitz der zentralen Verwaltung des Ordens. Daher gibt es hier sowohl prachtvolle Versammlungsräume wie den Großen Remter (Speisesaal) als auch ausgedehnte Wirtschaftsgebäude in der Vorburg. Die Marienburg wurde noch vor der Umwandlung des Ordensstaates in ein weltliches Herzogtum unter Albrecht von Brandenburg 1457 an den polnischen König verkauft, 1772 fiel die Burg an Preußen. Im Zweiten Weltkrieg wurde die Anlage bei Kämpfen zwischen der Wehrmacht und der Roten Armee schwer beschädigt. Polnische Restauratoren begannen 1961 mit dem Wiederaufbau. Die Marienburg gehört zum Weltkulturerbe der UNESCO.

Die kurzzeitige Personalunion unter Ludwig I. hat den Fokus bereits auf den südlichen Nachbarn Polens – Ungarn – gerichtet. Die Reichsbildung der Magyaren, ein ursprünglich aus dem Norden Europas stammender finnisch-ugrischer Nomadenstamm, begann mit einer verheerenden Niederlage in der Schlacht auf dem Lechfeld 955 gegen Otto I. Dem folgte ein fehlgeschlagener Versuch, gemeinsam mit den Kiewer Rus Byzanz zu erobern. Die darauf folgende Konzentration auf die Herrschaftsbildung im eigenen Land war auch in Ungarn eng mit der Annahme des Christentums verknüpft. Dem damaligen Großfürsten Géza war klar, dass die Gefahr bestand, zwischen den beiden Großmächten der Zeit, dem römisch-deutschen und dem Byzantinischen Reich, zerrieben zu werden. So versuchte Géza, zu einem Ausgleich mit Otto I. zu kommen. Dass es dem Ungarn dabei gelang, seine Unabhängigkeit zu bewahren und ein Lehensverhältnis zu vermeiden, war ein diplomatisches Glanzstück. Vollender der ungarischen Herrschaftsbildung war Gézas Sohn Stephan I. (siehe Kasten), dessen Krönung zum König den meisten Ungarn bis heute als Höhepunkt ihrer Geschichte gilt. Das Ereignis markiert zudem einen wichtigen Schritt auf dem Weg der Anbindung Ungarns an Westeuropa. Wie für Polen in Gnesen, so richtete Kaiser Otto III. im ungarischen Gran (Esztergom) ein eigenes Erzbistum ein. Die Ansiedlung französischer und deutscher Bauern gab der Landwirtschaft Impulse.

War Stephan I. vor allem auf den inneren Ausbau des Landes bedacht und bestrebt, die Macht der Krone gegenüber dem Adel zu stärken, so versuchten seine Nachfolger, die Grenze des Königreichs zu erweitern. 1102 kam es zu einer Personalunion mit Kroatien, das bis dahin ein eigenes Königreich unter sehr lockerer Oberhoheit von Byzanz gewesen war. Auch große Teile der dalmatischen Küste fielen dadurch unter ungarische Kontrolle.

Einen herben Rückschlag für die Entwicklung des Landes brachte der Einfall der Mongolen 1241. Zwar zogen diese bald wieder ab, doch hinterließen sie ein zerstörtes, entvölkertes und ausgeplündertes Land. Die königliche Machtstellung wurde dadurch in ihren Grundfesten erschüttert. Die Dynastie der Árpáden, die seit Géza das Land beherrscht hatte, erholte sich von dem Schlag nicht mehr; Erbstreitigkeiten schwächten die Zentralmacht weiter. 1301 starb mit Andreas III. der letzte Árpáde.

Ihm folgte nach einigen Querelen Karl I. Robert von Anjou (1308-1342), dessen Mutter eine Schwester König Ladislaus' IV. von Ungarn (1272-1290) gewesen war. Durch seine Förderung des Bergbaus stellte er das Königtum auf eine neue wirtschaftliche Grundlage. Bedeutendster Herrscher der Anjou in Ungarn war Ludwig I. der Große (1342-1382), der 1356 Serbien und Bosnien unter seine Oberherrschaft brachte und Ungarn damit zur Vormacht auf dem Balkan machte. Weniger Interesse zeigte Ludwig an Polen, das er seit 1370 in Personalunion regierte.

König Ludwig I. markiert auch das Ende der Anjou in Ungarn. Seine Tochter Maria war mit dem brandenburgischen Kurfürsten

Noch heute wird Stephan I. in Ungarn verehrt. Dieses monumentale Reiterstandbild von 1906 steht auf der Fischerbastei in Budapest.

STEPHAN I.

Ganz traute der ungarische Großfürst Géza dem Christengott offensichtlich noch nicht: Seinem um 975 geborenen ältesten Sohn gab er zunächst den heidnischen Namen Vaik, in der Taufe dann aber auch jenen des christlichen Märtyrers Stephan, unter dem er in die Geschichte eingegangen ist. Géza residierte in Gran (Esztergom) am Donauknie, einer Stadt am Schnittpunkt wichtiger Wasser- und Landverbindungen. Um seine Macht zu festigen, strebte Géza enge Beziehungen mit dem deutschen Königtum an. Seinen Sohn Stephan verheiratete er mit einer Tochter Heinrichs des Zänkers von Bayern, einer Schwester des späteren Kaisers Heinrichs II.

Nach dem Tod seines Vaters 997 setzte Stephan diese Politik als Großfürst fort. Vor allem deutschen Panzerreitern hatte er es zu verdanken, dass er sich im Thronstreit gegen seine Verwandten durchsetzen konnte. Auch die Verwaltung des Landes baute Stephan nach deutschem Vorbildern um. Eigentliches Ziel Stephans war aber die Königskrone. Gesandtschaften zu Papst Sylvester II. und Kaiser Otto III. sicherten den Akt nach außen ab. Am 1. Januar 1001 wurde Stephan in Gran zum ersten ungarischen König gekrönt. Mit der Ernennung eines Erzbischofs von Gran durch den Papst erhielt das Land auch eine eigenständige kirchliche Organisation.

In seiner Residenz in Stuhlweißenburg (Székesfehérvár) ist Stephan I. am 15. Februar 1038 gestorben; bereits 1083 wurde er heiliggesprochen.

Sigismund von Luxemburg verheiratet. Doch konnte sich dieser erst 1387 gegen seine Kontrahenten durchsetzen. Sigismund verlegte die Residenz nach Ofen (Buda). Die Stadt war 1241 von den Mongolen zerstört, dann aber rasch wieder aufgebaut worden. Dazu waren planmäßig deutsche Siedler angeworben worden. Nach der serbischen Niederlage auf dem Amselfeld 1389 versuchte Sigismund, der neuen osmanischen Bedrohung durch einen Kreuzzug Herr zu werden. Doch in der Schlacht von Nikopolis kassierte Sigismund eine verheerende Niederlage. Mit seiner Wahl zum römisch-deutschen König 1411 traten die ungarischen Interessen in den Hintergrund. In der Folge wechselten luxemburgische, habsburgische und jagiellonische Könige einander ab, zu deren Problem immer mehr die auf dem Balkan vordringenden Osmanen wurden. Unter dem einzigen nicht landfremden König Matthias Corvinus (1458-1490) gelang es noch einmal, nicht nur die Osmanen abzuwehren, sondern eigene Großmachtpolitik zu treiben. Bereits 1459 ließ er sich – gegen den Habsburger Friedrich III. – zum römisch-deutschen König wählen, 1471 folgte die böhmische Königskrone. Auch wenn er sich in beiden Fällen letztlich nicht durchsetzen konnte, blieb er einer der einflussreichsten Männer Europas, doch der plötzliche Tod des Königs, der keinen legitimen Erben hatte, machte 1490 auch sein Lebenswerk zunichte. Die Niederlage König Ludwigs II. (wieder ein Jagiellone) gegen die Türken in der Schlacht von Mohács besiegelte 1526 das Ende des eigenständigen ungarischen Königreichs.

Mit dem Untergang des Byzantinischen Reichs 1453 wurde Russland zum neuen Zentrum der orthodoxen Christenheit, Moskau zum »Dritten Rom«. Die Wurzeln des Russischen Reichs liegen jedoch in Kiew, das im 10. Jahrhundert zum Mittelpunkt des Reichs der ostslawischen Rus wurde. Diese nahmen das Christentum in seiner orthodoxen Prägung an und orientierten sich auch in Verwaltung und Gesetzgebung am byzantinischen Vorbild. Dynastische Verbindungen gab es jedoch auch in den westeuropäischen Raum. Einen nachhaltigen Bruch bedeutete die mongolische Eroberung des Russischen Reichs 1238 bis 1240. Anders als etwa in Ungarn, wo der Mongolensturm heftig und kurz war, mussten die russischen Fürsten die Oberhoheit der Mongolen anerkennen und ihnen Tribut zahlen. Die Schwäche der russischen Teilreiche versuchte auch der Deutsche Orden auszunutzen und seine Herrschaft

Die Kämpfe Ludwigs des Großen wurden sogar auf einem Altar bildlich dargestellt: Die Vorherrschaft des christlichen Abendlandes war auch in der Steiermark, wo dieses Altarbild vor 1430 entstand, wie in allen aus dem Osten bedrohten Landesteilen Europas auch von ideologischer Bedeutung.

auszudehnen. Zum Vorzeigehelden in dieser schwierigen Zeit wurde der Großfürst von Wladimir und Nowgorod Alexander Newski, der die Ordensritter in der Schlacht auf dem Peipussee am 5. April 1242 besiegte. Auch Angebote des Papstes zu einer Vereinigung mit der katholischen Kirche lehnte er ab. Gegenüber den Mongolen betrieb Alexander – seine Chancen realistisch einschätzend – eine zurückhaltende und auf Ausgleich bedachte Politik. Diese setzte auch sein Enkel Iwan I. fort, der dank mongolischer Unterstützung zum Großfürst von Moskau aufsteigen konnte. Doch die Mongolen schaufelten sich damit ihr eigenes Grab. Denn indem Iwan und seine Nachfolger die anderen russischen Teilreiche ihrer Oberherrschaft unterwerfen konnten, wuchs auch deren militärische Macht. Großfürst Dimitrij Donskoj war es, der die Tributzahlungen an die Mongolen einstellte. 1381 besiegte er in der Schlacht von Kulikowo ein mongolisches Heer. Zwar konnte er die Eroberung Moskaus und weiter Teile seines Herrschaftsgebiets in der Folge nicht verhindern, doch konnte bereits sein Sohn Wassilij I. die Mongolen wieder zurückdrängen. Wichtige Schritte auf dem Weg der Reichsbildung waren in der Folge die Etablierung eines Metropoliten »von ganz Russland« und damit die Gründung einer unabhängigen russischen Kirche 1448 sowie die Annahme des Titels »Zar« (Kaiser) durch Iwan III. 1478.

DIE IBERISCHE HALBINSEL

Ein schmaler Streifen zwischen dem Golf von Biscaya und dem Kantabrischen Gebirge war alles, was zu Beginn des 8. Jahrhunderts von den christlichen Herrschaften auf der Iberischen Halbinsel übrig geblieben war. Südlich davon wehte überall die grüne Fahne des Propheten, dessen Kämpfer das Westgotenreich zwischen 711 und 714 in atemberaubender Schnelligkeit erobert hatten (zur Geschichte des maurischen Spanien siehe S. 28). Und doch war dieses kleine Gebiet von immenser Bedeutung als Keimzelle der Rückeroberung (Reconquista). Oft wird nur deren Ende im 15. Jahrhundert gewürdigt, doch begann sie bereits wenige Jahre nach der Eroberung. Dabei profitierten die Christen von Streitigkeiten unter den muslimischen Eroberern und der Tatsache, dass die meisten muslimischen Siedler es vorzogen, in Andalusien zu bleiben oder dorthin zurückkehrten. Die trockene kastilische Hochebene erschien ihnen wenig attraktiv. Die christliche Wiedereroberung war daher zugleich eine Wiederbesiedlung, wobei umstritten ist, ob es sich wirklich um gänzlich entvölkerte Gebiete gehandelt hat, in welche die christlichen Heere vorstießen.

Ausgangspunkt der christlichen Eroberung war das Königreich Asturien mit seiner Hauptstadt Oviedo, in das sich auch Teile der westgotischen Bevölkerung geflüchtet hatten. Die religiöse Legitimation für den Aufstieg des Königreichs gab die Wiederentdeckung des Grabes des heiligen Jakobus in Santiago de Compostela in der ersten Hälfte des 9. Jahrhunderts. Das war ein politisches Pfund, mit dem man wuchern

konnte, denn ein Apostelgrab schmückte die eigene Krone prächtig. Seine »Erscheinung« in der Schlacht von Clavijo 844 ließ sich propagandistisch nutzen, und so mutierte der Heilige zum »matamoros«, zum »Maurentöter«, unter dessen Schutz die Christen in den Krieg zogen. Bis zum Ende des 9. Jahrhunderts reichte der asturische Herrschaftsbereich bereits bis zum Duero. Herausragende Gestalt unter den asturischen Königen war Alfons III. (866-912), der auch »der Große« genannt wird. Er setzte die Eroberungen seiner Vorgänger fort, untermauerte aber den eigenen Anspruch auch durch symbolische Akte, wie den Bau einer neuen Kirche über dem Grab des Apostels Jakobus, unter dessen Schutz er sein ganzes Königreich stellte. Und dieses Königreich reichte inzwischen von Galizien bis nach Álava im Süden des Baskenlandes. Ordoño II. (914-924), der nach einigen Umwegen das gesamte Erbe des Vaters antrat, verlegte den Sitz der Herrschaft von Oviedo nach León – von der Peripherie in das Zentrum des Geschehens. Als erster König von León setzte Ordoño die Eroberungszüge seines Vaters fort, musste dabei aber auch heftige Rückschläge hinnehmen.

Weitere Ausgangspunkte der Reconquista waren die Spanische Mark Karls des Großen, aus der die Grafschaft Barcelona und letztlich das heutige Katalonien hervorgegangen sind, sowie das Königreich Navarra, auf dessen Thron im Jahr 1000 Sancho III. gelangte, eine der zentralen Gestalten der frühen Reconquista. In seiner langen Regierungszeit vereinte Sancho nahezu den gesamten Norden der Iberischen Halbinsel in seiner Hand und nahm den Titel »Kaiser (Imperator) von ganz Spanien« an. Begünstigt wurde die Herrschaft Sanchos durch das Ende des Kalifats von Córdoba und dessen Zerfall in zahlreiche Kleinkönigreiche (Taifas).

In der Kathedrale St. Jacobus el Mayor ist der Apostel Jakobus begraben. Die Westfassade der Kathedrale wurde im 18. Jahrhundert erbaut.

Spanien 756–1086

christliches Gebiet

muslimisches Gebiet um 800

muslimisches Gebiet um 1031

Residenzen

muslimischer Feldzug

muslimischer Sieg

christlicher Sieg

muslimischer Vorstoß

christlicher Vorstoß

Santiago de Compostela

Asturien

Galicien

997

988

León

Burgos

Simancas 939

Salamantica

Duero

Alcántara

Tajo

Lissabon

Zallaga 1086

Badajoz

Guadiana

Toledo

1085

Cuenca

Alcazar

Alarcos

Silves

Niebla

Córdoba

Guadalquivir

Sevilla

1083

Navas de Tolosa

Baeza

Úbeda

Cádiz

Málaga

756

Granada

Almería

Tanger

Ebro

Zaragoza

776

Huesca

Jaca

Roscesvalles 778

Bayonne

Bordeaux

Perigueux

Albi

Toulouse

Béziers

Narbonne

Perpignan

Gerona

Katalonien

985

Tarragona

Barcelona

Valencia

Denia

Alicante

Murcia

Cartagena

Pyrenäen

Atlantischer Ozean

0   100   200   300 km

Mallorca

Palma

Ibiza

Menorca

Das Reich Sanchos III. hatte allerdings keinen langen Bestand, denn es wurde nach seinem Tod im Jahr 1035 unter vier Söhnen aufgeteilt, wobei nur drei für die spätere Entwicklung von Belang sind: García Sánchez III. erhielt das Königreich Navarra, Ferdinand I. Kastilien und Ramiro Aragón. Diese beiden Grafschaften wurden damals zu eigenständigen Königreichen erhoben. Ferdinand und Ramiro gelang es bald, ihre Herrschaft beträchtlich zu erweitern: Ferdinand nahm León seinem Schwager Bermudo III. ab, und Ramiro vereinte 1137 Aragón mit der Grafschaft Barcelona. Damit waren die beiden Machtblöcke entstanden, die das christliche Spanien während des gesamten Mittelalters prägen sollten. Das zwischen diesen beiden Blöcken eingeklemmte

Navarra konnte seine Selbstständigkeit nicht dauerhaft sichern. Es stand einmal unter aragonesischer, dann unter kastilischer Oberherrschaft. Ein Teil ging an Frankreich verloren.

Dass Portugal einen eigenen Weg ging, hat seine Wurzeln ebenfalls im 11. Jahrhundert. König Alfons VI. von León und Kastilien übertrug die wiedereroberten Gebiete im Norden des Landes 1093 seinem Schwiegersohn Heinrich von Burgund als Lehen. Heinrich strebte jedoch von Beginn an eine weitgehende Autonomie für seine Grafschaft an. Nach Heinrichs Tod 1112 übernahm seine Witwe Teresa die Regentschaft für den noch minderjährigen Sohn Alfons I. (Heinrich). Sie verstärkte die Unabhängigkeitsbestrebungen noch und ließ sich 1121 erstmals als »Königin« bezeichnen. Vier Jahre später übernahm ihr Sohn mit 14 Jahren selbst die Herrschaft. In der Frage der Unabhängigkeit setzte er die Politik seiner Mutter fort und verweigerte dem kastilischen König den Lehenseid. Vergeblich versuchte König Alfons VII. von

EL CID

Er ist einer der großen Helden Spaniens und die Beschreibung seines Lebens (»Cantar de mio Cid«) ist das erste bedeutende literarische Werk in kastilischer Sprache, geschrieben rund 40 Jahre nach seinem Tod: El Cid Campeador – der Kämpfer. Das Leben des Helden, der eigentlich Rodrigo Díaz de Vivar hieß und Sohn eines kastilischen Ritters war, ist beispielhaft für die verschlungenen Wege der Zeit der Reconquista, in der beileibe nicht immer Christen gegen Muslime gekämpft haben. Das zeigt schon die erste Schlacht des jungen Kämpfers: Damals belagerte Ramiro von Aragón eine kleine Stadt in der Nähe von Saragossa. Dessen muslimischer Herrscher hatte die Oberhoheit Ferdinands I. von Kastilien anerkannt. Dementsprechend zogen kastilische Ritter, unter ihnen El Cid und der mit ihm befreundete Thronfolger Sancho, 1063 in den Kampf gegen den christlichen König von Aragón. Wenige Jahre später, als Sancho König geworden war und El Cid an seinem Hof Karriere gemacht hatte, hatten sich die Verhältnisse in ihr Gegenteil verkehrt: Nachdem der muslimische Herrscher von Saragossa seine Tributzahlungen eingestellt hatte, zogen Sancho und El Cid gegen ihren früheren Verbündeten – und besiegten ihn.

1072 wurde Sancho ermordet, wobei böse Zungen munkelten, dass sein Bruder und Nachfolger Alfons VI. dabei seine Hände im Spiel gehabt hätte. Der Cid verlor daraufhin seine einflussreiche Stellung und wurde 1081 gar vom kastilischen Hof verbannt, offiziell, weil er Tributzahlungen des muslimischen Herrschers unterschlagen haben soll. Daraufhin trat El Cid in die Dienste des nach wie vor muslimischen Herrschers von Saragossa. Erst als König Alfons VI. nach der Landung der nordafrikanischen Almoraviden einen Kämpfer wie den Cid dringend benötigte, hob er die Verbannung auf und beauftragte ihn, die Position des Kastilien tributpflichtigen Königs von Valencia gegen die Almoraviden zu stärken. Nach dessen Tod übernahm El Cid selbst die Regierung der Stadt und behauptete sie für die Krone Kastiliens. Unbesiegt starb der Cid am 10. Juli 1099 in Valencia.

Noch nach 800 Jahren ist El Cid ein Nationalheld der Spanier. Auf diesem kolorierten Holzstich von 1880 wird gezeigt, wie der Cid nach der Eroberung Valencias 1094 gefangene Mauren »barhaupt und barfuß« vorführen lässt.

Auf kastilischer Seite war König Alfons VI. im Jahr 1085 ein entscheidender Erfolg zuteil geworden. Aufgrund einer Kapitulationsvereinbarung mit dem örtlichen muslimischen Machthaber konnte er im Triumph in die alte westgotische Hauptstadt Toledo einziehen. Dabei sicherte er den Bewohnern der Stadt zu, dass ihnen kein Haar gekrümmt würde und dass sie auch ihren Besitz behalten sollten. Tatsächlich wurde das mittelalterliche Toledo zu einem Schmelztiegel der Kulturen. Christen, Juden und Muslime hatten Anteil an der Blüte der Stadt im 12. und 13. Jahrhundert. Vor allem die Übersetzerschule von Toledo, die philosophische, theologische und naturwissenschaftliche Werke aus dem Arabischen (und aus dem Hebräischen) ins Lateinische übersetzte und damit der westlichen Welt öffnete, war eine singuläre Einrichtung. Unter diesen Schriften waren auch arabische Übersetzungen antiker Autoren (Aristoteles, Platon), die auf diesem Umweg erst wieder den Weg in die europäische Gedankenwelt fanden. Größter Förderer dieses Zentrums der Gelehrsamkeit war König Alfons X. von León und Kastilien (1252-1284), der als »der Weise« in die Geschichte eingegangen ist.

Mit der Eroberung von Toledo geriet die Reconquista ins Stocken. Verantwortlich dafür waren die Almoraviden, eine ursprünglich aus Nordafrika stammende Dynastie, die ihre Macht über die Meerenge von Gibraltar ausdehnte und das verbliebene muslimische Gebiet in Spanien wieder vereinte. 1086 bekam Alfons VI. ihre Macht in der Schlacht von Silaca zu spüren. 1150 folgten ihnen die gleichfalls aus Nordafrika stammenden Almohaden. Auch ihnen gelang 1195 noch einmal ein wichtiger Sieg gegen Alfons VIII. von Kastilien.

Kastilien und León diesen einseitigen Akt mit Waffengewalt rückgängig zu machen. 1139 ließ sich der junge Graf zum König proklamieren, 1143 erkannte auch Kastilien die Unabhängigkeit Portugals an. Obwohl seine Kräfte durch den Kampf gegen Kastilien gebunden waren, setzte Alfons I. von Portugal gleichzeitig die Reconquista muslimischer Gebiete fort; 1147 eroberte er Lissabon. 1249 waren auch die letzten Reste muslimischer Herrschaft auf dem Gebiet des heutigen Portugal beseitigt.

Doch der religiöse Fanatismus der Almohaden rief auch im eigenen Lager Widerstände hervor. Die Wende zugunsten der christliche Königreiche brachte schließlich die Schlacht von Las Navas de Tolosa am 16. Juli 1212 in der heutigen Provinz Jaén, die zugleich den Anfang vom Ende der muslimischen Herrschaft in Spanien markierte. Grundlage für diesen Erfolg war, dass die christlichen Herrschaften der Iberischen Halbinsel – nicht wie in den vorangegangenen Jahrhunderten – auf sich allein gestellt die Wiedereroberung betrieben, sondern gemeinsam ein Heer aufstellten, dem sich auch noch französische Ritter anschlossen. Lediglich eine Hungersnot, die bis 1225 andauerte, gab den verbliebenen muslimischen Herrschaften eine kleine Atempause.

Nach der Wiedereroberung wurde das Land an Adel, Kirche und Ritterorden vergeben, die den Kampf militärisch und ideologisch getragen hatten. Doch fehlte es in der Folge an Arbeitskräften in der Landwirtschaft, und die ausgeklügelten Bewässerungssysteme aus muslimischer Zeit verkamen, weil die Christen damit nicht umzugehen verstanden. Die Folge: ursprünglich fruchtbares Land verbuschte und vertrocknete. Auch hatten die neuen Großgrundbesitzer oft gar kein Interesse an der Landwirtschaft, sondern nutzten die riesigen Flächen nur als Weiden für ihre Schafe. Unter König Alfons X. wurde 1273 die »mesta« gegründet, der Verband der kastilischen Schafzüchter, der zu einer der mächtigsten Organisationen des Landes wurde.

Von dem einst mächtigen muslimischen Herrschaftsgebiet auf der Iberischen Halbinsel war damals nur noch ein schmaler Streifen im äußersten Süden Andalusiens übrig geblieben. 1236 war Córdoba, die stolze Hauptstadt des Emirats, erobert worden. An der Eroberung Sevillas 1248 nahmen auch muslimische Kämpfer aus dem Nasriden-Königreich Granada teil, das Kastilien tributpflichtig war. Immerhin schützte diese Abhängigkeit Granada fast 250 Jahre lang vor der Eroberung. Das Ende des letzten muslimischen Reichs auf der spanischen Halbinsel kam 1492 als Folge einer Machtkonstellation, die für die spanische Geschichte bis heute von entscheidender Bedeutung ist. Im Oktober 1469 heirateten in Valladolid Ferdinand von Aragón und Isabella von Kastilien – die Thronerben der beiden mächtigsten Reiche auf spanischem Boden. Die Vereinigung der beiden Kronen unter ihrer Herrschaft 1479 legte den Grundstein für die Entstehung des modernen

Spaniens. Als »katholische Könige« sind sie in die Geschichte eingegangen. Und diese religiöse Triebfeder führte auch zu der Überzeugung, den letzten Rest muslimischer Herrschaft in Spanien beseitigen zu müssen. 1492 fiel Granada an Ferdinand und Isabella, noch im selben Jahr wurden alle Juden aus Spanien vertrieben. Die Muslime mussten sich taufen lassen oder nach Nordafrika fliehen.

Ferdinand und Isabella bereiteten derweil den Boden für den Aufstieg Spaniens in der frühen Neuzeit: Am 3. August 1492 brach Christoph Kolumbus im Auftrag der »katholischen Könige« auf, um einen westlichen Seeweg nach Indien zu finden. Er entdeckte die »Neue Welt« und legte damit unbewusst den Grundstein für ein spanisches Reich, in dem die Sonne niemals unterging.

Wer das bedeutendste Bauwerk Toledos besichtigt, stößt auch auf die Grenzen der Toleranz: Die Kathedrale wurde zwischen 1227 und 1493 an der Stelle der einstigen Hauptmoschee gebaut (die ihrerseits über der westgotischen Kathedrale errichtet worden war). Blick vom südlichen Querhaus zum Chor.

DIE WIKINGER

Die Raubzüge der Wikinger waren schon bei ihren Zeitgenossen berüchtigt. Doch dieses Bild ist unvollständig: Die Wikinger waren nicht nur Plünderer, sondern auch Kaufleute. Als hervorragende Seefahrer waren die Wikinger sowohl für den Handel als auch für Beutezüge bestens gerüstet: Ihre Schiffe waren schneller als alle anderen, und auch in Sachen Navigation konnte ihnen niemand das Wasser reichen.

Die Wikinger kamen aus dem heutigen Dänemark, Norwegen (mit den Lofoten), Südschweden (Götaland) sowie der mittelschwedischen Region um Uppsala und Birka im Mälarsee (Svealand). Im späten 9. Jahrhundert kam Island hinzu. Doch auf diesen nordeuropäischen Raum beschränkten sich die Wikinger oder Normannen (Nordmänner), wie sie auch bezeichnet wurden, nicht. An ihre Besiedlung Nordwestfrankreichs erinnert bis heute die Normandie, die der westfränkische König Karl der Ein-

ERIK DER ROTE

Erik der Rote (um 940-1007) gilt heute als einer der großen Entdecker. Doch ganz freiwillig ist er dies nicht geworden. Schon Eriks Vater war wegen einer Gewalttat aus Norwegen verbannt worden und hatte sich danach in Island niedergelassen. Erik machte es seinem Vater nach und musste schließlich selbst wegen eines Totschlags aus Island fliehen.

Bei seiner Fahrt nach Westen entdeckte er 982 eine riesige Insel, die er „grünes Land" nannte – Grönland. Erik gründete zwei Siedlungen auf der Insel, die durch Zuzüge aus Island rasch anwuchsen. Eriks Sohn Leif zog es noch weiter nach Westen als seinen Vater: Er war der erste Europäer, der – lange vor Christoph Kolumbus – um das Jahr 1000 den Boden des amerikanischen Kontinents (in Neufundland) betrat.

RUSSLAND

Bulgar

Ladogasee   Staraja Ladoga
(Aldeigjuborg)

St. Petersburg

Nowgorod
(Holmgard)

Wolga

Trondheim

Uppsala

Sigtuna   Stockholm

Oslo   (Birka)

Bergen   Visby   Riga

Wolgograd   (Itil)

Gorgan

Rebild   *Dnjepr*

Århus   Kopenhagen

Jelling   Kiew

(Haithabu)   Wollin   (Berezan)

(Chorism)

Dorestad   Prag   *Schwarzes Meer*

Bagdad

Quentowic

Paris   Istanbul
(Konstantinopel)

Orléans

Nantes

Nil

Bordeaux   Rom   *Mittelländisches
Meer*

Die Wikinger

Expeditionen der Wikinger

→ Früheste (790 – 860)

→ Erik der Rote (um 985)

→ Leif Eriksson (um 1000)

→ Ingvar (um 1040)

····· Handelsrouten

Meeresströmungen

fältige dem Normannenhäuptling
Rollo im Jahr 911 als Lehen übergab. Als
Gegenleistung nahm Rollo das Christentum an und beendete seine Raubzüge im Umland. Von der Normandie
zogen Mitglieder der Familie Hauteville zu Beginn des
11. Jahrhunderts als kampfeslustige Abenteurer in den
Süden Italiens, wo sie im Auftrag des Papstes gegen die

muslimischen Araber kämpften, die die Region zuvor von den Byzantinern erobert hatten. Bis 1091 eroberten sie Sizilien, 1128 wurde Graf Roger II. von Papst Honorius II. mit der Herrschaft über Apulien und Kalabrien belehnt. Am 25. Dezember 1230 krönte ihn der Erzbischof von Palermo zum König von Sizilien.

Im heutigen Russland drangen die Waräger (wie die Nordmänner hier genannt werden) auf dem Dnjepr bis nach Nowgorod und Kiew vor, wo sie maßgeblich am Aufbau des Herrschaftsverbandes der Kiewer Rus beteiligt waren. Über die Wolga drangen Wikinger sogar bis in das Schwarze Meer vor. Auch in Irland plünderten die Wikinger nicht nur, sondern verfolgten auch langfristige politische Interessen (siehe S. 85).

Zu Beginn des 9. Jahrhunderts ließ König Godfred das Danewerk zwischen Haithabu an der Schlei und Hollingstedt an der Treene ausbauen, einen Wall mit hölzernen Türmen und Palisaden, der das dänische Reich vor Angriffen aus dem Süden schützen sollte.

Die Annahme des Christentums durch den dänischen König Harald I. Blauzahn (um 935-987) markiert den Beginn der Einbindung Skandinaviens in die europäische Staatenwelt. Dass Harald selbst um die Bedeutung dieses Aktes wusste, zeigt die Inschrift auf einem großen Runenstein im jütländischen Jelling: »Harald der König befahl, diesen Stein zu errichten, zum Gedenken an Gorm, seinen Vater, und an Thyra, seine Mutter.

Der Runenstein von Jelling ist eine der berühmtesten Sehenswürdigkeiten Dänemarks.

Der Harald, der für sich ganz Dänemark und Norwegen gewann und die Dänen zu Christen machte.« Auf Harald geht auch die Anlage von vier charakteristischen Ringburgen – Fyrkat, Aggersborg, Trelleborg und Nonnebakken – zurück, ringartige Verteidigungsanlagen, die als Fluchtburgen und Winterquartiere dienten. Der Eroberung Norwegens fügte Haralds Enkel Knut der Große (1019-1035) noch England hinzu. Doch sowohl England als auch Norwegen gingen nach seinem Tod wieder verloren.

Die beiden wikingischen Siedlungsgebiete in Schweden gingen lange Zeit eigene Wege. Erst Olaf I. Skötkonung (um 990-1022) versuchte, Götaland und die Region um den Mälarsee, aus der er selbst stammte, unter seiner Herrschaft zu vereinen. Olaf war der erste christliche König Schwedens, doch zog sich die vollständige Christianisierung des Landes noch bis weit in das 12. Jahrhundert hin. Thronstreitigkeiten verhinderten darüber hinaus das Zusammenwachsen der beiden Landesteile.

Eine zentrale Gestalt der schwedischen Geschichte war Birger Jarl, der 1248 die Regentschaft des Landes übernahm. Er gründete die spätere Hauptstadt Stockholm und pflegte gute Kontakte zu einer Macht, die den Handel des Ostseeraums zunehmend kontrollierte: die Hanse. Ursprünglich ein Zusammenschluss norddeutscher Kaufleute, wurde daraus ein Städtebündnis, dem in seiner

HAITHABU

Es gehört schon ein wenig Phantasie dazu, sich in der ruhigen, friedlichen Landschaft bei Schleswig das geschäftige Treiben eines Handelsplatzes vorzustellen. Und doch: Dort wo heute nur noch ein einsamer Schiffsnachbau auf dem Wasser schwimmt, war im frühen Mittelalter eine bedeutende Handelsstadt: Haithabu. Im 9. Jahrhundert

hatte das von dänischen Wikingern gegründete Haithabu rund 1.000 Einwohner – für die damalige Zeit, zumal in Nordeuropa, waren das durchaus städtische Ausmaße. Felle und Bienenwachs, Tonwaren und Glas wurden in der Stadt gehandelt, die sogar von arabischen Kaufleuten aufgesucht wurde. Münzfunde aus aller Herren Länder be-

stätigen die weit gespannten Handelsbeziehungen, doch prägten die Wikinger in Haithabu auch selbst Münzen. Geschützt wurde Haithabu von einem halbkreisförmigen Wall. Während einer Auseinandersetzung zwischen dänischen und norwegischen Wikingern wurde Haithabu 1050 zerstört und dann von seinen Bewohnern verlassen.

Die Hanse und der Mittel- und Nordeuropäische Handel um 1400

○ Hansestädte
◆ Kontore der Hanse

◇ Handelshöfe und Niederlassungen der Hanse
— wichtige Handelsstraßen
≈ Hansische Seewege

Blütezeit über 150 Mitglieder angehörten – von Köln bis Königsberg. Im 14. Jahrhundert wurde die Hanse zu der Vormacht im Ostseeraum. Dies zeigte sich auch in Finnland, das zwar zu Schweden gehörte, aber vom Einfluss deutscher Kaufleute dominiert wurde. Das bekannteste und größte Kontor der Hanse in Skandinavien befand sich im norwegischen Bergen; Zentrum des Handels in der Ostsee war die Stadt Visby auf Gotland.

Ihre Vormachtstellung im skandinavischen Raum sah die Hanse gefährdet durch den dänischen König Waldemar IV. Atterdag, der zunächst 1361 Schonen eroberte. Damit kontrollierte Waldemar die strategisch wichtige Meerenge zwischen Seeland und der südschwedischen Provinz, die auch für den Fischfang von zentraler Bedeutung war, denn durch dieses Nadelöhr drängten sich alljährlich im Herbst Millionen von Heringen auf dem Weg zu ihren Laichplätzen in der südlichen Ostsee. Die Messen auf Schonen waren der Umschlagplatz für Hering. Nur ein Jahr nach der Eroberung von Schonen fiel auch die Handelsstadt Visby auf Gotland an Waldemar. Das war zuviel für die Hanse, die alle Kräfte mobilisierte

und Waldemar schließlich in die Knie zwang. Am Ende musste der dänische König 1370 in den Frieden von Stralsund einwilligen, der nicht nur den vorherigen Zustand wieder herbeiführte, sondern sogar darüber hinausging, indem sich die Hanse das Monopol für den Heringshandel auf Schonen sicherte.

Trotz dieses Scheiterns war es Waldemar, der die Weichen für die Entwicklung Skandinaviens über Jahrhunderte hinweg gestellt hat: Bereits 1363 hatte er seine Erbtochter Margarete mit dem norwegischen König Haakon verheiratet. Dies führte nach dem Tod Waldemars und Haakons zur Herrschaft Margaretes in Dänemark und Norwegen. In der Kalmarer Union kam 1391 auch noch Schweden hinzu, wo König Albrecht, der zugleich Herzog von Mecklenburg war, von einer Adelsopposition gestürzt worden war. Diese Union der drei Staaten hatte bis 1523 Bestand, als Schweden wieder selbstständig wurde. Dänemark und Norwegen blieben dagegen bis 1814 vereint.

DAS SPÄTMITTELALTERLICHE REICH

Die »kaiserlose, die schreckliche Zeit«, so beschrieb Friedrich Schiller die Epoche des Interregnums (wörtlich übersetzt »Zwischenherrschaft«) zwischen dem Tod Friedrichs II. 1250 und der Wahl Rudolfs von Habsburg zum König 1273. Einen Kaiser hat es in dieser Zeit tatsächlich nicht gegeben und gleichfalls keinen unumstrittenen deutschen König. Das war auch Friedrichs Sohn Konrad IV. nicht gewesen, der mit der Aufgabe, das Universalreich seines Vaters zu bewahren, hoffnungslos überfordert war. Am Ende entschied er sich für das Königreich Sizilien, wo er 1254 gestorben ist. Damit war Wilhelm von Holland, der bereits 1247 von den Gegnern der Staufer zum König gewählt worden war, der einzige Thronprätendent. Diese Ausgangsbasis führte zu einer weitgehenden Anerkennung Wilhelms, doch nur zwei Jahre nach dem Tod Konrads in Italien starb der König im Alter von erst 29 Jahren bei einem Feldzug gegen die aufständischen Friesen.

Alfons X. von Kastilien förderte nicht nur die Wissenschaften, sondern trat auch als Dichter in Erscheinung. Die von ihm gesammelten »Cantigas de Santa Maria« (Marienlieder) wurden prächtig illuminiert. Dieses Bild eines Kriegsschiffes entstammt dem Codex E der Cantigas.

Da Wilhelms Sohn damals erst zwei Jahre alt war, kam seine Wahl nicht in Betracht. Dass die Fürsten sich ihre Stimme vor diesem Hintergrund erstens bezahlen ließen und zweitens in einer Doppelwahl gleich zwei ausländischen Fürsten die deutsche Krone antrugen, erstaunt nur wenig. Denn unter einem schwachen und zugleich landfremden Herrscher konnten sie den Prozess der Territorialisierung ungestört fortsetzen. Gleichwohl spielten auch dynastische Überlegungen eine Rolle: So war der im Januar 1257 von einem Teil der Fürsten gewählte Richard von Cornwall der Bruder Isabellas von England, der dritten Ehefrau Kaiser Friedrichs II.

Alfons X. von Kastilien, den eine andere Fürstengruppe drei Monate später zum König wählte, war noch enger mit den Staufern verbunden: Seine Mutter Elisabeth war eine Tochter König Philipps von Schwaben. Darüber hinaus galt Alfons als Kandidat Frankreichs und Richard als jener Englands; das Reich wurde damit zum Nebenkriegsschauplatz dieses europäischen Konflikts.

Alfons von Kastilien hat sein neues Reich kein einziges Mal betreten. Dass er die Krone überhaupt angestrebt hat, lag in seiner Hoffnung auf das Kaisertum und damit auf die Macht in Italien begründet. Dagegen hat Richard zumindest versucht, Fuß zu fassen: Er ließ sich noch 1257 in Aachen krönen, kehrte aber 1260 wieder nach England zurück, ohne im Reich allgemeine Anerkennung gefunden zu haben. Auch spätere Aufenthalte Richards in Deutschland waren zeitlich begrenzt und ohne durchschlagenden Erfolg. Der Tod Richards 1272 konnte Alfons von Kastilien nicht dazu bewegen, seine deutsche Königswürde auszufüllen.

Europa im Spätmittelalter

- – - – Reichsgrenze
- – – – Engl. Besitz in Frankreich 1360

Map labels:

Nordsee

KGR. DÄNEMARK
Kopenhagen
Haithabu/Schleswig

Ostsee
Rügen

DEUTSCHER ORDEN
Danzig
Weichsel

Lübeck
Wismar
Hamburg
Bremen

Braunschweig
Hildesheim
Goslar

Brandenburg
Berlin

KGR. POLEN

Holland
Amsterdam

Münster
Dortmund
Soest

Leipzig

Breslau

Schlesien

Brügge
Gent
Antwerpen
Brabant
Lüttich
Köln
Aachen

Fritzlar
Erfurt

Maas
Mosel

Luxemburg

Oder

Elbe

Frankfurt

DEUTSCHES REICH

Prag
Böhmen

Mainz
Trier
Kurpfalz
Worms
Speyer

Main

Würzburg
Nürnberg
Rothenburg o.T.
Dinkelsbühl

Moldau

Reims

Mähren

Straßburg

Nördlingen
Regensburg

Ulm
Donau
Augsburg
Bayern

UNGARN

Freiburg i.Br.
Ravensburg
München

Basel
Konstanz

Inn

Österreich

Wien

Donau

Dijon
Burgund

Bern

Tirol

Ofen
Pest

Lyon

Savoyen
Hzm. Mailand
Trient

Drau

Save

Dauphiné
Mailand
Po
Verona
Padua
Venedig

Kroatien

Rhône
Provence
Marseille

Genua
Genua

REP. VENEDIG

Bologna
Ravenna

Bosnien

Lucca
Pisa
Florenz

Siena

Elba

KIRCHENSTAAT

Adria

Korsika

Ragusa

Rom

KGR. NEAPEL

Tyrrhenisches Meer

Neapel

Durazzo

Wäre es bei der Königswahl im Oktober 1273 einzig darum gegangen, den mächtigsten Fürsten zu wählen, dann hätte an Ottokar II. von Böhmen kein Weg vorbei geführt. Doch genau das war für die sieben Kurfürsten, die allein das Recht zur Königswahl besaßen, das Problem – mit Ausnahme Ottokars selbst natürlich. Sie hatten kein Interesse an einem zu mächtigen König. Ihre Wahl fiel schließlich auf Rudolf von Habsburg, der zwar kein »armer Graf« war, wie gerne kolportiert wurde, sondern der Herr eines mittelgroßen Territoriums und ein erfahrener, immerhin schon 55-jähriger Mann. Die Stammlande der Habsburger lagen in der Schweiz, rund um die Namen gebende Habsburg im heutigen Kanton Aargau. Allerdings hatte es Rudolf verstanden, dieses Gebiet weit nach Osten und Norden auszudehnen. Rudolf war kein Visionär, sondern ein Herrscher mit Sinn für das Machbare. So nahm er bei seinen Bestrebungen, das während des Interregnums verloren gegangene Reichsgut wieder einzuziehen, die Kurfürsten aus, wandte sich aber mit aller Macht gegen Ottokar von Böhmen, den er dazu aufforderte, Österreich, die Steiermark, Kärnten, Krain und das Egerland wieder herauszugeben. Natürlich weigerte sich der stolze Böhme, der Aufforderung des Habsburgers Folge zu leisten. Auf dem Marchfeld bei Wien kam es am 26. August 1278 zur entscheidenden Schlacht, bei der Ottokar den Tod fand.

Damit war Rudolf von Habsburg unangefochtener König und mächtig wie nie zuvor, mächtiger, als es den Kurfürsten lieb sein konnte. Denn die Herrschaften, die er Ottokar abnahm, übertrug er an seine Söhne Albrecht und Rudolf. Damit hatten die Habsburger den Fuß in jenes Gebiet gesetzt, das sie bis 1918 regieren sollten.

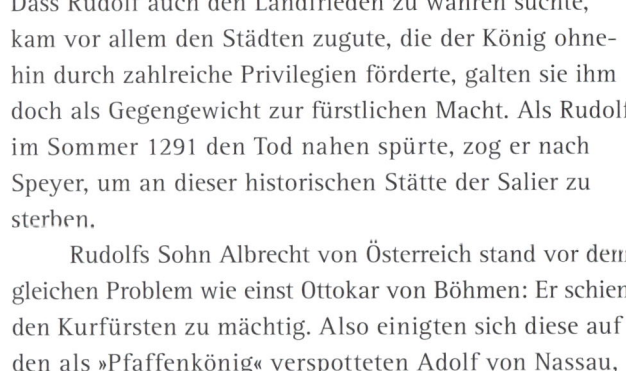

Das Grabrelief Rudolfs von Habsburg im Speyerer Dom gilt als eine der ersten porträthaften Herrscherdarstellungen.

Dass Rudolf auch den Landfrieden zu wahren suchte, kam vor allem den Städten zugute, die der König ohnehin durch zahlreiche Privilegien förderte, galten sie ihm doch als Gegengewicht zur fürstlichen Macht. Als Rudolf im Sommer 1291 den Tod nahen spürte, zog er nach Speyer, um an dieser historischen Stätte der Salier zu sterben.

Rudolfs Sohn Albrecht von Österreich stand vor dem gleichen Problem wie einst Ottokar von Böhmen: Er schien den Kurfürsten zu mächtig. Also einigten sich diese auf den als »Pfaffenkönig« verspotteten Adolf von Nassau, von dem sie hofften, dass er ihre Kreise nicht stören würde. Als dieser jedoch versuchte, König nicht nur dem Namen nach zu sein, setzten sie ihn wieder ab.

Wenige Tage später fiel er im Kampf gegen Albrecht, der darin seine Chance sah, doch noch auf den Thron zu kommen. Und seine Kalkulation ging auf: Nachdem er ihnen Adolf von Nassau vom Hals geschafft hatte, konnten die Kurfürsten nicht mehr anders, als Albrecht zu wählen. Wie sein Vater versuchte der Habsburger, alten Reichsrechten wieder Geltung zu verschaffen, doch anders als dieser schonte er die Kurfürsten nicht, und indem er Böhmen nach der Ermordung des letzten Premyslidenkönigs Wenzel III. als erledigtes Reichslehen einzog und seinem Bruder Rudolf übertrug, war er drauf und dran, den Bogen zu überspannen. Doch ob es Albrecht geschafft hätte, wieder ein starkes Königtum zu etablieren, muss offen bleiben, denn am 1. Mai 1308 wurde der Habsburger von seinem Neffen Johann, dem später der Beiname Parricida (Vatermörder) gegeben wurde, aus Wut über sein von Albrecht nicht herausgegebenes väterliches Erbe ermordet.

Wie einer Wellenbewegung folgend, sollte der nächste König wieder ein Fürst ohne allzu große

Hausmacht sein. Dass die Wahl am 27. November 1308 auf den Grafen Heinrich von Luxemburg fiel, hatte viel mit der Lobbyarbeit seines jüngeren Bruders Balduin zu tun, der als Kurfürst von Trier selbst einer der Königswähler war. Eine Möglichkeit, die Macht seiner Familie weiter zu stärken, fand der neue König schnell: In Böhmen war nach dem frühen Tod des jungen habsburgischen Königs Rudolf noch 1307 Heinrich von Kärnten zum neuen König gewählt worden. Doch konnte sich dieser gegen eine starke Adelsopposition kaum durchsetzen. Heinrich packte diese Chance am Schopfe und installierte seinen eigenen Sohn Johann als neuen König von Böhmen. Der ehrgeizige König aber wollte noch mehr: die Kaiserkrone. Zwar residierte der Papst inzwischen in Avignon, doch Kaiser werden – das konnte Heinrich nur in Rom. Die ober- und mittelitalienischen Städte, an ihre Unabhängigkeit gewöhnt, waren darüber nicht besonders begeistert – umso mehr als sich zeigte, dass Heinrich nicht nur nach Rom ziehen, sondern die Herrschaft des Reichs in Italien wieder aufrichten wollte. Auch in Rom selbst stieß der König nicht überall auf offene Türen; den Zugang zur Stadt musste er sich erkämpfen. Immerhin gelang es ihm tatsächlich, in Rom (wenn auch nicht in der Peterskirche) von einem Kardinal zum Kaiser gekrönt zu werden. Doch wie sein Vorgänger Albrecht konnte Heinrich den Traum der alten Kaiserherrlichkeit nicht verfolgen: Am 24. August 1313 starb der erste Luxemburger auf dem römisch-deutschen Thron in der Nähe von Siena an einem Malariaanfall.

Bei der dadurch notwendig gewordenen Königswahl kam Heinrichs Sohn Johann von Böhmen nicht zum Zug. Stattdessen kam es wie 1257 zu einer Doppelwahl: Im Thronstreit zwischen Friedrich dem Schönen von Österreich und Ludwig dem Bayern konnte sich der Wittelsbacher durch seinen Sieg in der Schlacht bei Mühldorf am Inn 1322 durchsetzen. Der ganz unter französischem Einfluss stehende Papst Johannes XXII., der für sich die Entscheidungsbefugnis im Streit zwischen dem Habsburger und dem Wittelsbacher beansprucht hatte, erkannte Ludwig IV. auch jetzt noch nicht als König an, im Gegenteil: Im März 1324 exkommunizierte er Ludwig. Da der französische Einfluss auch in Italien übermächtig zu werden drohte, beeilte sich der Wittelsbacher, selbst dort einzugreifen. Doch: Wer sollte ihn zum

Prunkhandschrift König Wenzels der von Wenzels Vater Karl IV. erlassenen Goldenen Bulle, 1400.

Kaiser krönen – einen vom Papst aus der kirchlichen Gemeinschaft ausgeschlossenen König? Die Antwort darauf gab der Franziskanermönch Marsilius von Padua, der engste Berater Ludwigs, in seiner revolutionären Schrift »Defensor Pacis«: Die gesetzgebende Gewalt liege allein in den Händen des Volkes, das auch das Recht zur Königswahl habe. Und oberste Instanz der Kirche sollte ein allgemeines Konzil sein, dem nicht nur Priester, sondern auch Laien angehören sollten. Dementsprechend wurde

Ludwig am 17. Januar 1328 von einem Vertreter des römischen Volkes gekrönt – »zur Schmach und Schande des Papstes und der römischen Kirche und unter Missachtung jeder Ehrfurcht vor der heiligen Kirche«, wie der papsttreue Chronist Giovanni Villani berichtet. Doch Ludwig ging noch weiter: Er ließ Johannes XXII. von einem aus Vertretern des Volkes zusammengesetzten Gerichtshof für abgesetzt erklären. Trotz dieser an die Zeit der Staufer erinnernden Auseinandersetzung mit dem Papsttum formierte sich der Widerstand in Deutschland erst, als Ludwig versuchte, seine bis dahin bescheidene Hausmacht auszubauen. Dabei zog er sich die Feindschaft der Luxemburger zu, die ihren eigenen Traum von der Königsmacht noch lange nicht ausgeträumt hatten. Am 11. Juli 1346 wählten die mittlerweile zahlreichen Gegner Ludwigs Karl (IV.) von Luxemburg zum Gegenkönig. Nur

Prag erlebte unter Karl IV. eine Blüte. Hier ein Blick auf die Kirche St. Nikolaus auf der Kleinseite und die Prager Burg, den Hradschin, mit dem Veitsdom.

ein Jahr später starb der Wittelsbacher an einem Schlaganfall auf der Jagd.

Mit Karl IV. verlagerte sich der Schwerpunkt des Reichs nach Osten – nach Böhmen. Prag wurde von ihm zur prachtvollen Residenz ausgebaut. Der Luxemburger war, ähnlich wie Rudolf von Habsburg, ein Realpolitiker mit dem Sinn für das Machbare. Das zeigte sich auch, als er nach der endgültigen Stabilisierung seiner Macht im Reich – im Winter 1354/55 nach Italien zog. Dort ging es ihm einzig um die Kaiserkrone und nicht um die Wiederherstellung längst verlorener kaiserlicher Machtpositionen. Damit konnten auch der Papst und die oberitalienischen Städte, die sich immerhin dazu bereit erklärten, wieder Steuern zu bezahlen, leben. Am 5. April 1355 wurde Karl IV. von einem Kardinal – der Papst residierte noch immer in Avignon – zum Kaiser gekrönt. Untrennbar mit der Regierung Karls IV. verbunden ist die »Goldene Bulle« von

KONSTANZER KONZIL

Drei miteinander konkurrierende Päpste drohten zu Beginn des 15. Jahrhunderts die Einheit der Kirche zu gefährden. Vor diesem Hintergrund drängte König Sigismund auf die Einberufung eines allgemeinen Konzils, das sich vor allem dieses Problems, aber auch der drängenden Fragen einer Reform der Kirche annehmen sollte. Fast vier Jahre lang, von 1414 bis 1418, tagte die Kirchenversammlung in Konstanz am Bodensee. Die meisten Sitzungen fanden im gotischen Münster statt – kein anderer Bau hätte die weit über 1000 Teilnehmer sonst aufnehmen können. Die Stadt wimmelte damals vor Menschen: Bischöfe, Priester und Mönche, Fürsten und Grafen.... Doch

nicht nur sie: Händler witterten das große Geschäft, ebenso wie 700 Prostituierte. Die Atmosphäre dieser Konzilsjahre hat Ulrich Richental in seiner Chronik ausführlich beschrieben. Zwar gehörte er nicht zu den Teilnehmern der Versammlung, doch hatte er Kontakte zu vielen Klerikern und Adeligen, die ihm über das Geschehen berichteten. Die hochgestellten Gäste waren in den Häusern der Konstanzer Oberschicht untergebracht – bei Ulrich Richental logierte ein Bischof. In Konstanz wurden alle drei Päpste abgesetzt – und mit Martin V. ein neuer gewählt. Das bekannteste und am längsten nachwirkende Ereignis des Konzils war jedoch der Prozess gegen den

böhmischen Reformator Jan Hus, der in Konstanz als Ketzer auf dem Scheiterhaufen endete – trotz einer Zusicherung des freien Geleits durch König Sigismund. Hus war als Prediger und Universitätslehrer an der Prager Universität tätig gewesen. Dort verteidigte er die Lehren des englischen Kirchenreformers John Wyclif (1330–1384, siehe S. 84), was ihm selbst den Kirchenbann einbrachte. 1414 stellte Hus sich dem Konstanzer Konzil. Er weigerte sich aber, die Lehrautorität des Konzils anzuerkennen, wenn die Aussagen des Konzils nicht biblisch fundiert wären. Er wurde schließlich ohne Geständnis verurteilt und verbrannt.

1356, mit der er die Königswahl endgültig geregelt hat. Dabei ging es nicht nur um die Bestimmung der Königswähler, sondern auch um den genauen Ablauf der Wahl. Indem darüber hinaus festgelegt wurde, dass die Kurfürstentümer nicht geteilt und nach dem Prinzip der männlichen Primogenitur (Erstgeburtsrecht) vererbt werden sollten, wurde möglichen Auseinandersetzungen um die Kurstimme einer Familie der Boden entzogen.

Karls größter Erfolg unter dynastischen Gesichtspunkten war es aber, dass er noch zu Lebzeiten die Wahl seines Sohnes Wenzel zum römisch-deutschen König erreicht und damit die Thronfolge im Sinne seiner Familie geregelt hat. Doch die Fußstapfen, in die Wenzel nach dem Tod seines Vaters 1378 trat, waren um einige Nummern zu groß für ihn. Der junge Böhme war nicht gerade als fleißiger Arbeiter bekannt, und dem Alkohol sprach er mehr zu, als seiner Krone recht sein konnte. Zudem konzentrierte er sich auf Böhmen. Im Kerngebiet des Reichs setzte er ganz auf die Städte und den niederen Adel. Vor diesem Hintergrund sahen die rheinischen Kurfürsten ihre Felle davonschwimmen und setzten ihn am 20. August 1400 ab.

Zum Nachfolger wählten die Kurfürsten nur einen Tag später Ruprecht von der Pfalz, dessen Regierung – wie jene Wenzels – vom Streit zweier konkurrierender Päpste überschattet wurde. Auch die deutschen Fürsten waren dadurch in zwei Lager gespalten. Nach Ruprechts Tod 1410 kam es in Deutschland ebenfalls zu einer Doppelwahl, allerdings mit zwei Thronprätendenten aus derselben Familie: Sigismund von Luxemburg erhielt bei der Wahl drei Stimmen, sein Vetter Jobst von Mähren vier. Nur der frühe Tod Jobsts 1411 verhinderte eine langwierige Auseinandersetzung um die Krone.

Sigismund war ein Halbbruder des abgesetzten Königs Wenzel und hatte aus der Ländermasse des Vaters das Kurfürstentum Brandenburg geerbt. Durch die Heirat mit Maria von Ungarn gewann er 1387 noch die ungarische Königskrone hinzu. Mit erstaunlicher Zähigkeit setzte sich Sigismund im Reich gegen alle Widerstände durch und ließ sich von dem noch in Prag Wenzel auch die Erbfolge in Böhmen garantieren. Eng verbunden mit der Herrschaft Sigismunds ist das auf sein Betreiben hin zustande gekommene Konzil in Konstanz von 1414 bis 1418 (siehe Kasten links). Die Krönung von Sigismunds Lebenswerk war im wahrsten Sinne des Wortes seine Krönung zum Kaiser durch Papst Eugen IV. im Jahr 1433.

Mit Sigismund starben die Luxemburger 1437 im Mannesstamm aus, und so konnte eine Familie an die Macht zurückkehren, die schon zweimal den König gestellt hatte: die Habsburger. Garant dieses Erfolges war auch damals schon eine geschickte Heiratspolitik, denn König Albrecht II. war mit der einzigen Tochter Kaiser Sigismunds verheiratet gewesen und dadurch Erbe der großen böhmisch-ungarischen Ländermasse der Familie, die er mit seinen eigenen österreichischen Erblande verband und damit bereits erstmals die Umrisse der späteren habsburgischen Donaumonarchie sichtbar wurden.

Die Wahl Albrechts markierte für die Geschichte des Heiligen Römischen Reichs aber auch eine weitere – für ihn selbst und seine Zeitgenossen nicht absehbare – Zäsur. Mit einer einzigen Ausnahme wurden in der Folge bis zum Ende des Alten Reichs ausschließlich Habsburger als Könige bzw. Kaiser gewählt. Dynastie und Kaisertum wurden zur Einheit.

Die Chronik des Ulrich von Richenthal ist die wichtigste zeitgenössische Quelle zum Konstanzer Konzil. Diese Illustration aus der Chronik zeigt die Belehnung des Nürnberger Burggrafen Friedrich mit der Kurmark Brandenburg durch Kaiser Sigismund.

LEBEN IN STADT UND LAND

STÄDTE UND HANDELSWEGE

DIE PEST

MÖNCHE UND KETZER

DAS JUDENTUM

RITTER UND BURGEN

Die Stadt als sicherer Hafen: Dieses Aquarell aus dem 16. Jahrhundert zeigt den römisch-deutschen König Albrecht I., wie er 1308 über die Reuß übersetzt (links). In der Bildmitte wird Albrecht von seinem Neffen Johann ermordet, bevor er die Stadt Brugg (rechts) erreichen kann. Johann, Enkel Rudolfs von Habsburg, war von Albrecht zum Mitregenten ernannt worden, fühlte sich jedoch um sein väterliches Erbteil betrogen. Die Ermordung Albrechts brachte Johann den Beinamen Parricida ein – Vatermörder.

STÄDTE UND HANDELSWEGE

Handel in Europa um 1490

— Wichtige Handelsstraßen
— Handelswege der Fugger
— Handelswege der Medici
···· Wichtige Seeverbindungen

0   100   200   300 km

Nordsee

KGR.
DÄNEMARK

• Lübeck
Hamburg •
Bremen •

GEBIET DES
HANSEHANDEL

Elbe

York ○
Chester ○   KGR.
ENGLAND
Wolle

London •

Amsterdam •   *Rhein*

Leipzig •

Prag •

Brügge •
Tuch   Antwerpen   Köln •
Calais   Waffen   Gobelins
Brüssel   Frankfurt •

Nürnberg •

DEUTSCHES REICH

St. Malo •   Paris •   Straßburg •   Augsburg •

Donau

Salz

*Atlantischer
Ozean*

Tours •   *Loire*

Innsbruck •   Gas

Silber
Silber   Silber   Kup

KGR. FRANKREICH   Lyon •   Genf •   Trient •
Seide   Mailand   Vened

Bordeaux •   *Rhône*   Tuch   REP. VEN

Seide   Genua •   Bologna •

Santiago •   Bayonne •   Avignon •   Pisa •   Tuch   Florenz •
Marseille •   Seide

Toulouse •   KIRCH
Narbonne •   STA

Korsika

Rom • A

Saragossa •   Barcelona •

KGR.
PORTUGAL   Madrid •

Lissabon •   KGR. SPANIEN   *Balearen*   *Sardinien*
Gewürze   Valencia •

Quecksilber   *Mittelländisches Meer*

Córdoba •

Sevilla •   Cartagena •

Cádiz ○   Malaga ○   Almeria ○

Im Trier der Spätantike lebten zwischen 40.000 und 60.000 Menschen auf einer Fläche von rund 285 Hektar. Damit war Trier die größte römische Stadt im heutigen deutschsprachigen Raum. Doch nach den Zerstörungen der Völkerwanderung standen weite Gebiete dieses großen ummauerten Raums leer; einzig der Bereich um den Dom, wo der bischöfliche Hof einen Anziehungspunkt bildete, blieb weiterhin besiedelt. In anderen Teilen muss Trier einer Ruinenstadt geglichen haben. Die Einwohnerzahlen dürften in dieser Zeit um rund 90 Prozent zurückgegangen sein. Von städtischem Leben, das mit den Römern auch in Mittel- und Westeuropa Einzug gehalten hatte, konnte im frühen Mittelalter kaum noch die Rede sein. Dass es nicht ganz verschwand, war – wie in Trier – vor allem den Bischöfen zu verdanken, die weiterhin in den Städten residierten. Zu diesen römischen Bischofsstädten gehörten auch Köln, Mainz, Worms, Speyer, Straßburg, Basel und Augsburg, im 7. Jahrhundert kam unter anderem Regensburg hinzu. Im kleineren Umfang blieben diese Städte dank ihrer verkehrsgünstigen Lage auch Wirtschafts- und Handelszentren.

Die eigentliche Renaissance städtischen Lebens begann infolge von Wirtschafts- und Bevölkerungswachstum im 10. Jahrhundert und erreichte in staufischer Zeit ihren Höhepunkt. Um 950 gab es in Europa rund 22 Millionen Menschen, um 1350 waren es bereits 55 Millionen. Allerdings lebten über 80 Prozent davon auf dem Land. Und daran änderte sich während des gesamten Mittelalters nichts.

Städte entwickelten sich unter anderem aus Pfalz-, Burg- und Klostersiedlungen. Als Musterbeispiel einer planmäßigen Stadtgründung gilt Freiburg im Breisgau, dem Konrad von Zähringen 1120 das Marktrecht verlieh. Auch hier gab es bereits eine ältere Burgsiedlung, doch ließ der Herzog die Stadt neu anlegen und lockte potenzielle Siedler mit zahlreichen Privilegien. So erhielten siedlungswillige Kaufleute einen kostenlosen Bauplatz zugewiesen, sie mussten keine Zölle bezahlen, Witwen durften den gesamten Besitz behalten, den ihr verstorbener Ehemann hinterlassen hatte. Selbst in der Frage herzoglicher Amtsträger wollte Konrad nicht über die Köpfe der Bürger hinweg entscheiden: »Niemals werde ich meinen Bürgern einen neuen Vogt oder einen neuen Priester ohne ihre Wahl setzen, sondern wen sie dazu wählen, den sollen sie unter meiner Bestätigung haben.« Stadtgründer wie Konrad von Zähringen wiederum versprachen sich von ihren Städten vor allem wirtschaftlichen Gewinn durch die Abgaben, welche die Bürger zu leisten hatten, aber auch durch die wirtschaftliche Kraft, die von ihnen ausging.

Das Freiburger Stadtrecht diente für andere Stadtgründungen in Süddeutschland als Muster; in Norddeutschland waren das Lübecker und das Magdeburger Recht am weitesten verbreitet. Darin fanden sich straf- und prozessrechtliche Regelungen ebenso wie Anordnungen zum Geschäftsgebaren der Kaufleute und zur städtischen Selbstverwaltung. Diese mussten sich viele Städte allerdings erst gegen ihre Stadtherrn erkämpfen: So vertrieben die Kölner und die Wormser ihre Bischöfe, die Nürnberger verdrängten ihre Burggrafen. In Trier war das Mittelalter gleichfalls von der steten Auseinandersetzung zwischen Bischöfen und Bürgerschaft geprägt. Dabei setzte man auch auf die Kraft der Symbole. Mitten auf dem Marktplatz ließ der Bischof auf einer antiken römischen Säule ein Kreuz als Zeichen seiner Macht aufstellen. Und als die Bürger ihrer Pfarrkirche St. Gangolf einen Turm gaben, der die Türme des Doms überragte, konterte der Bischof, indem er einen der beiden Domtürme aufstockte. Die eigentlich so wichtige Symmetrie ging dabei zwar verloren, doch die Darstellung der Macht war wichtiger als jede architektonische Feinheit.

An der Steipe, ihrem mittelalterlichen Rathaus, ließen die Trierer Bürger zwei sogenannte »Riesen« als Wächter anbringen. Eine dieser Wächterfiguren blickt mit heruntergelassenem Visier und der Hand am Schwert in Richtung Dom, um dem Bischof zu signalisieren, dass die Bürger bereit waren, das Rathaus als Zeichen ihrer Freiheit zu verteidigen. Schließlich verlegte der Bischof seine Residenz nach Koblenz; erst im 18. Jahrhundert kehrte er nach Trier zurück.

In den Zeiten der Auseinandersetzungen zwischen fürstlicher und königlicher Macht in Deutschland wurden die Städte zu Stützen der Könige, die ihren Ausbau und ihre Unabhängigkeit förderten. Allerdings errangen nur 85 Städte den Status einer freien Reichsstadt, die nur den Kaiser über sich hatte. In Städtebünden versuchten die Kommunen darüber hinaus, ihren Einfluss zu bündeln. Dazu gehörte etwa der mächtige Schwäbische Städtebund im 14. Jahrhundert. Auch die reichen lombardischen Städte schlossen sich zu einem Bund zusammen, um den Versuchen der Kaiser zu widerstehen, ihre Selbstständigkeit zu beschneiden.

Was die Städte attraktiv machte, war die mit ihnen verbundene persönliche Freiheit. »Stadtluft macht frei« bedeutete, dass ein ursprünglich unfreier Neuankömmling als freier Mann gelten sollte, wenn er binnen Jahr und Tag nicht von seinem Herrn zurückgefordert wurde. Dies gilt allerdings nicht für die zahlreichen Landstädte, deren Bewohner im Mittelalter weiterhin vielfach Leibeigene ihres Grundherrn waren.

Zwar hatten viele mittelalterliche Städte zunächst noch keine steinerne Ummauerung; Wall und Palisaden gehörten aber von Anfang an zum Stadtbild. Dabei diente die Stadtmauer nicht allein der Verteidigung und Abschreckung, sondern auch als sichtbares Zeichen dafür, dass hinter dem Stadttor ein eigener Rechtsbereich begann. Da ein befestigter Platz allgemein »burgus« genannt wurde, erscheinen die mittelalterlichen Städte in den zeitgenössischen Quellen als »burgi« und ihre Bewohner als »burgenses« (Bürger). Erst im 12./13. Jahrhundert setzte sich das Wort »Sta(d)t« durch, das auf das gotische »stats« zurückgeht, das ganz allgemein »Stätte« oder »Stelle« bedeutet hat. Im Althochdeutschen bezeich-

Venedig im Spätmittelalter

VENEDIG

Venedig verdankt der Völkerwanderung seinen Aufstieg. Denn vor den Angriffen von Hunnen und Langobarden zog sich die Bevölkerung des nahen Festlands auf die Inseln der Lagune zurück, wo sie sich sicher glaubte. Venedig gehörte dann zum byzantinischen Machtgebiet in Italien. Doch wurde diese Bindung seit dem 9. Jahrhundert immer lockerer.

Aufgrund der Verbindung mit Konstantinopel war Venedig prädestiniert für den Austausch zwischen West und Ost. Durch seine territoriale Expansion – im eigenen Hinterland, an der Küste Dalmatiens und später auch im östlichen Mittelmeer – entwickelte sich Venedig von einer reinen Handelsstadt auch zu einem politischen Machtfaktor in der Region.

Die Eroberung Konstantinopels durch die Kreuzfahrer 1204 diente der Durchsetzung venezianischer Handelsinteressen. Letztlich trug dieser Sieg aber auch zum Niedergang der Stadt bei, der in der Eroberung Konstantinopels durch die Osmanen 1453 kulminierte. Venedig verlor dadurch seine Monopolstellung im Handel mit dem Orient, die Grundlage seiner Macht und seines Reichtums gewesen war.

nete »stat« jede Ortschaft ohne Unterscheidung von
Größe und rechtlichem Status.

Die größte deutsche Stadt des Mittelalters war Köln,
in dessen Mauern im 14. Jahrhundert rund 40.000 Men-
schen lebten. Magdeburg hatte rund 30.000 Einwohner,
Nürnberg und Lübeck 25.000, Bremen 20.000, Trier und
Frankfurt am Main 10.000. In der weit überwiegenden
Mehrzahl der Städte lebten weniger als 2.000 Menschen.
Damit lagen selbst die großen deutschen Städte weit
hinter den Metropolen Italiens und Flanderns zurück.
Mailand und Venedig hatten im späten Mittelalter rund
100.000 Einwohner, Gent und Brügge 80.000. Die größte
Stadt Europas war jedoch Paris mit rund 200.000 Ein-
wohnern im 14. Jahrhundert, im Gegensatz dazu hatte
London »nur« etwa 50.000 Einwohner. Das Wachstum
der Städte führte einerseits zu neuen, größeren Ummaue-
rungen, aber auch zu einer immer dichter werdenden Be-
bauung innerhalb der Stadtmauer. Die Grünflächen, die
im hohen Mittelalter noch hinter den Häusern für Licht
und Luft sorgten, verschwanden bald ganz. Auch wurden
die Häuser immer höher. Indem man sie über dem Erdge-
schoss auskragen ließ, wurde zusätzlicher Raum geschaffen.

Das Zusammenleben auf engstem Raum bereitete
hygienische Probleme. Unrat und Mist wanderten vielfach auf die Straße, die Abfälle von Gerbern und Metz-
gern sorgten nicht nur für Geruchsbelästigungen. Dazu
kam, dass die meisten Wege zunächst nicht gepflastert
waren, wie es unsere hübsch sanierten Altstädte sugge-
rieren. Allenfalls der Marktplatz oder der Platz vor der
Kirche hatten ein solches Pflaster; der Rest der Gassen
versank nach Regenfällen in tiefem Morast. Je höher die
Bevölkerungsdichte wurde, umso größer wurden die dadurch entstehenden Probleme. Die mittelalterlichen Stadt-
väter versuchten, ihrer Herr zu werden, indem sie beispielsweise die Gerber aus den Innenstädten verbannten
oder Kanäle bauten, über die der Unrat aus der Stadt ge-
schwemmt wurde. Schweine durften nicht mehr auf die
Straßen getrieben, der Nachttopf nicht mehr auf dieselbe
entleert werden. Und wer sich gar weiterhin traute, »auf
die gassen zu schitten«, bekam Ärger mit den städtischen
Ordnungshütern.

Die Bevölkerung einer mittelalterlichen Stadt war
kein monolithischer Block. An der Spitze der Pyramide
standen oft wenige Kaufmannsfamilien, die als Patrizier
nicht nur das wirtschaftliche, sondern lange Zeit auch

Die Rathäuser mittelalterlicher Städte waren Ausdruck ihrer Macht und
ihres Einflusses. Das Rathaus von Gent wurde seit dem 15. Jahrhundert
in mehreren Bauphasen errichtet. Hier ein Blick in den Ratssaal.

das politische Leben der Stadt bestimmten. Dazu kam
eine breite Mittelschicht, die vor allem von den Handwerkern gebildet wurde, die in Zünften zusammenge-
schlossen waren und sich im späten Mittelalter zum Teil
mit Gewalt ihren Anteil am Stadtregiment sicherten.
Außerhalb der Zünfte durfte niemand ein Handwerk betreiben, die Zünfte sorgten für ausgeglichene Preisgestal-
tung, setzten Qualitätsmaßstäbe und legten sogar die Ar-
beitszeit fest. Darüber hinaus kümmerten sie sich um das
religiöse, gesundheitliche und soziale Wohl ihrer Mitglieder. Kapitalistisches Gewinnstreben konnte vor diesem
Hintergrund nicht entstehen. Probleme bereitete die Re-
gulierung jedoch auch, indem es Gesellen beispielsweise
sehr schwer hatten, Meister zu werden. Denn auch deren
Zahl in einer Stadt wurde von der Zunft festgelegt und
künstlich niedrig gehalten. Mancher Geselle durfte sich
daher glücklich schätzen, wenn er die verwitwete Frau
seines Meisters (um die sich die Zunft natürlich ebenfalls
kümmerte) heiraten konnte und so die Chance auf ein eigenes Geschäft bekam. Immerhin hatten die Handwerker
nicht zuletzt dank der Zünfte ein zwar bescheidenes aber ge-

sichertes Auskommen und wurden durch ein dichtes soziales Netz vor dem gesellschaftlichen Absturz bewahrt.

Davon konnten die Angehörigen der städtischen Unterschicht, der bis zu 50 Prozent der Bewohner angehörten, nur träumen. Sie besaßen, da sie keine Steuern bezahlten, auch kein Bürgerrecht. Knechte, Tagelöhner, Bettler, Prostituierte, Behinderte – sie bildeten den Bodensatz der mittelalterlichen Stadtgesellschaft. Doch blieben auch sie nicht ohne Unterstützung, denn Almo-

Mit einem riesigen Fresko schmückte Ambrogio Lorenzetti 1338/39 den Palazzo Publico von Siena aus. Dieser Ausschnitt aus »Il buon governo« (Die Auswirkungen der guten Regierung auf Stadt und Land) zeigt einen Brautzug und am rechten Bildrand Männer in einer Schenke.

sen zu geben war Christenpflicht. 25 Prozent der Einnahmen eines Bistums flossen im Mittelalter in die Armenfürsorge, und auch die Klöster der Städte öffneten ihre Pforten, um die Außenseiter der Gesellschaft mit Essen und Trinken zu versorgen.

Getragen wurde die kommunale Selbstverwaltung von dem im Durchschnitt 20-köpfigen Rat der Stadt, der zugleich für die Rechtsprechung und – im Falle einer unabhängigen Reichsstadt oder eines Stadtstaats (wie in Oberitalien) – auch für politische Grundsatzentscheidungen und für die Vertretung der Stadt nach außen zuständig war. Der Bürgermeister war dabei lediglich »primus inter pares«. Dabei kooptierte der Rat seine neuen Mitglieder selbst; sie wurden also nicht von der Bürgerschaft gewählt.

Zu den Privilegien, die mittelalterliche Städte von ihren Gründern verliehen bekamen, gehört in erster Linie das Marktrecht. Auf dem Marktplatz, dem Mittelpunkt jeder Stadt, boten die Bauern der Umgebung ihre landwirtschaftlichen Produkte an. Doch das Angebot beschränkte sich nicht darauf, sondern umfasste bald Waren aller Art, die von den heimischen Krämern und bei Jahrmärkten auch von fremden Händlern angeboten wurden: Kleidung, Holzwaren, Küchengeräte. Durch ihre Märkte wurden die Städte zu Zentren des Handels, die auf das ganze Umland ausstrahlten: »Da fand ich einen schönen Fischmarkt ... Ein jeder kauft da um sein Geld nach seines Herzens Lust«, schwärmte ein Besucher im spätmittelalterlichen Köln. Die Grenzen der Einkaufslust bestimmte schon damals der eigene Geldbeutel, denn: »Niemand gab etwas umsonst.«

In größeren Städten gab es oft prächtige Kaufhäuser, in deren Laubengängen Händler unter der Kontrolle des städtischen Rats ihre Waren lagerten und zum Verkauf anboten. In Krakau beispielsweise hat sich mit den Tuchhallen mitten auf dem Hauptmarkt ein solches Kaufhaus aus dem 16. Jahrhundert – erbaut im Stil der Renaissance – erhalten. Im Untergeschoss wurde gehandelt, darüber in einem prächtigen Saal gefeiert. Die Kontrolle des Handels, der Schutz der Käufer vor Betrügereien war eine der wichtigsten städtischen Aufgaben. Auf der städtischen Waage wurde das Gewicht der angebotenen Waren kontrolliert, Einritzungen von Normmaßen an Kirchen oder anderen Gebäuden sorgten dafür, dass Brot und Brezeln nicht ständig kleiner wurden. Betrüger mussten mit empfindlichen Strafen rechnen. Als Pendant zu den Zünften der Handwerker entstanden die Gilden der Kaufleute.

Der Reichtum der großen Handelsstädte, wie Regensburg, Nürnberg, Augsburg, Ravensburg oder der norddeutschen Hansestädte beruhte aber nicht auf dem Kleinhandel der Krämer, sondern auf den Kaufleuten, die Fernhandel betrieben und europaweit agierten. Dabei schlossen sich die Kaufleute oft zu Gesellschaften zusammen, um das Risiko zu minimieren. In den wichtigsten Zielorten wurden Handelsniederlassungen als Anlaufstelle für die Kaufleute aus bestimmten Ländern errichtet. Berühmt ist der Fondaco dei Tedeschi, die Zentrale der deutschen Kaufleute am Canal Grande in Venedig.

Der berühmteste Zusammenschluss von Kaufleuten im Mittelalter war die deutsche Hanse. Auch diese hatte ursprünglich nur das Ziel, die Handelsinteressen ihrer Mitglieder zu wahren, sie im Ausland, wo Fremde per se rechtlos waren, vor Willkür zu schützen. Doch anders als die meisten dieser Genossenschaften beschränkte sich die Hanse nicht darauf, sondern betrieb unter der Führung Lübecks vor allem im 14. Jahrhundert selbst Politik, indem sie ihre wirtschaftlichen Interessen notfalls auch mit Gewalt durchsetzte. So erwarb sich die Hanse eine Monopolstellung im Handel zwischen Ost und West. Zentrum des Ostseehandels der Hanse war die schwedische Insel Gotland. Kontore hatte die Hanse von Nowgorod bis Brügge. Insgesamt gehörten dem Städtebund am Ende über 200 Orte an; keineswegs nur in Norddeutschland. Auch das rheinische Köln war eine Hansestadt, die Niederlassung der Kölner Kaufleute in London war eine der Wurzeln der Hanse.

Wenn irgend möglich, wurden Waren auf dem Wasserweg transportiert. Die alten Römerstraßen waren seit Jahrhunderten nicht mehr instand gesetzt, geschweige denn neue Straßen gebaut worden. Auch die meisten Brücken aus römischer Zeit waren zerstört und allenfalls durch einfache Holzbauten ersetzt worden. Auf Flüssen reiste man daher schneller und auch sicherer als auf Landstraßen, wo Räuber und Banditen lauerten.

Nichts kennzeichnet den Wandel vom Mittelalter zur Neuzeit deutlicher als die Tatsache, dass Karl V. das Geld der Augsburger Fugger benötigte, um Kaiser werden zu können. Ihr Aufstieg ist zugleich beispielhaft für die Chancen, welche die Stadt bot. Der Begründer der Familie war als einfacher Weber in die Stadt gekommen; im Tuchhandel erlangten seine Nachkommen gewaltige Reichtümer. Mit diesem Geld erwarben die Fugger Landbesitz, aber auch Münz- und Bergbauprivilegien – aus Kaufleuten wurden Großunternehmer. Dabei reisten die Fugger längst nicht mehr selbst, sondern betrieben ihr Geschäft vom heimischen Kontor in Augsburg aus. Der Blick auf Fugger oder Welser sollte allerdings nicht darüber hinwegtäuschen, dass nicht alle so viel Erfolg hatten. Bankrotte waren an der Tagesordnung, und mancher reiche Kaufmann fand sich nach einigen gescheiterten Transaktionen im Schuldturm wieder, wenn ihm nicht rechtzeitig die Flucht gelang.

Die Zeiten, in denen Kaufleute selbst durch die Lande zogen, gehörten seit dem 13. Jahrhundert der Vergangenheit an. Nicht einmal mehr Geld mussten sie ihren Vertretern mit auf den Weg geben. Es genügten Wechsel, die an ihrem Bestimmungsort eingelöst werden konnten. Ihren Ursprung hatte diese Entwicklung in Norditalien; nicht umsonst ist die Bankensprache bis heute durchsetzt mit italienischen Begriffen: Giro, Lombard, Kredit, Bilanz ... Auch die doppelte Buchführung hat ihre Ursprünge in Italien. Erst diese zunehmende Schriftlichkeit hat Unternehmen von den Ausmaßen der Fugger in Augsburg oder der Medici in Florenz ermöglicht.

Die Tuchhallen sind noch heute eines der Wahrzeichen von Krakau. Links die Marienkirche.

DIE PEST

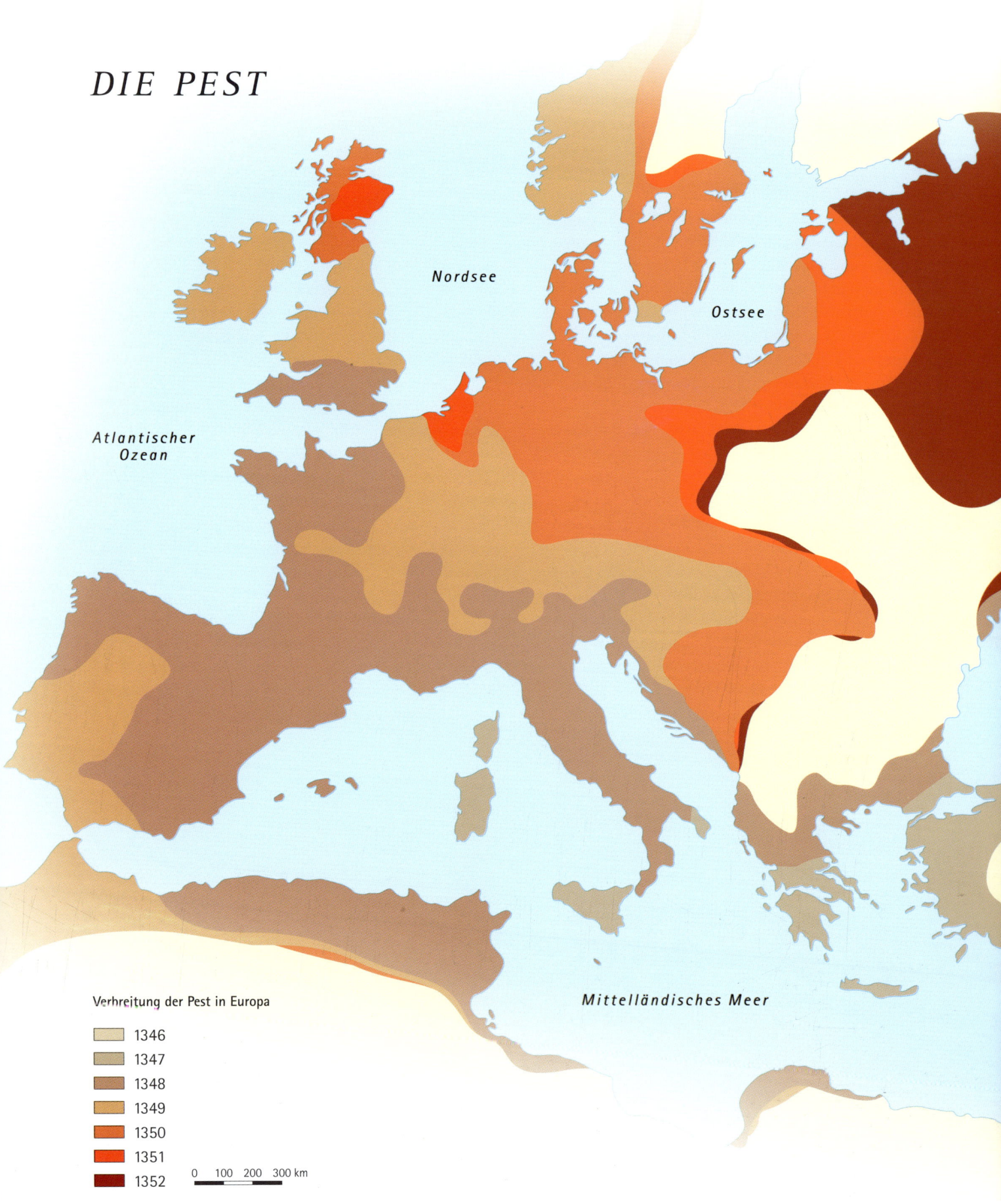

Atlantischer
Ozean

Nordsee

Ostsee

Mittelländisches Meer

Verbreitung der Pest in Europa

- 1346
- 1347
- 1348
- 1349
- 1350
- 1351
- 1352

0   100   200   300 km

In nur sechs Jahren raffte die Pest von 1347 bis 1353 knapp ein Drittel der europäischen Bevölkerung hinweg. Nur ganz wenige Regionen Europas blieben damals vom Schwarzen Tod verschont. Man spricht daher von einer Pandemie, das heißt einer Epidemie, die nicht auf eine Region oder ein Land beschränkt blieb.

Das Massensterben nahm seinen Ausgang auf der Krim. Dort hatte die Republik Genua mehrere Handelsstützpunkte, von denen die Stadt Caffa der wichtigste war. Beim Versuch, seinen Einfluss auszudehnen, stieß Genua auf den Widerstand der Krimtataren, die Caffa 1346 belagerten. Als in ihrem Heer die Pest ausbrach, katapultierten sie die Leichen in die Stadt hinein. Wer konnte, floh nach Konstantinopel oder ins heimische Italien – im Gepäck die Erreger der Pest. Über die italienischen Handelsstädte breitete sich die Krankheit dann in atemberaubender Geschwindigkeit aus, zuerst auf dem Seeweg und von dort in die Handelsstädte im Landesinneren. Die globalisierte Welt der europäischen Kaufleute machte aus der Epidemie erst eine Pandemie. Bis 1353 drang die Pest immer weiter nach Norden vor und erreichte 1351 selbst Skandinavien. Lediglich Teile des heutigen Polens, Ostdeutschlands und Tschechiens blieben von der Seuche weitgehend verschont. Dazu kamen kleinere abgelegene Gebiete, in die der Erreger ebenfalls kaum vordrang, etwa in den Pyrenäen. Nicht überall war der Blutzoll gleich hoch: In manchen Gegenden starben »nur« rund zehn Prozent der Bevölkerung, in anderen waren es bis zu 60 Prozent.

Die Pest in Europa machte vor niemandem halt. (Gemälde von Jan Brueghel d.Ä., 1597, nach einem Gemälde Pieter Brueghels d.Ä.)

Grundsätzlich machte der Schwarze Tod keinen Unterschied zwischen Arm und Reich – er traf alle Schichten. Doch erhöhte sich die Ansteckungsrate, je schlechter die hygienischen Verhältnisse waren und je enger die Menschen zusammenlebten. Und da traf es dann doch die Unterschicht wieder etwas überproportional. Allerdings: Auch in Klöstern war die Mortalitätsrate extrem hoch; vielfach verfügten Mönche und Nonnen noch nicht über eigene Zellen, sondern schliefen gemeinsam im Dormitorium, dem großen Schlafsaal des Klosters. Auch durch ihren Dienst an den Sterbenden machten sich viele Geistliche selbst zu Opfern.

Der Schwarze Tod hatte verheerende wirtschaftliche und soziale Auswirkungen. Ganze Landstriche wurden entvölkert, Landwirtschaft und Handel brachen zusammen. Der Chronist Agnolo di Tura überlebte den Schwarzen Tod in Siena und berichtete darüber: »Ich bestattete mit eigenen Händen meine fünf Kinder in der Grube. Genauso erging es vielen anderen. Es gab auch Leichname, die so schlecht beerdigt waren, dass Hunde sie fanden und Teile von ihnen in der Stadt zerstreuten und an ihnen fraßen. Es läuteten keine Glocken mehr, und niemand weinte. Welch ein Unglück herrschte vor, als jeder nur noch seinen eigenen Tod erwartete.«

es Meer

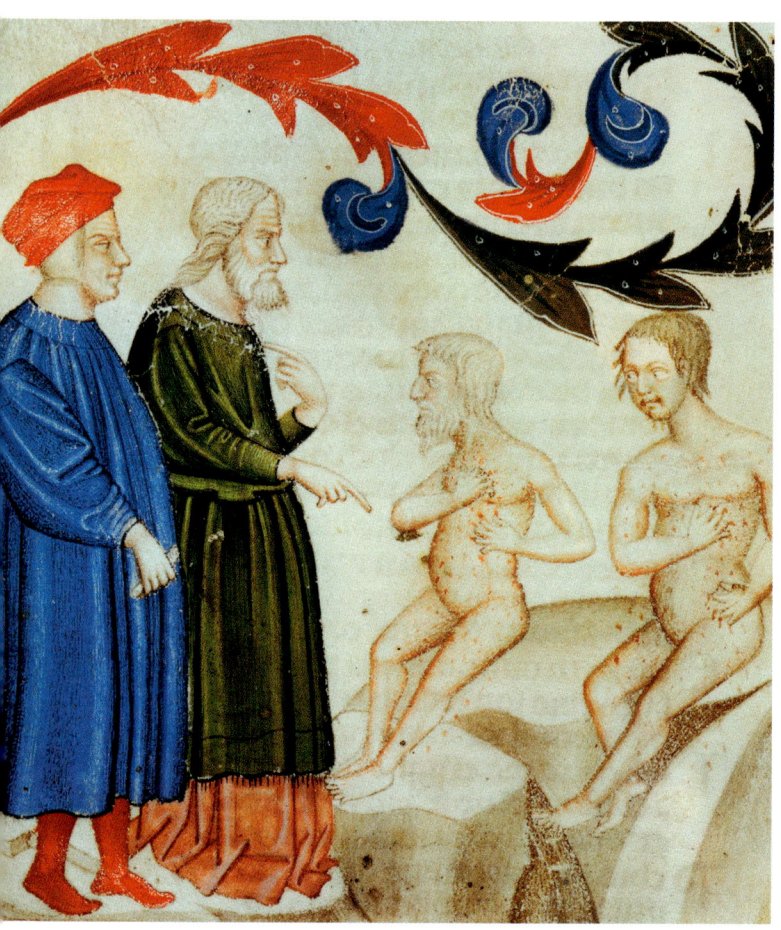

Auch Dante setzte sich mit der Pest künstlerisch auseinander. Diese Illustration aus der Göttlichen Komödie zeigt den Dichter mit seinem römischen Vorbild Vergil vor zwei Pestkranken. (venezianische Buchmalerei, um 1400)

Mahle.« Tote seien beigesetzt worden, »ohne sich lange mit einem feierlichen Gottesdienst aufzuhalten«.

Weitverbreitet waren in dieser Zeit wilde Feste, denn wozu noch auf Gesetze oder Moral achten, wenn das Leben ohnehin bald zu Ende war. Der italienische Chronist Matteo Villani bemerkte dazu: »Sie ergaben sich dem Müßiggang, und ihre Zerrüttung führte sie in die Sünde der Völlerei, in Gelage, in Wirtshäuser, zu köstlichen Speisen und zum Glücksspiel. Bedenkenlos warfen sie sich der Lust in die Arme«. Auch Boccaccio beklagte sich über dieses Verhalten: »Tag und Nacht zogen sie von einer Schenke in die andere und tranken ohne Maß und Ziel.«

Allerdings wurden in dieser Zeit auch neue Orden gegründet, die sich explizit jenen Aufgaben verschrieben, vor denen andere davonliefen: Die im 14. Jahrhundert gegründeten Alexianer widmeten sich der Pflege der Kranken und der Bestattung der Toten. Auch die städtischen Behörden reagierten und versuchten die schnelle Beseitigung der Leichen zu regeln – bevorzugt nachts, damit niemand sehen sollte, wie viele schon wieder gestorben waren.

Weshalb war Gott so grausam? Zürnte er über die Sünden der Menschen? Diese Erklärung war in großen Teilen der Bevölkerung verbreitet. Und während die einen dem Tod entgegenfeierten, zogen andere sich selbst geißelnd durch die Straßen, um Buße zu tun. In Avignon, wo sich Papst Clemens VI. hinter den dicken Mauern seines Palasts verschanzte, wurden solche Umzüge, die sich zur Massenhysterie ausgewachsen hatten, verboten – auch in der (richtigen) Annahme, dass sich die Pest unter so vielen Menschen, die Leib an Leib geschmiegt durch die Straßen zogen, nur noch schneller ausbreitet. In Avignon fiel der Pest mindestens die Hälfte der Bevölkerung zum Opfer. Bei Katastrophen ist die Suche nach Sündenböcken stets weitverbreitet gewesen. Und das traf im Zeichen des Schwarzen Todes einmal mehr vor allem die Juden. Diese habe man beschuldigt, heißt es in der Limburger Chronik, »den Christen Gift gegeben zu haben, wodurch diese in großer Zahl gestorben seien«. Überall in den deutschen Landen seien damals die Juden »ermordet und verbrannt« worden. Auch der alte Vorwurf der Brunnenvergiftung wurde wieder erhoben, um antisemitisch motivierte Pogrome zu rechtfertigen.

Doch nicht nur die Bestattung der Toten wurde zum Problem, sondern auch die Versorgung jener Kranken, die auf ihren Tod warteten. Der Arzt Guy de Chauliac klagte darüber, dass der Vater nicht mehr den Sohn besuchte an seinem Krankenbett, der Sohn nicht den Vater. »Christliche Nächstenliebe gab es nicht mehr. Alle hatten die Hoffnung aufgegeben.« Priester wollten nicht mehr zu den Sterbenden, ja nicht einmal mehr die Toten beerdigen; wer sein Testament aufsetzen wollte, fand keinen Notar mehr, der zu ihm gekommen wäre. In seinem »Decamerone« hat Giovanni Boccaccio darüber geschrieben: »Den wenigsten waren fromme Klagen und bittere Tränen von ihren Freunden vergönnt; an die Stelle derselben traten Gelächter, Scherzreden und gesellige

Während auf diese Weise Zehntausende von Menschen ermordet wurden und viele Juden keinen anderen Ausweg mehr als Selbstmord sahen, versuchten Ärzte und Wissenschaftler weitgehend vergeblich, das Phänomen der Pest und ihrer Verbreitung zu ergründen, geschweige denn ein wirksames Heilmittel gegen die Krankheit zu finden. In einem von dem französischen König Philipp VI. in Auftrag gegebenen Gutachten machte die medizinische Fakultät der Universität Paris, die dabei ihrerseits Überlegungen des umbrischen Arztes Gentile da Foligno aufgriff, ungünstige astronomische Konstellationen und damit verbundene klimatische Veränderungen für den Schwarzen Tod verantwortlich. Aus verdorbenem Wasser aufsteigender Dampf sei durch die Winde in aller Welt verbreitet worden. Daher sollten die Menschen sich vor Nebel und Regen schützen, denn die darin enthaltenen Gifte setzten sich in Herz und Lunge fest. War ein Mensch infiziert, werde er selbst zum Überträger dieser giftigen Dämpfe. Den Gelehrten war bei aller Unkenntnis über den Erreger immerhin klar, dass die Krankheit ansteckend war. Eine Folge dieser Erkenntnis war die Absonderung der Pestkranken in am Stadtrand gelegenen Häusern; in Venedig isolierte man die Kranken auf der vorgelagerten Insel »Lazzaretto vecchio«, die im Volksmund bald zur »Insel der Verdammten« wurde.

Die beiden häufigsten Spielarten der Pest sind die Lungen- sowie die Beulen- oder Bubonenpest. Guy de Chauliac hat deren Symptome detailliert beschrieben:

»Es gab zwei Formen. Die erste... war durch anhaltendes Fieber und Blutspucken gekennzeichnet, und man starb daran innerhalb von drei Tagen. Die zweite... war ebenfalls durch lang anhaltendes Fieber gekennzeichnet, wobei sich Pusteln und Beulen auf der Haut entwickelten, besonders unter den Achseln und in der Leistengegend. Man starb daran nach fünf Tagen.«

Tatsächlich führt die Beulenpest allein nicht zum Tod; dies ist erst dann der Fall, wenn die Bakterien den Weg in die Lunge oder andere lebenswichtige Organe finden. Die Frage nach dem Erreger der Pest blieb nicht nur im Mittelalter unbeantwortet. Erst 1894 wurde das Pestbakterium entdeckt und dessen Übertragung durch den Rattenfloh nachgewiesen, wobei die gefährlichere Lungenpest auch von Mensch zu Mensch übertragen werden kann.

Im Jahr 1353 holte sich der Schwarze Tod seine letzten Opfer. Das bedeutete aber nicht, dass die Pest damit ausgerottet gewesen wäre, nur die Pandemie war zu Ende. Pestkranke und regional begrenzte Epidemien hat es bis in das 17. Jahrhundert hinein immer wieder gegeben.

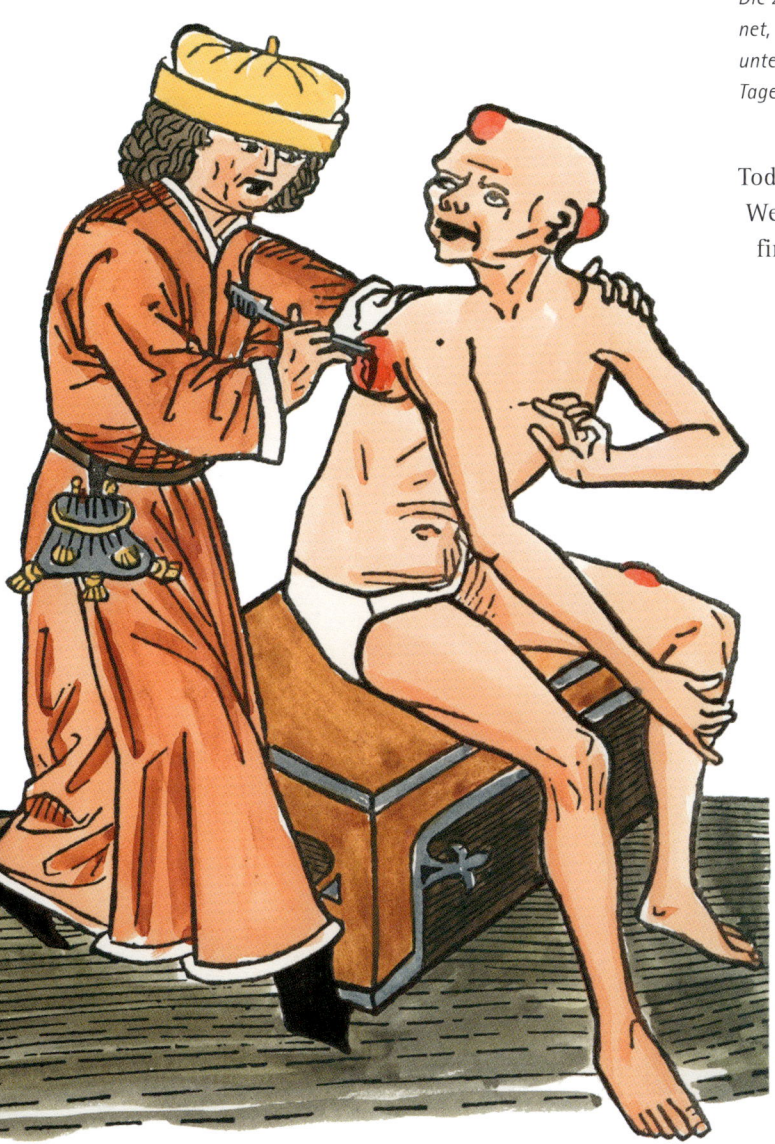

links:
Pestarzt beim Aufschneiden von Beulen
(Holzschnitt, 1482)

MÖNCHE UND KETZER

Nordsee

Kanal

Forde   Waverley

Beaulieu

Quarr

Ter Duinen

Kamp-Lintfort

Walkenried

Hardehausen

Altenberg   Volkenrode   Sittichenbach   Dobrilugk

Villers

Val-S. Lambert   Heisterbach   Marienstatt   Georgenthal   Pforta

Eberbach   Zella

Mortemer   Signy   Orval   Mainz   Schönau   Main   Langheim

Royaumont   Igny   Châtillon   Otterberg   Bronnbach   Waldsassen

Savigny   Werschweiler   Schönau   Schönthal

Troisfontaines   Stürzelbronn   Euserthal   Heilsbronn

Priéres   Clairvaux   Herrenalb   (Goldenk) Zlatá

Belle-Branche   L'Epau   Beaupré   Maulbronn   Kaisheim

L'Aumône   Pairis   Bebenhausen   (Hohenfurt) Vyšší Br

Le Loroux   Les Echarlis   Donau   Aldersbach   Wilhering

Tours   Pontigny   Morimond   Tennenbach   Augsburg   Fürstenzell   Engelszell

La Prée   Bellevaux   Salem   Bodensee   Fürstenfeld   Raitenhaslach   Baumgar

Citeaux   Lucelle   Wettingen

Sept-Fons   S. Urban   Stams

La Ferté-sur-Grosne   Genfer See   Hautcret

Obazine   Hautecombe   Aulps   Viktring

Cadouin   Lyon   Tamié   Trient

Léoncel   Morimondo   Chiaravalle Milanese   Venedig

Grandselve   Aiguebelle   Staffarda   Brondolo

Iranzu   Toulouse   Sénanque   Valsainte   Tiglieto   Chiaravalle della Colomba   Bologna

Escaledieu   Bolbonne   Valmagne   Silvacane   Florenz

Fontfroide   Marseille   Adriatisches Meer

Valbonne   Mittelmeer   S. Galgano

Elba   Korsika

Klostergründungen mit ihrer Abstammung

- ■ Citeaux
- ▲ La Ferté-sur-Grosne
- ▣ Pontigny
- ◉ Clairvaux
- ◆ Morimond

0   50   100   150 km

Die Wurzeln des Mönchtums liegen im Vorderen Orient und in Kleinasien, wie jene des Christentums insgesamt. An seinem Anfang stand der Wunsch nach einer radikalen Nachfolge Christi, einem Leben in Enthaltsamkeit und Gebet. Dies geschah in zwei unterschiedlichen Ansätzen: der anachoretischen und der koinobitischen Lebensweise. Beide Bezeichnungen stammen aus dem Altgriechischen. Als Anachoreten bezeichnet man Einsiedlermönche, als Koinobiten Mönche, die in Gemeinschaft leben und arbeiten, wobei es bereits in der Frühzeit Schnittmengen zwischen den beiden Lebensformen gegeben hat. Zu den Anachoreten gehörten auch die berühmten syrischen »Säulenheiligen«, die auf einer säulenartigen kleinen Plattform Tag und Nacht in Gebet und Meditation verbrachten. Prägend für das abendländische Mönchtum wurde jedoch die koinobitische Lebensweise.

Erste Zentren des Mönchtums in Europa waren Südfrankreich, der Schweizer Jura, Norditalien und Irland, wo das kirchliche Leben insgesamt von den Klöstern bestimmt wurde. Durch die Missionstätigkeit Kolumbans des Jüngeren und anderer Mönche von der »grünen Insel« gelangte irisches Mönchtum auch auf den europäischen Kontinent. Diese Mönche waren Asketen. Viele wollten einander bei ihren Bußübungen übertreffen. Sechsmal täglich versammelten sich die Mönche, um gemeinsam zu beten. Körperliche Arbeit galt aber als ebenso wichtig, genau wie Schreibarbeiten oder das Studium.

Im Zuge der irischen Missionstätigkeit fand auch die Regel des heiligen Kolumban immer weitere Verbreitung. In Norditalien dagegen richteten sich immer mehr Klöster nach der Regel des heiligen Benedikt von Nursia. Über Benedikts Leben gibt es nur wenige gesicherte Informationen. Nicht einmal seine Lebensdaten sind gesichert. Einzige Quelle ist eine biographische Darstellung, die Papst Gregor der Große 593 verfasst hat. Nach dieser soll Benedikt um 480 in der umbrischen Stadt Norcia geboren worden und 547 in seinem Kloster Montecassino gestorben sein. Der Sohn wohlhabender Eltern gründete nach Jahren des Einsiedlerlebens Klöster in Subiaco und auf dem Montecassino, letzteres wurde

Benedikt von Nursia (Fresko, um 1305)

schließlich zum Mutterkloster des Benediktinerordens. Die Niederschrift einer Regel wurde notwendig, da sich Benedikt immer mehr Menschen anschlossen und von ihm – modern gesprochen – ein Leitbild erwarteten, an dem sie sich orientieren konnten.

Gebet und Arbeit in ein ausgewogenes Verhältnis zu bringen, das ist der Kern dieser Regel. Dabei kam der gesellschaftlich verachteten Handarbeit besondere Bedeutung zu, denn: »Müßiggang ist ein Feind der Seele. Deshalb müssen sich die Brüder zu bestimmten Zeiten der Handarbeit und zu bestimmten Zeiten wiederum der Lesung göttlicher Dinge widmen.« Doch auch die Art und Weise, wie das Chorgebet gehalten werden soll, die Aufgabenbereiche der einzelnen Mönche, ihre Kleidung, das Verhalten bei Verfehlungen, die Aufnahme von Gästen – all' das wurde von Benedikt im wahrsten Sinne des Wortes geregelt. Von einem fast schon wieder modern anmutenden Bemühen um Ausgewogenheit sind die Vorschriften »vom Maße der Speisen und des Getränkes« gekennzeichnet. Das rechte Maß halten war

DAS ORTHODOXE MÖNCHTUM

Grundlage des orthodoxen Mönchtums ist die Regel des heiligen Basilius (um 330-379), dem in der Ostkirche eine ähnliche Bedeutung zukommt wie dem heiligen Benedikt von Nursia in der Westkirche. Dabei wurde Basilius in vielen grundsätzlichen Überlegungen zum Vorbild für Benedikt. So war schon Basilius davon überzeugt, dass das »Zusammenleben mit mehreren, die denselben Zweck verfolgen... zu vielerlei förderlich« sei. Auch das gemeinsame Gebet zu festgelegten Stunden ist Bestandteil des Mönchtums in Ost und West. Und keinesfalls wollte Basilius, »dass das Ziel des frommen Lebens der Trägheit und Arbeitsscheu Vorschub leisten« sollte. Gott habe den Menschen nicht umsonst »die Kraft der Hände zur Arbeit« gegeben.

Orthodoxe Mönche leben bewusst zurückgezogen von der Welt, um sich ganz dem Lobpreis Gottes widmen zu können. Gleichwohl spielt das Mönchtum auch in der kirchlichen Hierarchie eine wichtige Rolle: Da das Bischofsamt an das Zölibat gebunden ist, orthodoxe Weltgeistliche aber heiraten dürfen, sind die meisten Bischöfe der orthodoxen Kirche Mönche.

dabei der Kerngedanke des Heiligen, denn »nichts widerspricht ja so sehr der Würde eines jeden Christen wie die Unmäßigkeit«.

Dass die Regel Benedikts schließlich in ganz Europa Verbreitung fand, ist jedoch nicht nur ihrer Klarheit und Ausgewogenheit zu verdanken, sondern war auch eine Folge (kirchen)politischer Entwicklungen. Der enge Schulterschluss zwischen dem fränkischen Königtum und der römischen Kirche sowie der sich immer mehr durchsetzende Primat des Papstes ließ für Sonderwege wie das irische Mönchtum kaum mehr einen Spielraum. Mit den angelsächsischen Missionaren fand die Benediktsregel ihren Weg in das fränkische Reich. Dazu kam das Wirken eines leidenschaftlichen Reformers, für den die Benediktsregel das Maß aller Dinge war. Benedikt – hier war bereits der Name Programm – von Aniane (um 750-821) war der Sohn eines südfranzösischen Grafen. 779/80 gründete er in Aniane im Languedoc auf einem Gut seiner Familie ein Kloster, dessen erster Abt er wurde. Benedikt war ein enger Vertrauter Ludwigs des Frommen, den er in allen das klösterliche Leben betreffenden Fragen beriet. Im Bemühen um eine Vereinheitlichung des monastischen Lebens wurde schließlich auf einer Synode in Aachen 816 beschlossen, dass die Benediktsregel künftig für alle Klöster des Reichs verpflichtend sei.

Mit dem Niedergang des Karolingerreichs gerieten auch die Klöster in eine tiefe Krise. Die Moral vieler Mönche ließ zu wünschen übrig, das Gebet wurde vernachlässigt, die Klöster gerieten in die Abhängigkeit lokaler Machthaber. Diese Entwicklung löste die erste große Reformbewegung des abendländischen Mönchtums aus. Ausgangspunkt der Reform war das burgundische Kloster Cluny, das 910 von Herzog Wilhelm dem Frommen von Aquitanien gegründet und von diesem direkt dem Papst unterstellt wurde. Das Chorgebet sollte wieder zum feierlichen Gottesdienst werden, das Leben der Mönche frei von jeder laikalen Einmischung sein. In der Folge schlossen sich immer mehr Klöster der von

Das burgundische Kloster Cluny war der Ausgangspunkt für klösterliche Reformen im Mittelalter. Konventsgebäude und Türme von Cluny, erbaut 1088-1130.

rechts:
Blick von einer Anhöhe auf die Grande Chartreuse,
das Stammkloster der Kartäuser.

Cluny ausgehenden Reform an. Um 1100 gehörten über
200 Abteien, Priorate und Klosterkirchen dem »Ordo
cluniacensis« an, der damit der größte Klosterverband in
Europa war. Dazu kamen kleinere, regionale Reform-
klöster, die ihrerseits, wenngleich in deutlich geringe-
rem Umfang, ausstrahlten, etwa das Kloster Hirsau im
Schwarzwald.

Obwohl in der französischen Revolution weitgehend
zerstört, geben noch heute die Ruinen der gewaltigen
Klosterkirche von Cluny einen beredten Eindruck von
der Macht und dem Reichtum der Cluniazenser. Und
genau das rief im 12. Jahrhundert die ersten Kritiker
auf den Plan: Führten die Mönche von Cluny nicht ein
Leben in Luxus? Weshalb kümmerten sie sich entgegen
aller Vorschriften der Benediktsregel so wenig um die
Handarbeit? Waren sie sich zu fein dafür? Mussten
Gotteshäuser derart aufwendig gebaut sein?

Einer der Kritiker dieser Entwicklung war Abt
Robert von Molesme. Gemeinsam mit Gleichgesinnten
verließ er sein Kloster und gründete 1098 in Citeaux
einen neuen Konvent, der sich eine strikte Befolgung
der Benediktsregel zum Ziel setzte. Die Ausstrahlung
von Citeaux blieb jedoch bescheiden, zumal Robert auf
päpstliche Anweisung wieder nach Molesme zurückkehren musste. Zum Synonym des Aufschwungs wurde
schließlich Bernhard von Clairvaux (1090-1153), einer
der wortgewaltigsten Prediger des Mittelalters und zugleich ein außergewöhnliches Organisationstalent. Erst
unter seiner Leitung breitete sich der – im Gegensatz zu
den Benediktinern zentralistisch strukturierte – Orden über
ganz Europa aus. Nach der lateinischen Bezeichnung für
Citeaux nannten sich die Mönche, die sich auch durch
ihren weißen Habit von den Benediktinern unterschieden, »Zisterzienser«. Da sie sich bevorzugt in unwegsa-
mem Gebiet und in neu kolonisiertem Gebiet ansiedel-
ten, kam ihnen auch im Bereich des mittelalterlichen
Landesausbaus eine bedeutende Rolle zu. Doch auch
wenn die Zisterzienser sich als neuer Orden verstanden –
in den Grundlagen ihres monastischen Lebens unter-

DIE KARTÄUSER

Im Tal der Chartreuse in den französischen Alpen gründete der heilige Bruno von Köln 1084 den Kartäuserorden. Angewidert vom
Leben in der Stadt wollte er sich in die Einsamkeit zurückziehen
und mit einigen wenigen Gefährten einzig dem Lob Gottes leben.
Trotz seiner radikalen Abkehr von der Welt breitete sich der Orden noch im Mittelalter über ganz Europa aus. In den Kartausen
leben die Mönche zwar in Gemeinschaft, aber zugleich wie Einsiedler. Jeder Priestermönch verfügt über ein kleines Häuschen
und einen eigenen Garten. Nur zum Chorgebet verlassen die
Kartäuser ihre selbst gewählte Einsamkeit; auch die Mahlzei-
ten werden ausschließlich an Sonn- und Feiertagen – natürlich
schweigend – gemeinsam im Refektorium eingenommen. Gesprochen wird außer bei den wöchentlichen Spaziergängen nur
das Allernotwendigste.
Reformation und Säkularisation haben dem Orden schwer zuge-
setzt. In Deutschland und in der Schweiz gibt es heute nur noch
jeweils eine Kartause, Marienau im Allgäu und La Valsainte bei
Charmay im Kanton Freiburg. Kloster Chartreuse ist nach wie
vor der Hauptsitz der Kartäuser.

schieden sie sich kaum von den Benediktinern, zumal
sie ja selbst weiterhin in der Tradition des heiligen Benedikt standen.

Eine förmliche Revolution des Mönchtums bedeutete erst die Gründung der Bettelorden zu Beginn des
13. Jahrhunderts. Anders als Benediktiner und Zisterzienser suchten Franziskaner und Dominikaner nicht die Einsamkeit, sondern gründeten ihre Klöster in den Städten.
Die Seelsorge war ein zentraler Aspekt ihrer Tätigkeit,
ohne kontemplative Elemente wie das gemeinsame Chorgebet aufzugeben. Auch galt in den Bettelorden nicht

der Grundsatz der »stabilitas loci« wie im traditionellen Mönchtum, wo sich bereits der Novize an ein Kloster band, dem er – wenn die Ordensoberen nicht anders entschieden – sein Leben lang treu blieb. Franziskaner und Dominikaner gelobten die Treue jedoch nicht einem bestimmten Kloster, sondern dem Orden. Schon die Zisterzienser hatten allzu aufwendigen Kirchenschmuck abgelehnt, doch wurden die Klöster mit ihren großen landwirtschaftlichen Gütern bald selbst reich und mächtig. Franziskaner und Dominikaner dagegen wollten ausschließlich von den Zuwendungen frommer Christen leben und keine Wirtschaftsbetriebe gründen. Über die Auslegung der Forderung nach radikaler Armut kam es jedoch bald zu ersten Auseinandersetzungen.

Die Minderen Brüder (Ordo Fratrum Minorum) wurden von dem heiligen Franz von Assisi (1181-1226) gegründet, nach dem sie bald »Franziskaner« genannt wurden. Die Predigerbrüder (Ordo Praedicatorum) gründete fast gleichzeitig der spanische Kanoniker Domingo de Guzman (1180-1221), und auch hier bürgerte sich bald die Bezeichnung »Dominikaner« nach dem Ordensgründer ein. Aufgrund der gänzlich anderen Ausrichtung war die Benediktsregel für die Bettelorden nicht als Grundlage geeignet. Franz verfasste daraufhin eine eigene »Lebensform«, die weniger konkrete Richtlinien enthält als die Benediktsregel, sondern mehr allgemeine Verhaltensmaßregeln. Im Mittelpunkt steht die Forderung nach völliger Armut:

»Wir sollen daran denken, dass wir von der ganzen Welt nichts brauchen als Nahrung und Kleidung; damit müssen wir zufrieden sein. Und sie sollen sich freuen, wenn sie mit geringen und verachteten Leuten verkehren, mit Armen, Schwachen, Kranken, Aussätzigen und solchen, die am Wege betteln.«

Franz von Assisi ist von vielen Künstlern dargestellt worden. Dieses Gemälde von Bonaventura Berlinghieri (1235) zeigt den Heiligen und Szenen aus seinem Leben.

Der heilige Dominikus verfasste keine eigene Regel, sondern übernahm die Regel des heiligen Augustinus (354-430), die dieser bereits Ende des 4. Jahrhunderts verfasst hatte; sie ist damit die älteste Mönchsregel des Abendlandes. Sie bildete in der Folge die Grundlage für das Zusammenleben loser Eremitengemeinschaften wie auch für die Chorherrenstifte, die den Bischofskirchen angeschlossen waren. Aus ihnen sind im 11. bzw. 13. Jahrhundert die Augustiner-Chorherren und die Augustiner-Eremiten hervorgegangen. Aber auch Reformorden wie die 1120 vom heiligen Norbert gegründeten Prämonstratenser, die strenge Askese mit seelsorgerischer Tätigkeit verbanden, übernahmen die Regel des heiligen Augustinus.

Von Anfang an strebten auch Frauen danach, in radikaler Christus-Nachfolge zu leben. Als Gründerin der Benediktinerinnen gilt die heilige Scholastika, die Schwester des heiligen Benedikt. Der heilige Franz fand in Klara von Assisi eine Partnerin im Geiste. Allerdings lebten auch die weiblichen Zweige der Bettelorden im Mittelalter streng kontemplativ. Etwas anders verhielt es sich mit den Damenstiften. Deren Äbtissinnen geboten über teilweise große Herrschaften und verfügten auch über politischen Einfluss. Beispiele hierfür in Deutschland sind Quedlinburg oder Essen. In beiden Städten zeugt der reiche Domschatz von der Pracht, mit der sich die selbstbewussten Chorfrauen schmückten.

Mönche waren nicht immer im Schoß der Kirche: Ob nun die Konzilien, wie in der frühen Kirche, oder das sich langsam durchsetzende Papsttum die Hüter des »wahren Glaubens« waren – von ihnen abweichende Glaubensvorstellungen hat es im Christentum von Anfang an gegeben.

»Häretiker« wurden jene Abweichler genannt. Und im griechischen Stamm des Wortes liegt auch bereits die Wurzel dessen, was ihnen vorgeworfen wurde: »haíresis«

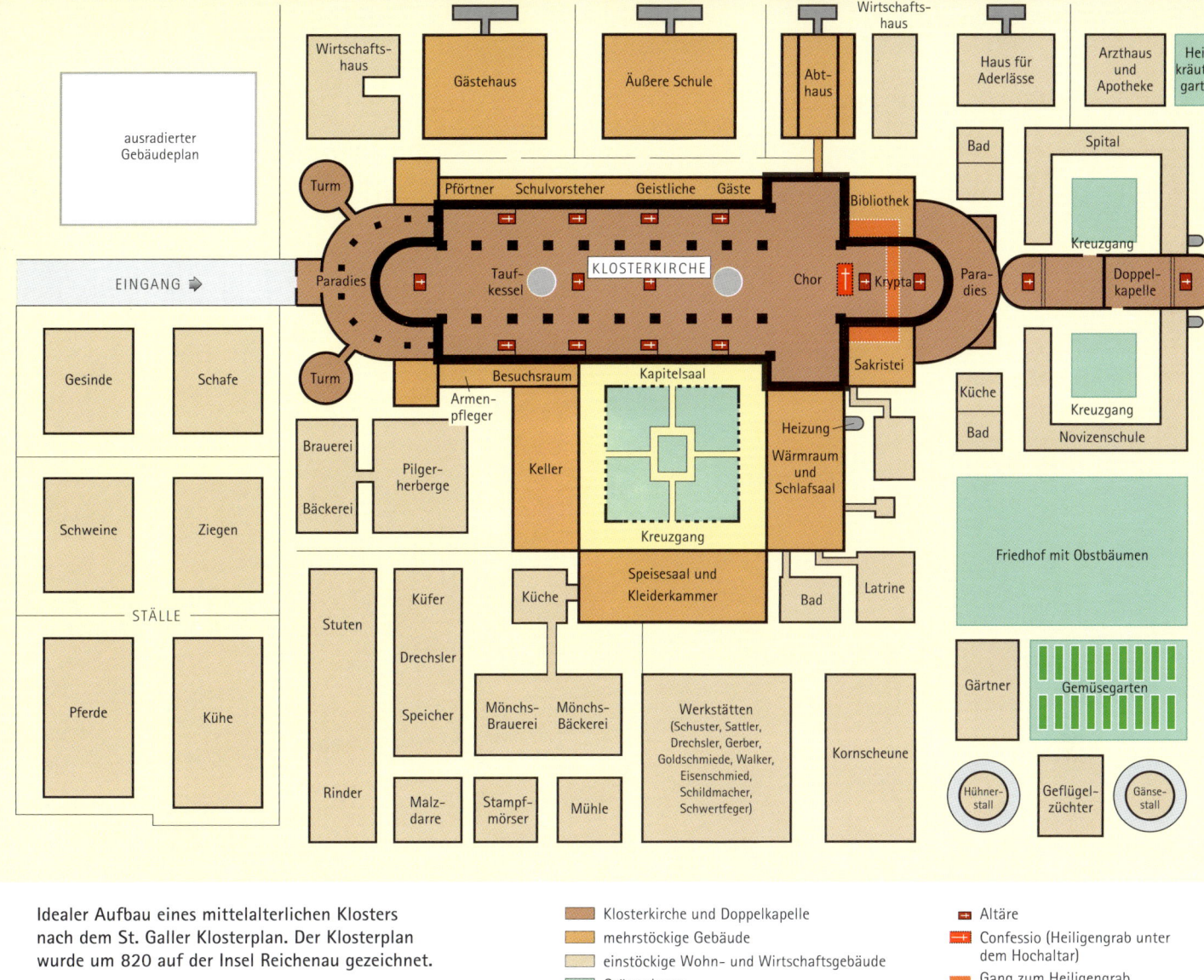

Idealer Aufbau eines mittelalterlichen Klosters nach dem St. Galler Klosterplan. Der Klosterplan wurde um 820 auf der Insel Reichenau gezeichnet.

- Klosterkirche und Doppelkapelle (braun)
- mehrstöckige Gebäude (orange)
- einstöckige Wohn- und Wirtschaftsgebäude (beige)
- Grünanlagen (grün)
- Altäre
- Confessio (Heiligengrab unter dem Hochaltar)
- Gang zum Heiligengrab

bedeutet Auswahl. Das heißt: Häretiker galten als Menschen, die nicht den ganzen Glauben, wie er durch die Kirche vermittelt wurde, als wahr anerkannten, sondern nur Teile davon und im Übrigen Irrlehren aufsaßen. Doch blieben solche Abweichler im Mittelalter zunächst zeitlich, regional und quantitativ beschränkte Randerscheinungen, die sich nicht zu einer Gefahr für die Amtskirche auswuchsen.

Das 12. Jahrhundert war von einer tiefen Religiosität geprägt, von dem Wunsch, zu den apostolischen Wurzeln des Glaubens zurückzukehren. Dieser Wunsch stand in einem vielfältigen Kontrast zum Erscheinungsbild, das die Kirche als Institution der Macht und Inhaberin weltlicher Reichtümer bot. Der Nährboden für die Häresie als Massenbewegung war damit gelegt. Und es ist kein Zufall, dass die Anhänger der größten und einflussreichsten Gruppierung dieser Häretiker als »katharoi« (griechisch »die Reinen«) bezeichnet wurden. Daraus leitet sich das deutsche Wort »Ketzer« ab. Die Katharer selbst bezeichneten sich als »die guten« oder »die wahren« Christen. Die Papstkirche war für sie dagegen die »große Hure Babylon«, deren Fall der Engel in der Apokalypse verkündet hat.

Die Ursprünge der Katharer liegen zwar wohl auf dem Balkan, doch haben sie ihre größte Wirkung in Südfrankreich entfaltet. Nach einem ihrer zentralen Orte dort – Albi – werden sie daher auch Albigenser genannt. In ihrer Lehre gaben die Katharer auf eine Frage scheinbar befriedigende Antwort, die auch heute noch viele Menschen umtreibt: Wenn es einen Gott gibt, wie kann er das Böse in der Welt zulassen? Die Antwort der Katharer war klar und leicht zu verstehen: Gott war nur für das Gute zuständig und einzig das hatte er geschaffen. Dieses Gute war in der Seele verkörpert. Die böse Welt war ein Werk des Satans, und dazu gehörte nach Auffassung der Katharer auch alles, was dem Körperlichen verhaftet war. Daher konnte auch Christus, der Fleisch geworden war, unmöglich Gottes Sohn sein. Das Ziel eines Katharers musste es daher sein, den ewigen Kreislauf der Seelenwanderung von einem Körper in

Verbreitung der Katharer (Albigenser)
unter Graf Raimund VI. von Toulouse
(1195 – 1222)

🔥 Ketzerverbrennung

- - - - Grenzen der englischen Besitzungen

—·—·— Grenzen des französischen Königreiches

den nächsten zu unterbrechen. Und das hieß in letzter Konsequenz: die Ablehnung jeder geschlechtlichen Vereinigung, sprich die völlige Enthaltsamkeit. Da weltlicher Besitz ebenfalls der Materie verhaftet war, sollten die Gläubigen in radikaler Armut leben und jeden Besitz brüderlich teilen. Allerdings wurde diese radikale Lebensform nur den sogenannten »Vollkommenen« abverlangt, die nach reiflicher Überlegung und dem Empfang der »Seelentaufe« (consolamentum) alles Weltliche hinter sich gelassen hatten und den engsten Führungszirkel bildeten. Die Masse der Gläubigen empfing das »consolamentum« dagegen erst auf dem Totenbett.

Mit ihrer asketischen Lebensweise hoben sich die Vertreter der Katharer ab von dem ausschweifenden Lebenswandel, den viele Geistliche pflegten. Auch häuften

sie – anders als die Kirche – keine weltlichen Besitztümer an. Das allein machte sie für die breite Masse bereits interessant. Dazu kam, dass es aus Sicht der Katharer zur Erlangung des ewigen Heils keiner Kirche bedurfte. Die Amtskirche wurde dadurch schlicht überflüssig. Erstaunlich ist, dass in dem dahin als so lebensfroh geltenden Okzitanien im heutigen Südfrankreich die Katharer auch unter den Adligen zahlreiche Anhänger fanden. Doch verbanden sich hier religiöse Überzeugungen mit dem Bestreben nach einer eigenständigen Entwicklung sowohl gegenüber dem französischen Königtum, das seinen Einfluss nach Süden auszudehnen suchte, als auch gegenüber der Kirche.

Wie sollte die Kirche sich gegenüber diesen und anderen Ketzern verhalten? Welche Mittel hatte sie, um

Nach der Einnahme von Carcassonne am 15. August 1209 wurden die Katharer aus der Stadt vertrieben. (französische Buchmalerei, um 1350)

der Häresie ein Ende zu bereiten? Die Verfolgung von Häretikern oblag im Mittelalter zunächst der geistlichen Gerichtsbarkeit. Durch einen Reinigungseid konnten sich Häresieverdächtige wieder in den Schoß der Kirche aufnehmen lassen. Diese Mittel schienen nun, in der Mitte des 12. Jahrhunderts, nicht mehr auszureichen, um das Problem in den Griff zu bekommen. Der Kirche war daher daran gelegen, die weltliche Macht mit ins Boot zu holen. Dies gelang Papst Lucius III. bei einem Treffen mit Kaiser Friedrich I. Barbarossa 1184 in Verona. Dort vereinbarten Kaiser und Papst die Beteiligung der weltlichen Macht an der Ketzerverfolgung. Diese wurde dadurch zu einer hoheitlichen Aufgabe.

Gegen die Katharer in Südfrankreich halfen alle diese Beschlüsse nichts. Als 1208 auch noch der päpstliche Legat Pierre de Castelnau ermordet wurde, brachte dies für Papst Innozenz III. das Fass zum Überlaufen: Er rief zum Kreuzzug gegen die Katharer auf. Dieser zog sich über zwanzig Jahre lang hin, und es zeigte sich, wie groß die Verbundenheit mit den Katharern in der Region war. Die Kämpfe wurden auf beiden Seiten mit unvorstellbarer Grausamkeit geführt. 1229 musste sich Graf Rai-

mond VII. von Toulouse, der die Katharer gedeckt und gegen die Kreuzritter ins Feld gezogen war, der Übermacht geschlagen geben und sich endgültig der französischen Krone unterwerfen. In versteckten Bergdörfern hielten sich die Katharer jedoch weiter; erst 1244 wurde mit der Eroberung der Burg Montségur ihr letzter Rückzugsort erobert, die Ketzer danach sofort auf dem Scheiterhaufen verbrannt.

Doch nicht nur die Katharer hatten im 13. Jahrhundert die evangelische Armut auf ihre Fahnen geschrieben. Auch Franz von Assisi und Petrus Waldes propagierten die Rückkehr zur Apostelkirche. Doch weshalb wurde der eine ein Heiliger und der andere als Ketzer verfolgt? Franz von Assisi stellte niemals die Lehre und die Autorität der Kirche und ihrer Würdenträger in Frage. Zusammen mit seinen Gefährten wollte er ein Beispiel des Lebens in radikaler Armut geben und dadurch auch auf die Kirche einwirken. Auch Petrus Waldes aus Lyon entstammte, wie Franziskus, einer Kaufmannsfamilie. Doch er beließ es nicht bei der Forderung nach einem Leben in Armut an alle, die ihm folgen wollten. Die Waldenser erkannten nur die Taufe und die Eucharistie als Sakramente an, doch glaubten sie nicht an die leibliche Existenz Christi in der Eucharistie. Das hätte schon genügt, um sie aus der Sicht der Kirche zu Häretikern werden zu lassen. Dazu kam, dass die Waldenser an der Institution der Kirche, wie sie sich entwickelt hatte, überhaupt rüttelten: »Wir glauben entschieden, dass es bei Gottvater keinen anderen Fürsprecher gibt als Jesus Christus.« Es bedurfte keiner Priester, die das Wort Gottes verkündeten, das sollte auch jeder gläubige Laie können. Auch Heilige und Reliquien sollte kein Christ benötigen, um Gnade zu finden.

Nachdem alle Versuche eines Ausgleichs gescheitert waren, sprach Papst Lucius III. 1184 den Bann über

An der Stelle, wo 1244 nach der Einnahme der Burg Montségur über 200 Katharer hingerichtet wurden, steht heute ein Gedenkstein.

die Waldenser aus. Deren Verfolgung erwies sich jedoch als sehr viel langwieriger als jene der Katharer. Die Waldenser lebten unauffällig und zogen sich unter dem Verfolgungsdruck in entlegene Alpentäler zurück. Alle Versuche, die »Ketzernester« auszuräuchern, schlugen fehl. Und so konnten sich waldensische Gemeinden bis zur Reformation halten, der sie sich als eigene, reformierte Kirche anschlossen.

Neben den Franziskanern entstand mit den Dominikanern im 13. Jahrhundert ein zweiter Bettelorden. Während die Minderen Brüder des heiligen Franz vor allem durch ihr Beispiel wirken wollten, setzten die Dominikaner auf die Kraft des Wortes; darauf deutet auch ihr eigentlicher Ordensname »Ordo Praedicatorum«, Orden der Prediger(brüder). Ihrem Gründer Domingo de Guzman war bei einer Reise durch Südfrankreich aufgefallen, wie selbstbewusst und würdevoll die Katharer ihre Sache vertraten und wie ihr Auftreten sich positiv von jenem der selbstgerechten päpstlichen Legaten abhob. Domingo-Dominikus wollte

Mit allen Mitteln versuchte die Kirche, abtrünnige Glaubensbewegungen zu kriminalisieren. Angeblich sollen Waldenser einen Esel verehrt haben, dem sie rituell das Hinterteil küssten. (französische Buchmalerei, um 1460)

die Katharer mit ihren eigenen Waffen schlagen und sie durch Argumente überzeugen. Doch dieser Ansatz führte 1231 dazu, dass Papst Gregor IX. die Predigerbrüder mit der Leitung der Inquisition beauftragte. So wurden die Dominikaner im Volksmund zu »domini canes«, den »Spürhunden des Herrn«.

Doch nicht nur das Aufspüren der Ketzer wurde im 13. Jahrhundert institutionalisiert. Auch die Verfahren gegen sie wurden vereinheitlicht, die Beweisführung an Zeugenaussagen und objektive Kriterien gebunden.

Das mag man an sich durchaus als Fortschritt sehen auf dem Weg hin zu Gerichtsverfahren, wie wir sie heute kennen. Doch in der Realität genügte oft ein bloßer Verdacht zur Verurteilung. Dazu kam, dass seit 1252 auch die Folter als Mittel zur Beweisführung zugelassen war.

Dank Kreuzzug und Inquisition blieben die Waldenser denn auch die einzige »Ketzerbewegung« des Hochmittelalters, die nicht gänzlich ausgerottet wurde.

Erst im 15. Jahrhundert sah sich die Kirche neuer Herausforderungen gegenüber, wobei die Kritik die alte war: Die Verweltlichung der Kirche und ihrer Würdenträger wurde ebenso angeprangert wie die Abkehr vom wahren Glauben. Diese Sorgen trieben auch den tschechischen Priester Jan Hus um. Weshalb lebten viele seiner Amtsbrüder nicht nach dem Vorbild der Apostel? Wie war es möglich, dass hohe kirchliche Ämter meistbietend verkauft wurden? Mit dieser Kritik traf Hus den Nerv der Zeit; die Menschen strömten zu seinen Predigten. Als er 1409 auch noch die Praxis des Ablasshandels kritisierte, war dies für die Kurie das Zeichen zum Einschreiten. 1411 wurde der Prediger exkommuniziert, was aber nur dazu führte, dass er nun jede Zurückhaltung fallen ließ und offen das Papsttum als Institution ins Visier nahm. Einer Vorladung nach Rom folgte Hus nicht, 1414 allerdings brach er zum Konzil nach Konstanz auf, weil er glaubte, seine Thesen dort vertreten zu können, nachdem ihm König Sigismund freies Geleit zugesagt hatte. Stattdessen erwartete ihn die Verurteilung als Ketzer (siehe Kasten S. 102).

An den von Jan Hus kritisierten Zuständen änderte sich in der Folge wenig. Das Papsttum in der Renaissance bot genügend Anhaltspunkte für Kritik, die Biografie Papst Alexanders VI. war die eines skrupellosen Machtpolitikers, der in seinem Pontifikat zunächst die Möglichkeit sah, seine eigene Klientel zu befriedigen. Dagegen erhob der Dominikanermönch Girolamo Savonarola (1452–1498) seine Stimme, der in Florenz zwischen 1491 und 1498 eine Art christlichen Gottesstaat mit rigiden Moralvorschriften errichtete.

Der Papst reagierte darauf zunächst mit dem Zuckerbrot, indem er Savonarola den Kardinalshut anbot, doch als dieser ablehnte und seine Kritik an den Zuständen in Rom immer ätzender wurde, griff Alexander VI. im übertragenen Sinn zur Peitsche: Am 25. Juni 1497 exkommunizierte er den aufsässigen Mönch. Savonarola schlug zurück, indem er Alexander rundweg das Recht absprach, überhaupt Papst zu sein:

»Denn abgesehen davon, dass er durch die schändliche Sünde der Simonie den päpstlichen Stuhl erkauft hat … behaupte ich auch, dass er kein Christ ist und nicht an das Dasein Gottes glaubt, was das Maß allen Unglaubens überschreitet.«

Daraufhin wurde Savonarola gefangen genommen und – nachdem er unter der Folter gestanden hatte, ein Ketzer zu sein – am 23. Mai 1498 auf dem

Hinrichtung von Jan Hus 1415 (Kupferstich von Merian, 1615)

Scheiterhaufen verbrannt. Der Dominikanermönch ist das Musterbeispiel eines unliebsam gewordenen, das politische Machtgefüge störenden Außenseiters, der durch die Inquisition als Häretiker verurteilt und damit beseitigt wurde.

JOHN WYCLIF

Der Hass der Amtskirche verfolgte John Wyclif (um 1330-1384) selbst nach seinem Tod: Nachdem er auf dem Konstanzer Konzil 1415 (wie Jan Hus) postum als Ketzer verurteilt wurde, holte man seinen Leichnam aus dem Grab und verbrannte ihn.

Diesen Zorn hatte sich Wyclif durch seine Schriften zugezogen, in denen er unter anderem feststellte, dass allein Gott durch seine Gnade Macht verleihen könne. Den weltlichen Herrschaftsanspruch des Papstes (und der Kirche insgesamt) lehnte Wyclif vor diesem Hintergrund ab. Auch verwarf er mit der

John Wyclif (Kupferstich, 1730)

sogenannten Transsubstantionslehre, nach der sich Brot und Wein in der Eucharistie tatsächlich in Leib und Blut Christi verwandelt, einen der zentralen Glaubenssätze der katholischen Kirche. Mit seiner Ablehnung von Zölibat und Reliquienkult verschärfte er den Konflikt mit dem Papsttum weiter.

Dass Wyclif nicht bereits zu Lebzeiten als Ketzer angeklagt wurde, verdankte er seiner großen Anhängerschaft im Volk und der Protektion durch das Königshaus, dem die Kritik des Theologen an der weltlichen Macht der Kirche durchaus gelegen kam.

DAS JUDENTUM

Seit ihrer Vertreibung aus Jerusalem durch Kaiser Titus im Jahr 70 n. Chr. lebten Juden verstreut an vielen Orten des Römischen Reichs. Nachdem eine übergeordnete Organisation seit diesem Zeitpunkt nicht mehr gegeben war, bildeten die Gemeinden fortan die Basis jüdischen Lebens. Im frühen Mittelalter konnten die Juden ihren Glauben in Westeuropa unter christlicher Herrschaft relativ frei leben. Einzig der

Die Studierstube des Raschi von Troyes in Worms
(Fotopostkarte, 1925)

RASCHI VON TROYES

Wenn ein Autor nach fast 1000 Jahren noch immer gelesen wird, ja der Inhalt seiner Werke selbst im 21. Jahrhundert noch Gültigkeit beanspruchen kann, dann muss es damit etwas Besonderes auf sich haben: Und das ist bei dem Talmud-Kommentar des Raschi von Troyes (1040-1105) tatsächlich der Fall.

Sein voller Name lautet eigentlich Schelomo ben Isaak, Raschi ist die gebräuchlich Abkürzung aus »Rabbi« und den Anfangsbuchstaben seines Namens. Der Gelehrte wurde in Troyes in der Champagne geboren, wo seine Familie im Weinbau tätig war. Dieser Hintergrund machte Raschi finanziell unabhängig und bot ihm die Möglichkeit zu ausgedehnten Studien, die ihn an die angesehenen Talmudhochschulen von Mainz und Speyer führten. Um 1070 gründete er dann in seiner Heimatstadt Troyes ebenfalls eine solche Hochschule (Jeschiwa), an der er seine wegweisenden Forschungen zur Auslegung des Talmud betrieb. Bis heute sind seine Kommentare jeder jüdischen Bibelausgabe angehängt.

Westgotenherrscher Sisebut zwang die Juden im Jahr 613, sich taufen zu lassen. Die Juden, die sich weigerten, vertrieb er. In Byzanz setzte Kaiser Justinian die Juden dagegen mit den Ketzern gleich und erschwerte die Ausübung ihres Kults. Ausgrenzung und Bekehrungsdruck führten in der Folge zur Auswanderung vieler Juden aus dem byzantinischen Machtbereich.

Ganz anders verhielten sich die Karolinger gegenüber den Juden. Vor allem Karl der Große und Ludwig der Fromme nahmen die Juden unter ihren persönlichen Schutz und statteten sie mit Privilegien aus. Die Gerichtsbarkeit über die ihnen anvertrauten Juden behielten sich die Herrscher selbst vor. Als Karl der Große eine Gesandtschaft zu dem Kalifen Harun al-Raschid schickte, war auch ein Jude darunter. Ganz selbstlos war diese Privilegierung allerdings nicht: Die Karolinger bauten auf die durch die Diaspora weit gespannten Beziehungen der Juden und erhofften sich von ihnen einen wirtschaftlichen Aufschwung. Auch mussten jüdische Kaufleute höhere Abgaben leisten als christliche. Im fränkischen bzw. später deutschen Reich lebten Juden vor allem in den größeren Städten, im Süden lebten mehr als im Norden. Die größten und be-

LAND
1290

Paris
Orléans

Mainz
Metz
Worms

louse

Marseille ○ PROVENCE
SAVOYEN
DAUPHINÉ

Nordsee

Köln
12 Jh.
Magdeburg

Ostsee

POLEN
1348

Wilna

LITAUEN
ab 1150

Lublin

Kiew

Regensburg

DEUTSCHES REICH

Mailand

UNGARN

MOLDAU

Ravenna

Siena

Korsika

Rom

Sardinien

Neapel

NEAPEL

Tarent

Palermo

Tunis
TUNIS

Sizilien

Syrakus

Schwarzes Meer

Konstantinopel
(Byzanz)

OSMANISCHES REICH

Athen

Kreta

Zypern

Mittelländisches Meer

Jerusalem

Alexandria

BU

jüdische Ausbreitung seit dem 2. Jh.　　wichtige jüdische Niederlassungen

jüdisches Siedlungsgebiet seit 1150　　Fluchtwege

0　100　200　300 km

*Rotes
Meer*

rechts:
Die berühmte Schedelsche Weltchronik beschreibt die
Hinrichtung von Juden als Ketzer. (Holzschnitt, 1493)

rühmtesten jüdischen Gemeinden des Mittelalters in
Deutschland waren Speyer, Worms und Mainz, wo sie
rund zehn Prozent der Bevölkerung stellten. Diese Gemeinden waren Zentren der Gelehrsamkeit, »gelobt und
gepriesen vor allen Gemeinden des Reichs«. In Worms
wirkte von 1055 bis 1065 der Rabbiner Raschi von Troyes,
der Kommentare zu Bibel und Talmud verfasste, die den
Juden weit über Worms hinaus als Leitbild gedient haben
(siehe Kasten). Die Heilkunst der jüdischen Ärzte wurde
auch von vielen Christen in Anspruch genommen.

Einen radikalen Bruch mit diesem relativ friedlichen Nebeneinander bedeutete das Zeitalter der Kreuzzüge. Plötzlich wurden auch und gerade die Juden zu
den Feinden Christi, die es zu bekämpfen galt. Juden
wurden verfolgt und von fanatisierten Horden ermordet,
wenn sie sich nicht taufen ließen.

ASCHKENAS UND SEPHARAD

Zwar verstanden sich die Juden auch in der mittelalterlichen Diaspora als Einheit. Doch brachten es die unterschiedlichen Kulturen
und Sprachen der Aufnahmeländer mit sich, dass sich entspre-
chende Eigenarten entwickelten. Ausgehend von den hebräischen
Bezeichnungen für den deutschen Sprachraum (Aschkenas) und
die Iberische Halbinsel (Sepharad) bezeichneten sich die dort lebenden Juden als Aschkenasim bzw. Sephardim. Dabei wurde der
regionale Begriff in beiden Fällen ausgedehnt: Als Aschkenasim
bezeichnete man bald alle Juden in Mittel- und Osteuropa, die
sich auf Jiddisch verständigten (einer vor allem aus deutschen
und hebräischen Elementen zusammengesetzten Mischsprache),
als Sephardim auch die Juden in Südfrankreich.
Durch Verfolgungen und Vertreibungen wurden die Sephardim im
Spätmittelalter über ganz Europa verteilt. Zentren befanden sich
im 15. und 16. Jahrhundert unter anderem in Saloniki, Livorno,
Amsterdam, Hamburg und London.

In Frankreich und England schloss sich schließlich
auch das Königtum dieser Entwicklung an. Aus Frankreich wurden die Juden 1182 vertrieben, aus England
1306, aus Spanien 1492. Nur in Frankreich durften sie
sich zwischenzeitlich wieder ansiedeln, um später erneut
vertrieben zu werden. Demgegenüber betrieben die römisch-deutschen Herrscher eine allerdings weitgehend
wirtschaftlich motivierte Politik der Privilegierung.
Kaiser Heinrich IV. gewährte den Juden in Worms und
Speyer 1090 Handelsfreiheit, Juden durften Grundstücke
erwerben und erhielten ihre eigene Gerichtsbarkeit. Im
Landfrieden von 1103 stellte Heinrich IV. die Juden nach
den bitteren Erfahrungen der vorangegangenen Kreuz-
zugspogrome unter seinen besonderen Schutz. Auch die
Stauferkaiser Friedrich I. und Friedrich II. verliehen den
Juden ähnliche Privilegien und sicherten ihnen die freie
Ausübung ihres Glaubens zu. Ein Beispiel für die rati-
onale Denkweise Friedrichs II. ist seine Reaktion auf einen Ritualmord-Vorwurf, der in Fulda gegen die Juden
erhoben worden war. Dort waren 1235 bei einem Brand
fünf Kinder ums Leben gekommen. Bald kam der Vorwurf auf, dass es sich um einen Ritualmord von Juden
gehandelt habe, die das Blut der Christenkinder ge-
trunken hätten. Friedrich ordnete an, die Angelegenheit
zu untersuchen. Dabei ging es ihm nicht um den spezi-

Juden wurden viele Schandtaten angehängt, um ihre Verfolgung zu
rechtfertigen. Hier werden Juden gezeigt, die einen Knaben entführt
und dann gekreuzigt haben sollen. (französische Buchmalerei, 1390)

ellen Fall von Fulda, sondern um die grundsätzliche Frage, inwiefern es denkbar sein könnte, dass Juden christliche Kinder umbrächten, um an ihr Blut zu kommen. Bei dieser Untersuchung kam heraus, dass Juden niemals menschliches Blut trinken würden, im Gegenteil verböte ihre Religion jegliche Verunreinigung durch Blut. Friedrich ließ daraufhin verkünden, dass niemand mehr die Juden wegen eines Ritualmord-Vorwurfs »angreifen oder irgend etwas Schimpfliches oder Lästiges ihnen darüber vorwerfen« dürfe. Wer dagegen verstoße, werde »die Ungnade unserer Erhabenheit auf sich ziehen«.

Doch dieser kaiserliche Schutz war ein zweischneidiges Schwert. Die Vorstellung von einer »Kammerknechtschaft« der Juden, die erstmals bei Friedrich II. angedeutet wird, führte zwar einerseits tatsächlich dazu, dass jeder Angriff auf die Juden zugleich ein Angriff auf den Kaiser war. Doch er führte auch zu einem völligen Abhängigkeitsverhältnis, das die Herrscher nach Belieben weidlich ausnutzen bzw. Kapital daraus schlagen konnten. In letzter Konsequenz bedeutete diese Vorstellung, dass die Juden weder über ihr Hab und Gut noch über ihr Leben verfügen konnten, sondern dass allein dem König bzw. Kaiser die Verfügung darüber zustand und er ihnen beides in seiner Gnade belassen oder nehmen konnte. Auch die Territorialherren und die Städte

ließen sich Schutzbriefe von ihrer jüdischen Bevölkerung bald teuer bezahlen oder belegten die Juden mit immer höheren Steuern. Dazu kamen Einschränkungen in der Freizügigkeit und der Ausschluss der Juden vom Fernhandel.

Die tatsächliche Situation der Juden im römisch-deutschen Reich war im Spätmittelalter daher sehr viel schlechter als im frühen oder hohen Mittelalter. Dies gilt vor allem, weil der kaiserliche Schutz vor dem Hintergrund des Niedergangs der Zentralmacht vielfach nur noch theoretischer Natur war. Kleidervorschriften führten im 14. und 15. Jahrhundert zur öffentlichen Ausgrenzung. Die Judenviertel der Städte wurden durch zusätzliche Mauern abgetrennt, das jüdische Leben blieb auf diese Gettos beschränkt. Im 15. Jahrhundert kam es dann auch zu ersten Vertreibungen der Juden durch deutsche Territorialherren. Dazu gehörten die Städte Köln und Speyer, aber auch größere Territorien wie Bayern und Sachsen. Diese Verfolgungen und Vertreibungen waren auch wirtschaftlich motiviert, denn so entledigten sich die Landesherren und die Bürger der Städte mit einem brutalen Schlag ihrer finanziellen Verpflichtungen gegenüber den Juden.

RITTER UND BURGEN

Nordsee

scher Ozean

Bedeutende Burgen in Europa

0   100   200   300 km

Mittelländisches Meer

Kaum ein anderer Begriff wird so sehr mit dem Mittelalter identifiziert wie »Ritter«. Schimmernde Rüstungen, blanke Schwerter, rassige Pferde, hoch aufragende Burgen – das ist das Bild, das in zahlreichen Spielfilmen oder bei Mittelalterfesten vermittelt wird. Wie sah die Realität aus?

Noch in karolingischer Zeit waren grundsätzlich alle Freien zur Heeresfolge verpflichtet. Doch die immer aufwendigere Ausrüstung konnten sich viele nicht mehr leisten. Dies führte letztlich zu einer Zweiteilung der Gesellschaft in Waffen tragende Kämpfer und eine breite Masse, die diese zu unterhalten hatte. So stand im Mittelpunkt der Heeresreform Karls des Großen die Sicherstellung einer möglichst großen Zahl von Panzerreitern. Militärisch waren diese sehr viel schlagkräftiger als das schlecht ausgerüstete und ausgebildete Fußvolk. Aus dieser Sonderrolle entwickelten die schwer bewaffneten Reiter ein Elitebewusstsein, das sie vom großen Rest der Freien abhob. Karl unterstützte diese Entwicklung noch, indem er seinen Panzerreitern Lehen übertrug. Die Inhaber von Lehen bezeichnet man im Mittelalter als Vasallen; diese waren in einem gegenseitigen Treueverhältnis mit dem Lehnsgeber verbunden (siehe Kasten S. 57). Auch diese enge Bindung an den Herrscher trug zum Elitebewusstsein der Kriegerklasse bei. Das kostbare Pferd wurde, neben Rüstung und Waffen, zu seinem Symbol und gab ihm auch den Namen: »Ritter« – was zunächst nichts anderes bedeutet hat als »berittener Kämpfer«. Auch das lateinische »cabellarius«, das französische »chevalier« oder das spanische »caballero« hat diese Bedeutung. In ihrer deutschen Übersetzung aber – »Kavalier« – versteckt sich noch ein anderer Wortsinn, der ebenso zum Selbstverständnis der Reiterkrieger gehört hat. Ein Ritter sollte sich auch durch sein Verhalten von der Masse abheben. »Ritterliches« Verhalten umfasste eben nicht nur den Mut auf dem Schlachtfeld und die Treue zum König. Dazu gehörte auch eine an bestimmten Grundsätzen ausgerichtete Lebensführung. Ein mittelalterlicher Ritter sollte natürlich ein guter Christ sein, denn die Verteidigung des Glaubens war seine vornehmste Aufgabe: Er war ein »miles dei«, ein Soldat Gottes. Verteidigen sollte er aber auch die Armen und Schwachen – ebenjene, die seinem Schutz anvertraut waren.

Ein Zerrbild ritterlichen Verhaltens sind die heute so beliebten Rittermahle: Denn Ritterlichkeit bedeutete auch das rechte Maß zu halten in allen Lebenslagen, sich niemals gehen zu lassen; »hövesch« zu sein bedeutete mehr als unser daraus abgeleitetes Wort »höflich«, und »höfisch« weckt heute mitunter barocke Assoziationen. Im Mittelalter verstand man unter »hövesch« ganz allgemein gesittet, gebildet, den hohen Ansprüchen des Hofes genügend. Unerlässlich war ein solches Verhalten vor allem gegenüber der »frouwe«, der hohen Dame, um die der Ritter wirbt, indem er sie verehrt, sich ihr unterwirft wie der Vasall seinem Lehensherrn. Von diesem »Frauendienst« erzählten die Minnesänger. Ritter konnten sich mit den besungenen Helden ebenso identifizieren wie die hohen Frauen. Minnesänger wie Walther von der Vogelweide oder Wolfram von Eschenbach vermittelten in ihrer Liebeslyrik Idealvorstellungen höfischen Lebens.

Das Kostbarste, was ein Ritter besaß und daher zugleich das wichtigste – und teuerste – Statussymbol, war sein Pferd: Karl der Große tauschte einst ein ganzes Dorf für ein Pferd, und im 14. Jahrhundert musste ein Ritter 800-mal mehr für sein Schlachtross bezahlen als ein Bauer für sein Arbeitstier. Dazu kamen horrende Ausgaben für Rüstung und Waffen. Genügte im frühen Mittelalter noch ein Kettenhemd, so wurde dieses seit dem 13. Jahrhundert durch den sogenannten Plattenharnisch ergänzt. Immer mehr Körperstellen wurden durch Metallplatten geschützt, was allerdings auch eine immer

Der Codex Manesse zeigt einen Ritter, der gegen einen anderen unbewaffneten Ritter anreitet. Dem Unbewaffneten reicht eine Dame eine Lanze. (Buchmalerei, 1310)

DAS RITTERLICHE TURNIER

Kaum ein Spielfilm, der in der Zeit des Mittelalters spielt, kommt ohne die Darstellung eines ritterlichen Turniers aus. Seine Wurzeln liegen in Frankreich, erst im 12. Jahrhundert wurde es im deutschen Sprachraum üblich. Besonders im Zeitalter der Staufer kam es dann tatsächlich zu dem Ablauf, wie wir ihn aus Filmen und von Bildern kennen, wenn zwei Reiter mit stumpfer Lanze aufeinander losstürmen und versuchen, den jeweils anderen aus dem Sattel zu heben. In der Anfangszeit liefen Turniere sehr viel unkoordinierter und mit wesentlich größerer Beteiligung ab. Dabei stürmten mehrere hundert Ritter in voller Formation aufeinander. Das war die übliche Taktik eines ritterlichen Angriffs und diente daher vor allem der militärischen Übung. Die Kirche sah solche Schauspiele, bei denen es mit schöner Regelmäßigkeit zu Toten kam, nicht gern. Ein entsprechendes kirchliches Verbot wurde erst 1316 aufgehoben. Die Turniere des hohen und späten Mittelalters waren in der Regel in große Feste eingebettet. Sie boten neben der Gelegenheit, sich im Zweikampf zu messen, auch eine Bühne für die Darstellung höfischen Verhaltens.

geringere Bewegungsfreiheit der Ritter zur Folge hatte. Bei der Kopfbedeckung lässt sich eine ganz ähnliche Entwicklung feststellen: Frühmittelalterliche Helme schützten Haupt und Nase (Nasalhelm), im 12. Jahrhundert kam dann der wegen seiner runden Form sogenannte Topfhelm, der auch das gesamte Gesicht bedeckte. Bei dem aus vier Eisenplatten zusammengesetzten Kübelhelm blieben dann vom 14. Jahrhundert an nur noch kleine Sehschlitze offen. Auch hier ging der bessere Schutz zu Lasten der Bewegungsfreiheit. Die klassische Waffe des Ritters war das Schwert, doch kämpfte er auch mit Lanze, Streitkolben und -axt. Der Verteidigung diente ein Schild, der seit dem 12. Jahrhundert mit dem Wappen bzw. dem Wappentier des Ritters geschmückt war.

Den Umgang mit diesen Waffen wie auch das höfische Verhalten musste jeder künftige Ritter erst einmal erlernen. Diese Ausbildung begann schon im Alter von sieben Jahren am Hof eines Verwandten, wo das »kint« lernte, bei Tisch zu bedienen oder wie man sich gegenüber einer »frouwe« verhielt. Auch sportliche Übungen standen auf seinem Ausbildungsplan. Als »Knappe« ging jeder junge Adlige dann im Alter von etwa 12 bis 14 Jahren bei einem erfahrenen Ritter in die Lehre. Rund sieben Jahre dauerte diese Lehrzeit, die mit der Schwertleite endete, der feierlichen Umgürtung des Knappen mit der Waffe, die ihn zum vollwertigen Ritter machte. Der Ritterschlag, wie man ihn aus vielen Spielfilmen kennt, stammt ursprünglich aus Frankreich und setzte sich im deutschen Sprachraum erst im 14. Jahrhundert durch. Meist fand die Schwertleite an einem kirchlichen Feiertag wie Pfingsten oder im Rahmen eines höfischen Festes, etwa einer Hochzeit, statt.

So wie sich die Ritter durch ihr Äußeres und durch ihr Verhalten abhoben, so taten sie es im wahrsten Sinne des Wortes auch durch ihren Wohnort. Die Adligen des frühen Mittelalters lebten in kaum oder gar nicht befestigten Gutshöfen. Vom 10. Jahrhundert an aber zogen sie auf jene Bauten, die bis heute untrennbar mit ihnen verbunden sind: die Burgen. Natürlich hatte dies auch militärische Gründe, aber Burgen waren ebenso Statussymbole, die von Macht und Bedeutung ihrer Bewohner kündeten. Der Ritter gehörte nicht mehr zur Masse, sondern stand abgesondert über ihr. Diese Bedeutung der Burg kommt am besten in den Bergfrieden zum Aus-

druck. Deren militärische Bedeutung
scheint gar nicht so im Vordergrund gestanden zu haben, wie lange Zeit angenom-
men. Vor allem war der Bergfried ein weit-
hin sichtbares Status- und Machtsymbol.
Der Bau von Burgen war ursprünglich ein
königliches Privileg, das jedoch im Zuge
der Territorialisierung im Heiligen Römischen Reich zusehends aufgeweicht wurde.
Wer eine Burg besaß, der hatte den sozialen
Aufstieg für alle sichtbar geschafft. Das
galt auch für die ursprünglich unfreien
Ministerialen. Diese »Dienstmänner« oder
neudeutsch »Verwaltungsbeamten« waren
die großen Aufsteiger des hohen Mittelalters. Ihre Ämter wurden erblich, sie selbst
nahmen sich die adligen Ritter zum Vorbild
und stiegen schließlich selbst in den Adels-
stand auf.

Das Ideal des Ritterlebens war das eine,
die Realität oft eine andere. Auf den Burgen
war es kalt, feucht und zugig. Nur die wenigen Räume, die über einen Kamin verfügten – die »Kemenaten« – konnten beheizt
werden. Die Familie des Burgherrn schlief
oft in einem Bett, um sich gegenseitig zu
wärmen. Doch es war nicht nur kalt, sondern auch dunkel, weil sich Glasfenster
kaum ein Ritter leisten konnte. Die Fenster
waren stattdessen mit hölzernen Läden oder
Tierhäuten verschlossen. In den Burghöfen kleiner Adliger konnte man eher Kühe muhen als Pferde wiehern
hören. Wie es auf einer solchen Burg zuging, hat der
Humanist Ulrich von Hutten 1518 in einem Brief an
den Nürnberger Ratsherrn Willibald Pirckheimer beschrieben:

Sein Aquarell eines Reiters (1498) hat Albrecht Dürer eigenhändig
beschriftet: »Dz ist dy rustung Zw der zeit in tewtschlant gewest.«

*»Man lebt auf dem Feld, im Wald und auf jenen Burgen. Die uns ernähren,
sind bettelarme Bauern, denen wir unsere Äcker, Wiesen und Wälder
verpachten.*
*Die Burg selbst … ist nicht gebaut, um schön, sondern um fest zu sein:
von Wall und Graben umgeben, innen eng, da sie durch die Stallungen für
Vieh und Herden versperrt wird. Daneben liegen die dunklen Kammern,
angefüllt mit Geschützen, Pech, Schwefel und dem übrigen Zubehör der
Waffen und Kriegswerkzeuge.*
*Überall stinkt es nach Pulver, dazu kommen die Hunde mit ihrem Dreck,
eine liebliche Angelegenheit, wie sich denken lässt …. Man hört das*

*Blöken der Schafe, das Brüllen der Rinder, das Hundegebell, das Rufen
der Arbeiter auf dem Feld, das Knarren und Rattern von Fuhrwerken und
Karren, ja wahrhaftig, auch das Heulen der Wölfe wird im Haus vernehm-
bar, da der Wald so nahe ist.*
*Der ganze Tag, vom frühen Morgen an, birgt Sorge und Plage, bestän-
dige Unruhe und dauernden Betrieb. Die Äcker müssen gepflügt und
gegraben werden, die Weinberge kosten Mühe, Bäume müssen gepflanzt,
Wiesen bewässert werden; man muss eggen, säen, düngen, mähen und
dreschen. Es kommt die Ernte und Weinlese.*
*Wenn es dann einmal ein schlechtes Jahr gewesen ist, wie es jener Mager-
keit häufig geschieht, so tritt furchtbare Not und Bedrängnis ein, bange
Unruhe und tiefe Niedergeschlagenheit ergreift alle.«*

rechts:
Burg Eltz an der Mosel ist eine der besterhaltenen Burgen des Mittelalters. Die Gebäude wurden zwischen dem 13. und dem 16. Jahrhundert errichtet.

Als Ulrich von Hutten diese Zeilen schrieb, war das Rittertum zwar längst im Niedergang begriffen, und bewusst malte er den Kontrast zwischen dem bequemen Stadtleben Pirckheimers und seinem Leben auf der Burg besonders drastisch. Doch liegt er damit wohl auch nah an der Realität einer hochmittelalterlichen Burg, wenn diese nicht gerade einem mächtigen Herzog oder Grafen gehört hat.

Dass ein Adliger wie Ulrich von Hutten den Bürger einer Stadt beneidet, ist zugleich aber natürlich auch ein Sinnbild für den Niedergang des Rittertums im späten Mittelalter und in der frühen Neuzeit. Zwar schauten manche Ritter noch immer gern auf die reichen »Pfeffersäcke« herunter, doch war das der Neid jener, die von der wirtschaftlichen Entwicklung überholt worden waren. Und nicht nur von dieser: Die Niederlagen Karls des

Kühnen, der in den Burgunderkriegen 1476/77 gegen die Schweizer kämpfte und verlor, war ein Abgesang auf die militärische Überlegenheit der Ritter. In ihren schweren Rüstungen kaum noch bewegungsfähig, glichen sie – wenn sie einmal vom Pferd gefallen waren – Schildkröten, die auf dem Rücken lagen. Mit ihren – unritterlichen – Armbrüsten durchbohrten die Schweizer die Panzer der Ritter.

Die Entwicklung der Feuerwaffen ließ Rüstungen dann später vollends obsolet werden. Das Zeitalter der Ritter war zu Ende; erst das 19. Jahrhundert sollte auf der Suche nach einer besseren, goldenen Zeit wieder von den Rittern des Mittelalters träumen – und Ludwig II. von Bayern seinen Traum vom Mittelalter auf Neuschwanstein gar prachtvoll in Szene setzen.

Die Burganlage der Marienburg in Pommern. Von 1308 bis 1457 war die Marienburg Residenz der Hochmeister des Deutschen Ordens.

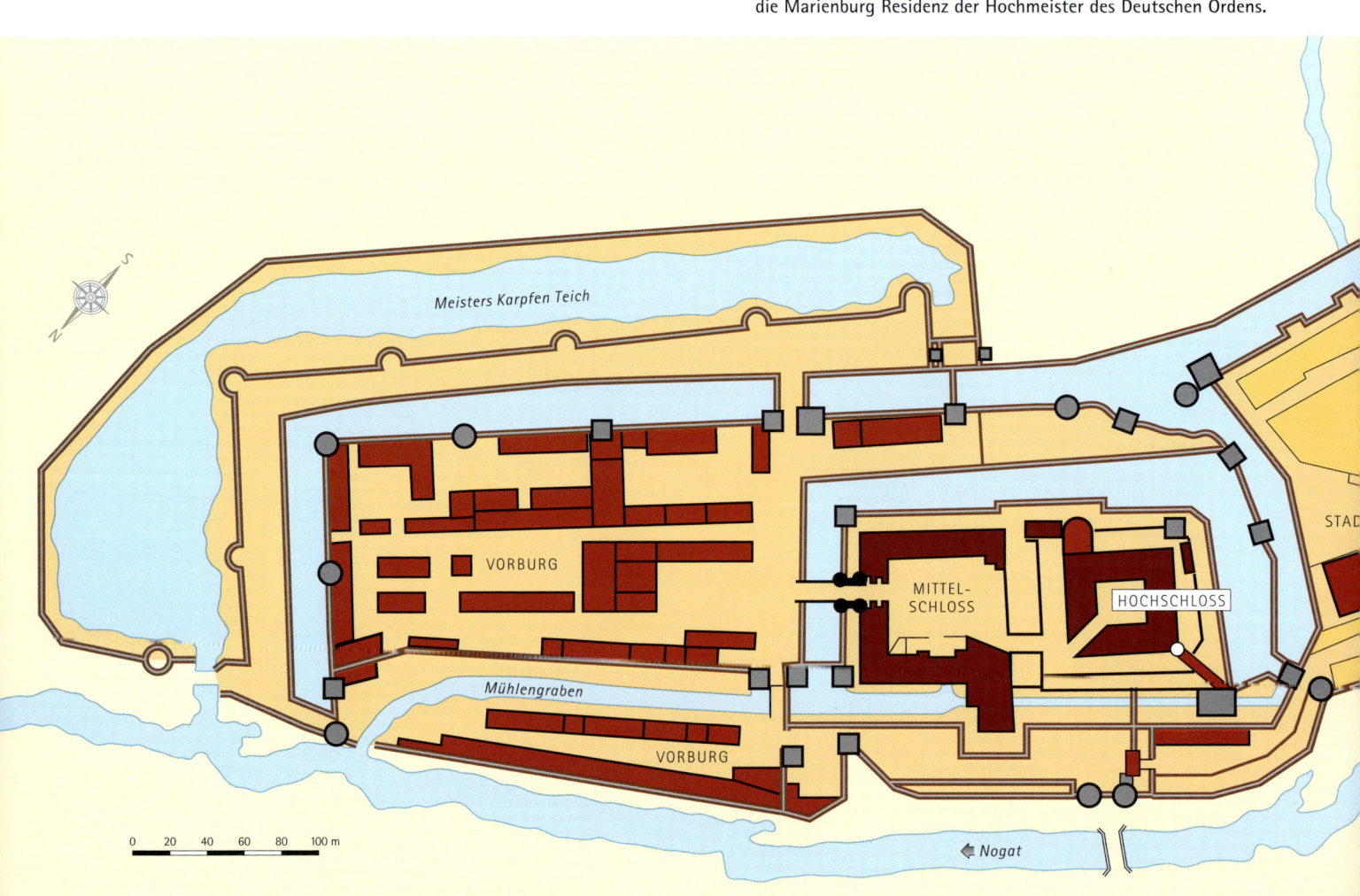

BURGEN

Zwischen 20.000 und 25.000 Burgen gibt es allein in Deutschland. Die meisten von ihnen wurden zwischen dem 11. und dem 14. Jahrhundert erbaut. Die Erkennungsmerkmale einer klassischen hochmittelalterlichen Adelsburg sind Bergfried, Ringmauer und Wohnbau (Palas). Zwar haben die sich hoch über dem Umland erhebenden Gipfelburgen unsere Vorstellung geprägt, doch wurden Burgen den unterschiedlichsten topografischen Lagen angepasst: Weitverbreitet sind die sogenannten Spornburgen, die auf einem Bergsporn liegen, der nach drei Seiten steil abfällt, aber über die vierte Seite mit dem dahinter liegenden Plateau verbunden ist. In flachen Regionen boten Wasserburgen Schutz.

Die Wahl des Bauplatzes musste wohlüberlegt sein: Die exponierte Lage der meisten Burgen hatte nicht nur militärische Gründe, sondern signalisierte darüber hinaus, wie bedeutend und mächtig ihr Bauherr war. Dazu kamen praktische Überlegungen: Zum Bau einer Burg benötigte man jede Menge Steine und Holz. Beides musste in unmittelbarer Nähe vorhanden sein. Das Holz war dabei seltener das Problem, denn eine der ersten Arbeiten war ohnehin das Roden des Burgbergs. Außerdem wurde Wasser benötigt, nicht nur für die spätere Versorgung der Burg, sondern auch bereits beim Bau als Bindemittel für den Mörtel.

Während heute für jedes kleine Einfamilienhaus von einem Architekten ein genauer Plan erstellt wird, gab es selbst bei den Burgenbauten des Mittelalters nur grobe Skizzen, die auf der Baustelle in Holz oder Stein geritzt oder auch nur auf den Boden gezeichnet wurden. Der Grundriss wurde mit Pflöcken und Schnüren eingemessen. Es bedurfte daher der ständigen Anwesenheit des Baumeisters auf der Baustelle, denn mit dem Grundriss allein konnten die Handwerker nicht viel anfangen: Wo kamen Fenster und Türen hinein, wie hoch sollten die Mauern werden, wie groß die Räume? Alles das existierte nur im Kopf des Baumeisters.

War die Baustelle eingerichtet, konnten die eigentlichen Bauarbeiten beginnen. Im – möglichst nahen – Steinbruch arbeiteten die Steinbrecher, die das Gestein aber nur grob behauten. Vom Steinbruch wurde das Baumaterial meist von fronpflichtigen Bauern zur Baustelle gebracht. Dort warteten bereits die Steinmetze, die aus den groben Klötzen kunstvoll behauene Quader formten. Die Steinmetze gehörten daher zu den wichtigsten und am besten bezahlten Handwerkern. Sie waren Spezialisten, die in der Regel nicht aus der näheren Umgebung kamen, sondern mit dem Baumeister von Burgbaustelle zu Burgbaustelle zogen.

Doch wie schafften es die mittelalterlichen Handwerker überhaupt, so hohe Mauern zu errichten? Nicht anders als heute – mit einem Gerüst. Dabei gab es auch schon die bis heute üblichen, auf den Boden gestellten Gerüste. Doch bot das unwegsame Gelände bei Gipfel- oder Spornburgen dafür oft gar keinen Platz. Daher wurden meist sogenannte Auslegergerüste verwendet. Dabei wurden Hölzer in die Steine eingemauert, auf die dann Bretter gelegt werden konnten. Um die bis zu 500 Kilogramm schweren Quadersteine nach oben zu hieven, wurden Flaschenzüge verwendet. Seit dem Ende des 13. Jahrhunderts kamen dabei Tretkräne zum Einsatz.

Anders als viele Kathedralen wurden die meisten Burgen im Mittelalter auch zu Ende gebaut, und dies in der Regel in der erstaunlich kurzen Bauzeit von drei bis sechs Jahren. Das lag zum einen natürlich an der einfacheren Bauweise, aber auch an der effizienten Arbeit von Baumeister und Handwerkern, die ein eingespieltes Team waren.

DIE ENTDECKUNG DER WISSENSCHAFT

UNIVERSITÄTEN

ENTDECKUNGSFAHRTEN

DIE RENAISSANCE

Christoph Kolumbus gilt bis heute als Inbegriff des
Entdeckers. Dieser Farbholzschnitt von 1904 zeigt
die Santa Maria, das Schiff des berühmten Seefahrers
bei seiner ersten Überquerung des Atlantiks, auf
stürmischer See.

UNIVERSITÄTEN

1494 ● Aberdeen

● St. Andrews
1411

Glasgow ●
1451

Nordsee

Kopenhagen ●
1478

Rostock ● 14
1419

Greifswa

Atlantischer Ozean

Oxford ● Cambridge
1167   1229

Löwen ●
1425

Köln ●
1388

Wittenberg ●
1502

Erfurt ● Leipz
1379   1409

Mainz ●
1476

Trier ● 1473   Würzburg ●
1386 1402

Pra
1348

um 1150 ● Paris

Heidelberg ●

Tübingen ● 1476   Ingolstadt ●
1455   1472

Freiburg ●

Nantes ● Angers ● Orléans
1460   1337   1309

Bourges ●
1464

Besançon ●   Basel ●
1422   1485   1459

Dôle ●

Poitiers ●
1431

Bordeaux ● Cahors
1441   1332

Grenoble ●
1454   1339

1228   Vicenza 1204

Vercelli ●   Treviso 1318

Valence ●   Turin ●
1365   1405

Piacenca ●
vor 1300

Padua ● 1222

Palenzia 1208 ●

Toulouse ●   Orange
1229   1365

Montpellier ●

Pavia ●
nach 1300

Reggio ●   Ferrara ● 1391
vor 1300

Valladolid ● 1250

Salamanca ●
1243

Huesca ●   Perpignan ● Avignon
1349   1289   1303   Aix
1409

Bologna ●
1088

Coimbra ●
1290

1482 ●

Lerida ●
1300

Pisa ●
1343

1215   Arezzo ●

Avila ● 1499   Zaragoza
1474

Barcelona ●
1450

Siena ●
1357

Perugia ●
1308

Lissabon ●
vor 1300

Alcala

Rom ●
1303

vor 1300 ● Valenzia

Palma ●
nach 1400

1224
Neapel ●

Saler
um 10

Sevilla ●
1254

Mittelländisches Meer

C
nach

Europäische Universitäten im Mittelalter

Die Jahreszahlen hinter den Städten geben das
Gründungsjahr der jeweiligen Universität an.

○ Uppsala
1477

Im frühen Mittelalter lag die Bildung nahezu ganz in der Hand der Kirche. Dies galt für die Grundlagen des Wissens – Schreiben, Lesen und Rechnen – ebenso wie für die höhere Bildung.

Grundlage dieser höheren Bildung in den Kloster- und Domschulen waren die auf die römische Antike zurückgehenden sieben freien Künste (septem artes liberales): Grammatik, Rhetorik, Dialektik, Arithmetik, Geometrie, Astronomie und Musik. Eine dieser Domschulen war der Kirche von Notre-Dame in Paris angeschlossen. Berühmte Lehrer zogen Studenten aus ganz Europa in die Stadt an der Seine, allen voran Petrus Abaelard (1079-1142).

In einem Emanzipationsprozess löste sich die Gemeinschaft der Lehrenden und der Studierenden (»universitas magistrorum et scolarium«) aus der Obhut des Domkapitels und wurde zu Beginn des 13. Jahrhunderts zur selbst verwalteten Körperschaft, geschützt durch Privilegien von König und Papst, welche die rechtliche und wirtschaftliche Basis dieser Gemeinschaft (Universität) bildeten. Auch räumlich fand eine Trennung von dem zu eng gewordenen Gebiet um Notre-Dame statt. Lehrer und Schüler zogen in das später so genannte »Quartier Latin« auf dem linken Seineufer – das Quartier derer, die sich in der Sprache der Gelehrten unterhielten.

Paris wurde zum Vorbild für die meisten europäischen Universitäten. Lehrer und Studenten wurden dort seit der zweiten Hälfte des 13. Jahrhunderts in vier »Nationen« eingeteilt: Franzosen, Normannen, Pikarden und Engländer. Dabei handelte es sich nicht um eine Nationenbildung im modernen Wortsinn, sondern um eine sehr grobe Bestimmung nach der Himmelsrichtung, aus der die jeweiligen Angehörigen der »universitas« kamen. So gehörten die Studenten aus dem deutschen Sprachraum zur englischen Nation. An der Spitze der »Nationen« standen Prokuratoren, die den Rektor der Universität wählten.

Unterrichtsszene an der Pariser Universität.
(Buchmalerei, 15. Jahrhundert)

Trotz der weitgehenden inneren Selbstverwaltung blieb auch die Pariser Hochschule im Mittelalter mit der kirchlichen Hierarchie verbunden, allein schon in der Finanzierung durch kirchliche Pfründen, und unterstand letztlich der päpstlichen Kontrolle.

Dass die Pariser Universität traditionell »Sorbonne« genannt wird, hat ihren Ursprung ebenfalls bereits im 13. Jahrhundert. Der Name geht auf Robert de Sorbon zurück, der Kaplan und Beichtvater König Ludwigs IX. von Frankreich war. Sorbon gründete 1257/58 ein Kolleg, in dem 16 mittellose Theologiestudenten Unterkunft und Verpflegung fanden.

Die Einteilung in Nationen, und auch hier war Paris Vorbild für andere Universitäten, wurde ergänzt durch die Einteilung von Lehrern und Schülern in vier Fakultäten. Zunächst gehörten alle Studenten der sogenannten Artisten-Fakultät an, in der sie – um es mit einem modernen Wort zu umschreiben – das Grundstudium auf der Basis der sieben freien Künste absolvierten. Danach standen ihnen drei Fakultäten für das weitere Studium offen: Rechtswissenschaft, Medizin und Theologie. Die philosophische Fakultät entwickelte sich dann später aus der ursprünglich nur als Basis gedachten Artisten-Fakultät.

Die Liebesgeschichte zwischen Peter Abaelard und seiner Schülerin Heloise ist durch den späteren Briefwechsel der beiden unsterblich geworden. Dieses Gemälde von Angelika Kauffmann (um 1778) zeigt die Trennung der beiden und den Eintritt Heloises in ein Kloster.

Schon die großen Kathedralschulen waren keine Anstalten des stupiden Auswendiglernens gewesen; ganz im Gegenteil: Petrus Abaelard hatte eben deshalb so viele Schüler angezogen, weil er in seinen Vorlesungen und Disputationen die Welt und den Glauben auf der Basis vernunftorientierter Argumentation zu erklären versuchte. Berühmt wurde seine Schrift »Sic et non« (Ja und Nein), in der er Evangelium und Kirchenväter auf diese Weise förmlich sezierte. Dabei stellte er scheinbar widersprüchliche Zitate einander gegenüber, um in der Abwägung zu einer rationalen Interpretation der jeweiligen Glaubensinhalte zu kommen. Diese dialektische Methode war die Basis für die mittelalterliche Scholastik, als deren Begründer Petrus Abaelard bezeichnet wurde.

Der Versuch, den Glauben mit Kriterien der Vernunft zu erfassen, blieb nicht unwidersprochen. Entschiedenster Gegner Abaelards in dieser Frage wurde Bernhard von Clairvaux. Für den wortgewaltigen Zisterzienserabt konnte der Glaube nur als mystisches Erlebnis erfahren werden. Dass Petrus Abaelard sogar auf Widersprüche in den Quellen hinwies, um diese mit den Kriterien des Verstandes zu lösen, war für Bernhard ein gefährliches Unterfangen; aufhalten konnte er den Siegeszug der Scholastik nicht, deren bekanntester Vertreter Thomas von Aquin (1225-1274) wurde. In seiner »Summa Theologica« hat der Dominikanermönch sogar versucht, die Existenz Gottes rational zu belegen. Einen großen Einfluss auf die Schriften der Scholastiker, unter ihnen auch Thomas' Lehrer Albertus Magnus (um 1193-1280) und der englische Franziskaner Alexander von Hales (um 1185-1245), hat die Wiederentdeckung der Schriften des Aristoteles als methodische Grundlage gehabt.

Als älteste Universität Europas gilt jene von Bologna, auch wenn es bei ihr – so wenig wie in Paris – einen förmlichen Gründungsakt gegeben hat. Eine Historikerkommission einigte sich im 19. Jahrhundert auf das Jahr 1088, von dem an in Bologna von einer Universität ge-sprochen werden kann. Dabei dominierte in der oberitalienischen Stadt zunächst das Studium der Rechtswissenschaften. Erst im 14. Jahrhundert kamen Philosophie, Arithmetik, Astronomie, Logik, Rhetorik und Grammatik dazu, die in der Artisten-Fakultät gelehrt wurden. Zwar gab es in Bologna keine »Nationen«, doch auch hier waren die Studenten nach ihrer Herkunft eingeteilt in »citramontani« und »ultramontani«. Diesseits der Berge – das waren alle Italiener; alle anderen kamen eben von jenseits der Berge. Man konnte auch in Bologna seit dem 14. Jahrhundert Medizin studieren, doch das Zentrum der medizinischen Bildung nicht nur in Italien, sondern für ganz Europa war die Hochschule von Salerno, die um 1030 errichtet wurde und damit eigentlich noch älter ist als die Universität von Bologna. Die für die Herausbildung der klassischen Universitäten typischen Privilegien finden sich auch in Bologna. So stellte Kaiser Friedrich I. Barbarossa 1155 alle auswärtigen Studierenden unter seinen Schutz und stärkte damit den universalen Charakter der Hochschule und damit der Wissenschaft. Anders als Paris beruhte die Selbstverwaltung in Bologna nicht auf der Gemeinschaft der Lehrenden und der Lernenden, sondern lag einzig in den Händen der Studenten.

BURSEN

Wenn mittelalterliche Studenten in eine Stadt kamen, durften sie nicht einfach wohnen, wo sie wollten. Ihre ersten Anlaufstellen waren die Bursen – Wohnheime, die von einem Magister betrieben wurden. Hier schliefen die Schüler und erhielten ihren ersten Unterricht. Das lateinische »bursa« heißt übersetzt »(Geld)börse« und bezieht sich auf den Betrag, den die Studierenden wöchentlich für Kost, Logis und Unterricht zu bezahlen hatten. Die Regeln in den Bursen waren streng, die Teilnahme an Vorlesungen und Disputationen Pflicht. Früh sollten die Studenten darin geübt werden, sich auf Lateinisch – der Sprache der gelehrten Welt – zu unterhalten.

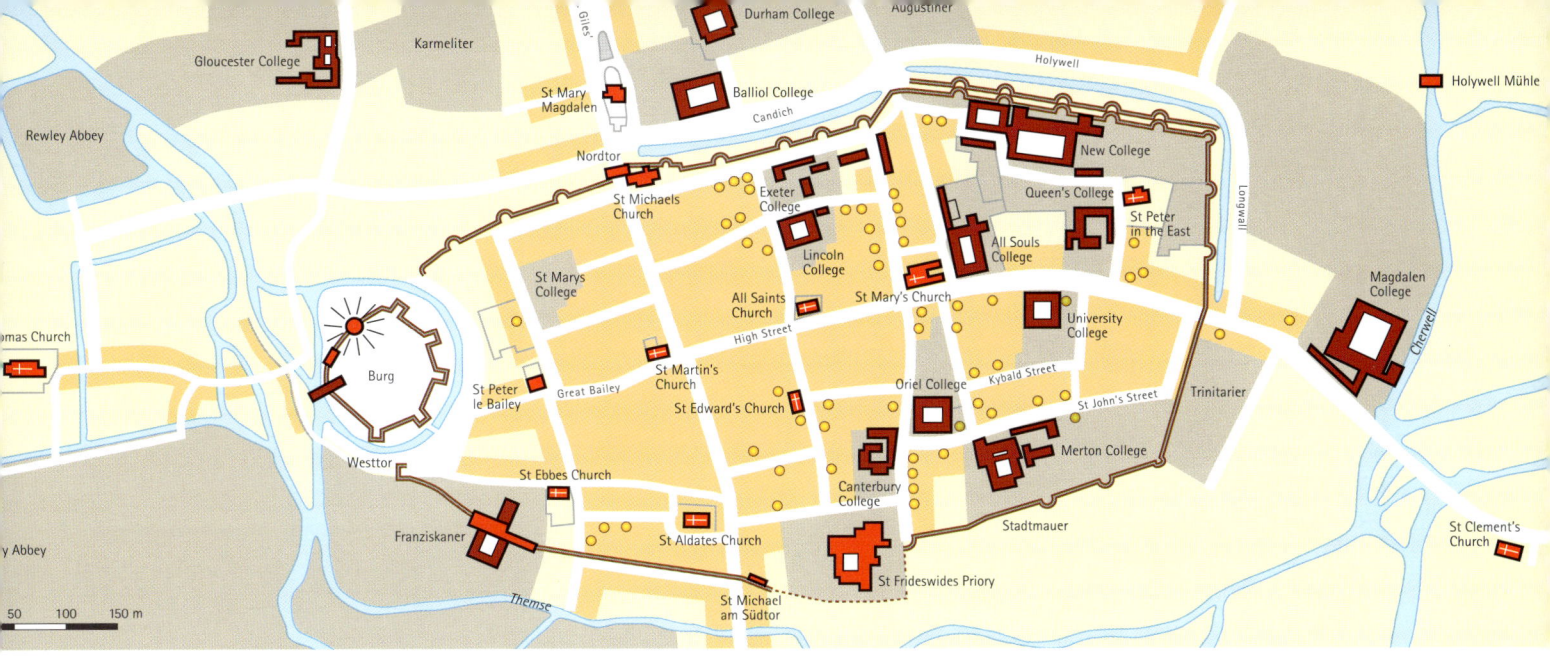

Oxford um 1500

klösterliche Bereiche 1500
bebaute Flächen 1500
○ Hall
■ Gebäude vor 1250 gebaut

Gleichfalls zu den ältesten Universitäten Europas zählt das englische Oxford. Auch diese Alma Mater geht zurück auf eine Klosterschule, doch kam der eigentliche Anstoß zur Gründung der Universität von König Heinrich II., der den englischen Studenten 1167 den Besuch der Universität von Paris untersagte. Dies hatte einerseits mit den Feindseligkeiten zwischen den beiden Ländern, andererseits aber auch mit dem Wunsch des Territorialherrn zu tun, die Ausbildung des eigenen Nachwuchses nicht einer fremden und damit nicht kontrollierbaren Macht zu überlassen.

Die erste von einem Landesherrn förmlich ins Leben gerufene Universität war jene von Neapel. Die dortige Hochschule wurde 1224 durch Kaiser Friedrich II., der zugleich König von Sizilien war, als »Landesuniversität« gegründet. Gleichzeitig untersagte Friedrich den Bewohnern seines Königreichs, irgendwo anders zu studieren als in Neapel. Hier und nirgendwo anders

sollten die künftigen Theologen, Juristen und Beamten des Landes ausgebildet werden. In der Gründungsurkunde liest sich dies so:

»Wir verfügen aber, dass in der lieblichen Stadt Neapel die Wissenschaften jeder Art gelehrt werden und die Studien blühen sollen, damit alle, die hungrig und durstig nach der Gelehrsamkeit sind, im Königreich selbst den Ort finden, an dem ihre Begier gestillt werden kann, und damit sie nicht gezwungen sind, auf der Suche nach Wissen auswärtige Völker aufzusuchen und in fremden Gegenden zu betteln«.

Mittel- und Osteuropa blieben hinter dieser Entwicklung lange zurück. Erst 1348 gründete Karl IV. die Universität von Prag, die in ihrer Organisation eine vollständige Kopie ihres Pariser Vorbilds war: mit der Einteilung in vier Nationen (Böhmen, Polen, Bayern und Sachsen), die Lehrer und Studenten umfasste sowie der Untergliederung in vier Fakultäten. Die erste Universitätsgründung im heutigen deutschsprachigen Raum war Wien (1365); es folgten Heidelberg (1386) als kurpfälzische und Köln (1388) als städtische Gründung.

Das Durchschnittsalter der mittelalterlichen Studenten war sehr viel niedriger als heute. Es lag bei rund 15, 16 Jahren. Doch gab es auch Studienanfänger, die gerade erst ihren zwölften Geburtstag hinter sich hatten.

Glauben als mystisches Erlebnis: Maria verleiht Bernhard von Clairvaux seine Beredsamkeit, indem sie ihn von ihrer Milch trinken lässt. (Fresko im Kloster Rivalta Scrivia, Piemont, Italien, 1480)

ENTDECKUNGSFAHRTEN

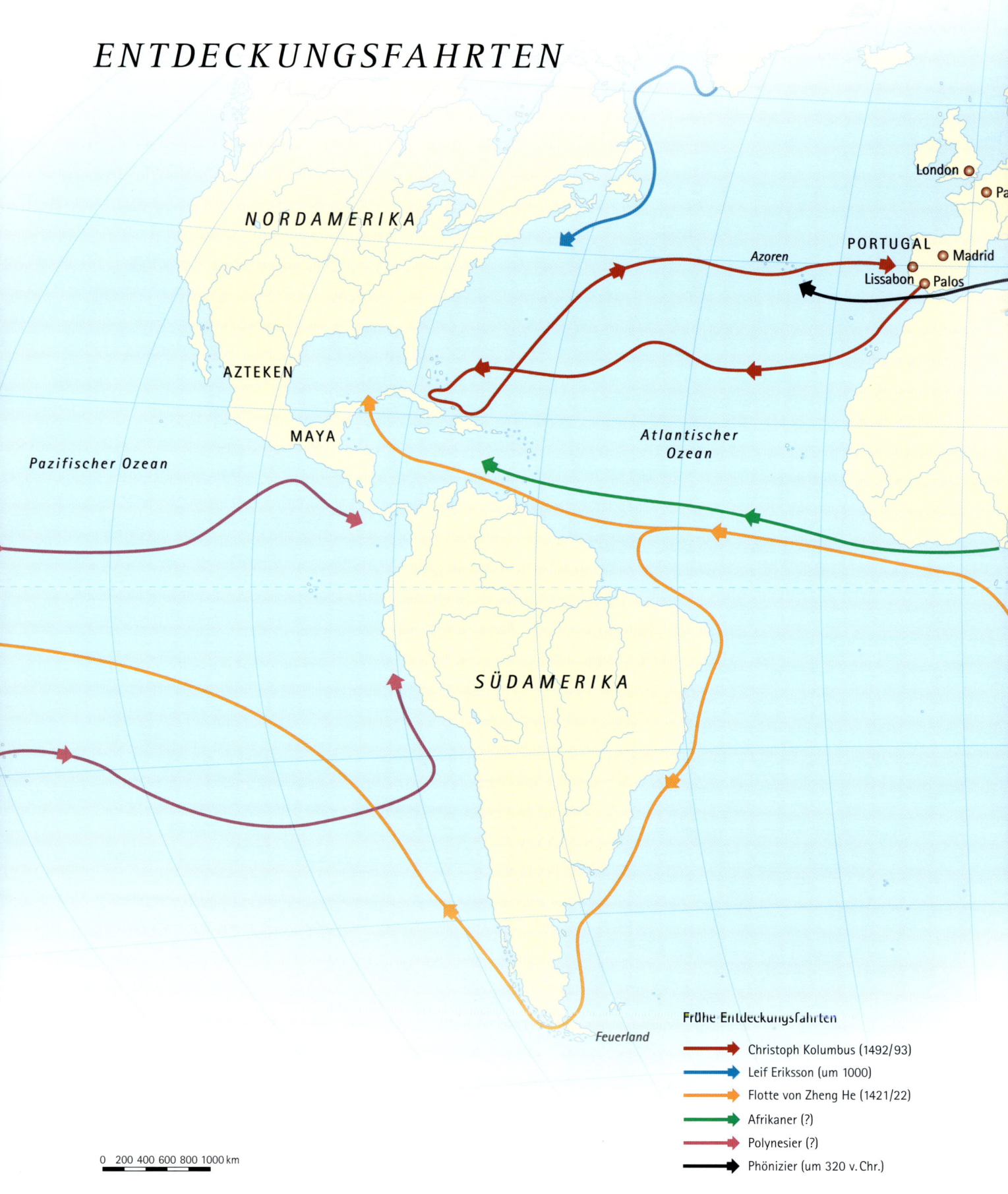

NORDAMERIKA

London

Par

PORTUGAL   Madrid

Azoren

Lissabon   Palos

AZTEKEN

MAYA

Atlantischer
Ozean

Pazifischer Ozean

SÜDAMERIKA

Feuerland

Frühe Entdeckungsfahrten

Christoph Kolumbus (1492/93)

Leif Eriksson (um 1000)

Flotte von Zheng He (1421/22)

Afrikaner (?)

Polynesier (?)

Phönizier (um 320 v. Chr.)

0   200 400 600 800 1000 km

Sucht man nach einem Datum für das Ende des Mittelalters, so wird oft – wenn nicht zumeist – das Jahr 1492 genannt. Eigentlich könnte man dieses Datum sogar noch präzisieren: Am 12. Oktober 1492 betrat Christoph Kolumbus erstmals den Boden der Neuen Welt, auch wenn er sich dessen gar nicht bewusst war. Natürlich ist das Mittelalter nicht an einem Tag zu Ende gegangen, doch ist die Entdeckung Amerikas ein epochales Ereignis gewesen, das zumindest aus europäischer Sicht den Beginn einer neuen Ära markiert hat. Denn anders als die erste Entdeckung Amerikas durch den Wikinger Leif Eriksson ist die zweite durch Christoph Kolumbus nicht folgenlos geblieben, weder für Europa noch für die »entdeckten« Völker und den Rest der Welt.

Das führt zurück zu der Motivation von Entdeckungsfahrten und damit doch wieder zu Leif Eriksson. Ihn trieb nicht Entdeckung um ihrer selbst willen und er suchte auch nicht nach einem kürzeren Seeweg nach Osten, wie später Kolumbus. Leifs Motivation war die gleiche, wie sie die Wikinger auch angetrieben hat, überhaupt ihre Siedlungsplätze in Skandinavien zu verlassen: die Suche nach einem besseren Leben. Damit ist er viel näher an den späteren Auswanderern nach Amerika als etwa Kolumbus. Das raue Klima in Skandinavien ließ Ackerbau nur eingeschränkt zu, Klimaverschlechterungen dürften ebenfalls mit dazu beigetragen haben, dass die Wikinger an anderen Orten ihr Glück suchten – sei es durch reiche Beute, durch die Anlage von Siedlungen oder eine Mischung von beidem.

Leifs Vater Erik der Rote war auf der Suche nach geeigneten Siedlungsgebieten nach Island gekommen, wo sein Sohn Leif um 970 geboren wurde. Im Alter von 30 Jahren machte sich Leif selbst auf den Weg – oder besser: auf die See –, um Land zu finden, auf dem sich gut leben ließ. Dabei stieß er nicht in gänzlich unbekanntes Terrain vor, denn schon 15 Jahre vor ihm war ein Wikinger namens Bjarni Herjolfsson an Grönland vorbei bis nach Labrador gesegelt. Er hat zwar den amerikanischen Boden nicht betreten, aber immerhin den Verlauf der Küste geschildert. Vielleicht war es diese Schilderung, die Leif zu seiner eigenen Reise motiviert hat.

Dabei umfuhr er zunächst die Küste Grönlands, wandte sich dann bei der Disko-Insel nach Westen, wo er auf der Höhe der Baffin-Insel erstmals an die amerikanische Küste stieß. Doch segelte er anschließend weiter nach Süden vorbei an der Halbinsel Labrador bis nach Neufundland. Leif Eriksson nannte die Insel »vinland« – eine Bezeichnung, deren Bedeutung umstritten ist. Denn Wein wuchs auch damals nicht auf Neufundland. Das Wort könnte auch »Weiden« oder »wilde Beeren« bedeuten. Leif blieb nur den Winter über in Vinland und kehrte im darauf folgenden Frühjahr wieder nach Island zurück. Es folgten Expeditionen seines Bruders Thorvald und weiterer Wikinger. Doch wurde daraus keine dauerhafte Besiedlung. Thorvald starb bei Auseinandersetzungen mit Ureinwohnern, und auch die Kolonie selbst wurde wohl aus diesem Grund bald wieder aufgegeben. Der erste Versuch einer europäischen Besiedlung des amerikanischen Kontinents war damit fehlgeschlagen.

Dass es eine solche Siedlung gegeben hat, ist mittlerweile auch archäologisch belegt. Reste davon wurden in L'Anse aux Meadows zu Beginn der 1960er Jahre freigelegt – und zwar sowohl Reste von Häusern, als auch Werkzeug, das eindeutig Wikingern zugeordnet werden kann. Interessant ist die Ausgrabung einer Schmiede, die zu der Vermutung geführt hat, dass hier Schiffe repariert wurden, bevor sie sich wieder auf die lange und gefährliche Rückreise nach Skandinavien begaben.

Der venezianische Kaufmann Marco Polo steht für eine weitere Motivation von Entdeckungen: Einzig wirtschaftliche Interessen und vielleicht eine Portion Abenteuergeist waren es, die ihn dazu bewogen haben, seine Reisen zu unternehmen. 24 Jahre lang, von 1271 bis 1295, dauerte die abenteuerliche Reise – von seiner Heimatstadt Venedig über den Orient nach China und wieder zurück. Sein Reisebericht »Il Milione« wurde zu einem der berühmtesten Bücher der Weltliteratur. Alexander von Humboldt nannte ihn »den größten Landreisenden vor dem Zeitalter der Entdeckungen«. Marco Polo war nicht der einzige Kaufmann, der solche Strapazen auf sich nahm, aber die meisten anderen europäischen Händler haben darüber selten geschrieben und schon gar keinen mit allerlei wundersamen Geschichten durchsetzten Bestseller. Und vielleicht hätte er selbst dies auch nicht getan, wäre er nicht drei Jahre nach seiner Rückkehr in

die Mühlen der Auseinandersetzung zwischen Venedig und Genua geraten und in einer genuesischen Zelle gelandet. Dass dort auch noch ausgerechnet ein Schriftsteller einsaß, dem Marco Polo seinen Bericht erzählen konnte, dürfte einer der großen Zufälle der Geschichte gewesen sein. Oder war der Bericht Marco Polos vielleicht auch nur eine schöne Erfindung, um sich die Zeit zu vertreiben? Denn die Frage, ob Marco Polo seine Abenteuer wirklich selbst erlebt oder nur aus den Reiseberichten anderer zusammengestückelt hat, wird bis heute kontrovers diskutiert. Das liegt nicht nur an den Wunderberichten. Warum etwa schreibt der Venezianer kein Wort über den Tee – dieses Getränk muss ihm doch aufgefallen sein, wenn er (wie er vorgibt) als Beauftragter Kublai Khans jahrelang durch China gereist ist? Oder über den Kompass, der in China längst alltäglich war, als man in Europa noch nicht davon zu träumen wagte? Mit Schiffen will der Venezianer doch an der chinesischen Küste unterwegs gewesen sein, und er hat darüber in seinem Buch ausführlich geschrieben, aber kein Wort über den Kompass. Doch vieles von dem, was er über seine Reise erzählt, stimmt: über die Gewohnheiten der Völker, denen er begegnet ist, über Geographie und Politik.

Marco Polo war – wenn seine Erzählungen denn stimmen – nicht der erste seiner Familie, der nach China gereist ist. Vor ihm waren bereits seine Brüder Niccoló und Maffeo am Hof Kublai Khans, des mächtigen mongolischen Herrschers, im heutigen Peking gewesen. Die Reise der älteren Polo-Brüder dauerte acht Jahre, von 1261 bis 1269. Nur zwei Jahre später brachen sie erneut auf, und dieses Mal nahmen sie ihren 17-jährigen Bruder mit auf die Reise. Mit dem Schiff ging es dabei zunächst nach Palästina, wo sie in Akkon Station machten. In Jerusalem besorgten sie sich heiliges Öl aus der Grabeskirche, um das der Großkhan die beiden Brüder bei ihrem ersten Besuch gebeten hatte. Über die Hafenstadt Iskenderun in der heutigen Türkei zogen die Polos den Euphrat hinab, um sich nach Hormus einzuschiffen, dem Zielhafen für Handelswaren aus China und Indien. Die Hafenstadt war der Umschlagplatz für Gewürze, Perlen, Edelsteine, Gold und Seide. Über Kerman, einen Kreuzungspunkt mehrerer Karawanenwege, führte sie ihr Weg in die Provinz Khubanan im Iran. Das Elburs-Gebirge im Norden des Landes war das nächste Hindernis, das es zu überwinden galt. Von dort ging es weiter

Auf ihrer ersten Reise von 1260 bis 1269 werden die Brüder Niccolo und Matteo Polo von dem mongolischen Herrscher Kublai Khan empfangen. (französische Buchmalerei, um 1412)

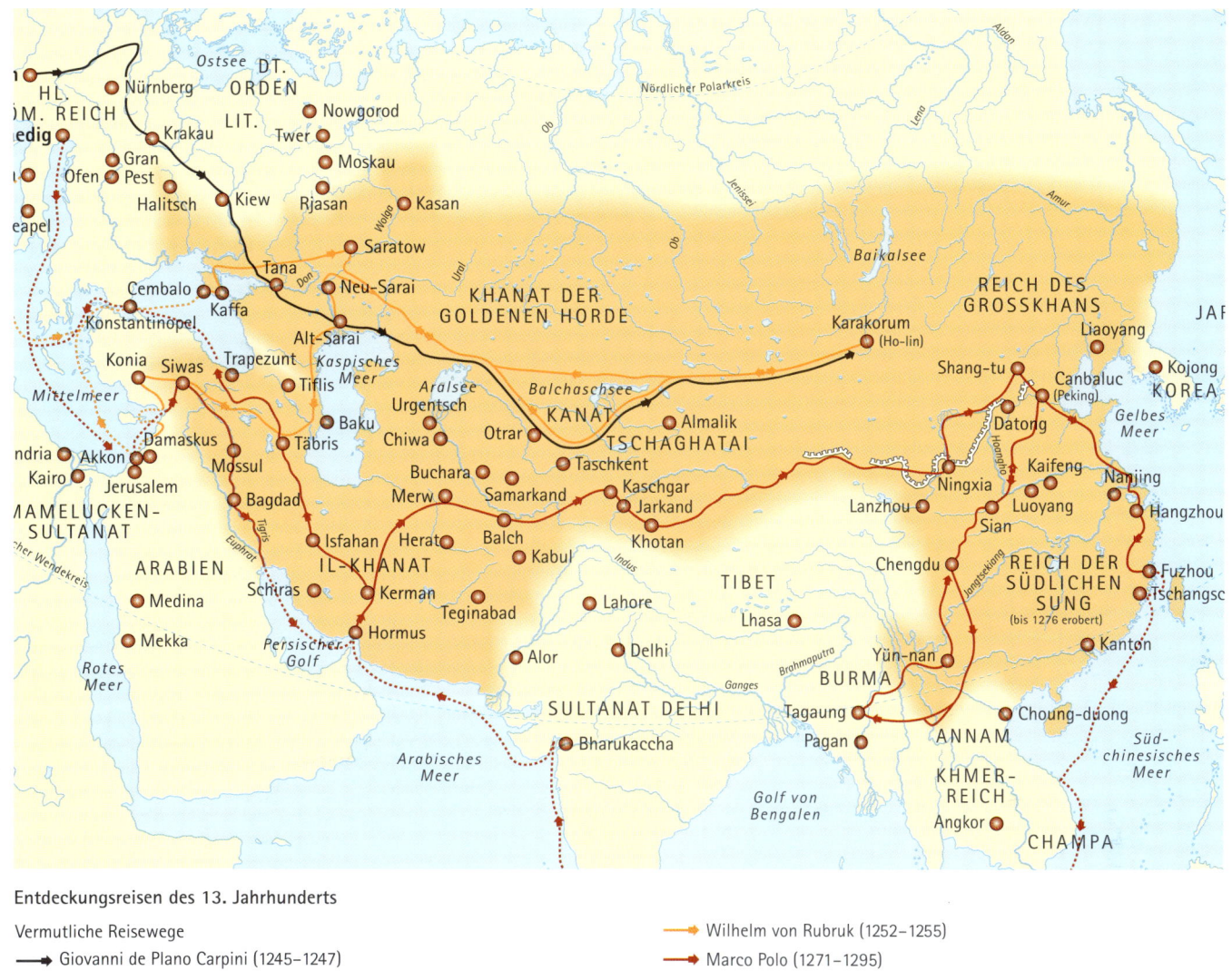

Entdeckungsreisen des 13. Jahrhunderts

Vermutliche Reisewege

→ Giovanni de Plano Carpini (1245–1247)

→ Wilhelm von Rubruk (1252–1255)

→ Marco Polo (1271–1295)

nach Vazirabad in Afghanistan und dann über Samarkand und Kaschgar durch die Wüste Takla-Makan nach China, wo sie 1275 bei Kublai Khan eintrafen. 16 Jahre lang blieben die Polos nach eigener Aussage in China, ehe sie 1292 die Heimreise auf dem Seeweg antraten, die noch einmal drei Jahre gedauert hat. Auf diesem Weg lernte Marco Polo unter anderem noch den indischen Subkontinent und Sri Lanka kennen, wo er mit der Lehre des Buddha in Berührung kam. Zuhause in Venedig arbeitete Marco Polo, abgesehen von seinem unfreiwilligen Aufenthalt in Genua, bis zu seinem Tod 1324 als Kaufmann.

Die Vorstellung von der Kugelgestalt der Erde war im späten Mittelalter längst bekannt. Insofern war die

Vorstellung eines westlichen Seewegs nach Indien nicht so revolutionär, wie man annehmen könnte. Die Idee dazu hatten auch schon andere Seefahrer, aber vor Kolumbus hat niemand systematisch versucht, diesen westlichen Weg nach Asien, den schon Aristoteles vermutet hatte, tatsächlich zu finden.

Die größte Seefahrernation Europas in dieser Zeit waren die Portugiesen. Auch sie glaubten an eine Seeverbindung nach Indien, die den gefährlichen und langen Weg über Land hätten ersetzen können. Allerdings setzte man in Portugal ganz auf eine mögliche Umschiffung Afrikas. Mit der Erkundung der afrikanischen Westküste hatte bereits Heinrich der Seefahrer (1394-1460) begonnen, ein Sohn König Heinrichs I. Allerdings reiste er nicht selbst, sondern finanzierte die Expeditionen lediglich – das aber mit erheblichem persönlichen Einsatz. Er handelte nicht ganz aus uneigennützigen Motiven, denn natürlich hoffte auch Heinrich auf reiche Handelsgewinne. Aber auch die Kolonisierung Zentralafrikas begann mit den ersten festen Forts, die die Portugiesen in dieser Zeit errichteten.

Dabei gelangten die Portugiesen immer weiter nach Süden. Ein Meilenstein war die Umschiffung des Kaps der Guten Hoffnung durch Bartoleomeu Diaz 1488. An dieser Möglichkeit war lange gezweifelt worden – nun stand der Seeweg nach Indien auf dieser Route offen. Der erste, der sie befuhr, war Vasco da Gama. Am 20. Mai 1498 erreichte er Kalikut an der Malabarküste.

Christoph Kolumbus wurde 1451 in Genua geboren, lebte aber seit 1477 in Portugal, wo sein älterer Bruder als Kartograf gearbeitet hat. In portugiesischen Diensten fuhr er in den folgenden Jahren zur See. Sein Versuch, König Johann II. von Portugal (1455-1495) für die Ausstattung einer Expedition zur Suche eines westlichen Seewegs nach Indien zu gewinnen, scheiterte jedoch. Kolumbus galt nicht wenigen als Angeber, und in Portugal setzte man damals, wie gezeigt, auf die Umschiffung Afrikas. Kolumbus' Vor-

stellung, dass der westliche Seeweg kürzer sei, wurde von den Experten am Hof des Königs nicht geteilt. Dass Kolumbus daraufhin 1485 nach Spanien ging, hat seine Ursache aber nicht allein in der Ablehnung seines Plans, sondern auch in persönlichen Schwierigkeiten. Kolumbus' Frau war gestorben, und er selbst steckte in finanziellen Schwierigkeiten.

Dass er in Spanien mehr Aufmerksamkeit fand, lag auch an der Konkurrenzsituation des Landes zu Portugal. Der Handel mit Asien versprach große Gewinne, und wenn es eine Möglichkeit gab, Portugal auf diesem Feld auszustechen, dann war das für die Katholischen Könige Ferdinand von Kastilien und Isabella von Aragón verlockend. Tatsächlich erhielt Kolumbus 1486 eine Audienz bei Isabella, musste sich aber in Geduld üben, da zuerst die Reconquista, die Eroberung der letzten muslimischen Gebiete auf der Iberischen Halbinsel, abgeschlossen werden sollte. Das war mit dem Einzug der Katholischen Könige in Granada 1492 der Fall, und insofern ist es kein Zufall, dass in diesem Jahr auch Kolumbus zu seiner Reise aufbrechen konnte. Dabei kamen Ferdinand und Isabella den man möchte fast sagen unverschämten Forderungen des Seefahrers weit entgegen: Sollte er bei

Zheng He (chinesischer Holzschnitt, um 1600)

IBN BATTUTA UND ZHENG HE

Auch in anderen Teilen der Welt gab es bedeutende Entdecker. Dabei ist Ibn Battuta (1304-1377) zu nennen, der von seiner Heimat in Nordafrika zunächst 1324 zu einer Pilgerreise nach Mekka aufgebrochen ist. Das war zwar auch im 14. Jahrhundert für Muslime nichts Ungewöhnliches, doch schon auf dem Weg nach Mekka über Kairo und Damaskus zeigte Ibn Battuta großes Interesse an Geographie, Geschichte und Bevölkerung der von ihm bereisten Länder. Er wollte immer mehr sehen und kehrte nach dem Abschluss seiner Pilgerfahrt nicht nach Nordafrika zurück, sondern reiste durch den heutigen Iran und Irak, besuchte Isfahan, Shiraz und Bagdad. Nach einem zweiten Aufenthalt in Mekka beschloss er, den Süden der muslimischen Welt zu erkunden. Von der Arabischen Halbinsel führte ihn sein Weg entlang der afrikanischen Ostküste bis zur Insel Sansibar. Wieder kehrte Ibn Battuta nach Mekka zurück, um

wieder ein Jahr später von neuem aufzubrechen. Diese Reise führte ihn bis nach Delhi. Da er seine Reisebeschreibungen vielfach mit fantastischen Elementen durchsetzte, wird Ibn Battuta oft mit Marco Polen verglichen.

Ein weiterer nichteuropäischer Entdeckungsreisender war der chinesische General Zheng He. Was seine sieben Expeditionen zwischen 1405 und 1433 außergewöhnlich macht, ist allein schon ihre schiere Größe: Rund 300 Schiffe mit über 25.000 Mann Besetzung umfasste seine erste Expedition, die ihn nach Indien und Indonesien führte. Bei seinen weiteren Reisen drang der General bis an die afrikanische Ostküste vor. Zheng He reiste nicht aus eigenem Antrieb, sondern im kaiserlichen Auftrag: Wie bei den europäischen Entdeckern gingen wirtschaftliche und politische Motivation Hand in Hand.

Die Abenteuer des Kolumbus verbreiteten sich wie ein Lauffeuer in Europa. Dieser Holzschnitt ist in einer Florentiner Flugschrift von 1493 enthalten. Er zeigt die Landung auf der Bahama-Insel Guanahani ein Jahr zuvor.

seiner Reise auf bislang unentdeckte Gebiete stoßen, verlangte er dort für sich das Amt des Vizekönigs und zehn Prozent der Einnahmen aus dem durch seine Reise ermöglichten Handel. Wie verlangt, machte Isabella den Seefahrer auch zum »Admiral des Ozeans«. Dies zeigt deutlich, dass die Motivation des Kolumbus nicht allein die eines selbstlosen Entdeckers war, sondern dass er sich von der Unternehmung Reichtum und sozialen Aufstieg erhoffte.

Mit drei Schiffen brach Kolumbus am 3. August 1492 zu seiner Expedition auf. Nach einem kurzen Aufenthalt auf den Kanarischen Inseln nahm der Admiral Kurs nach Westen. Dabei musste er bald einsehen, dass seine Vorstellung eines kurzen Seewegs falsch gewesen war. Als sich unter seinen Seeleuten bereits Verzweiflung Bahn brach, kam endlich das ersehnte Land in Sicht: Das war am 12. Oktober 1492 – Kolumbus war auf einer Insel der Bahamas gelandet. In den folgenden Wochen nahm er auch Hispaniola, das sich heute Haiti und die Dominikanische Republik teilen, und Kuba für die spanische Krone als Vizekönig in Besitz. Es folgten drei weitere Reisen, bei denen er unter anderem Puerto Rico und Jamaika sowie

die Küste Mittelamerikas entdeckte. Kolumbus selbst glaubte nicht, den indischen Subkontinent erreicht zu haben, was sein eigentliches Ziel gewesen war, aber er war der Überzeugung, auf Indien vorgelagerte Inseln getroffen zu sein. Er hatte keine Vorstellung davon, dass er einen völlig neuen Kontinent entdeckt haben könnte und auch nicht, wie weit es von diesem Kontinent noch nach Indien gewesen wäre.

Kolumbus' Leistung besteht vor allem in der unglaublichen Hartnäckigkeit, mit der er seine Idee verfolgt und letztlich auch umgesetzt hat. Ein reicher Mann, wie er gehofft hatte, wurde er freilich nicht. Mit seinem herrischen und aufbrausenden Wesen hatte er sich nur wenig Freunde gemacht. Die ersehnten Gewürze, mit denen sich hätte Geld verdienen lassen, fanden sich in der Karibik nicht, und erste Siedlungen darbten auf niedrigem Niveau. Christoph Kolumbus starb einsam und verbittert am 20. Mai 1506 in Valladolid.

DER VERTRAG VON TORDESILLAS

Unter päpstlicher Vermittlung wurde am 7. Juni 1494 der Vertrag von Tordesillas abgeschlossen. Darin wurde die Welt entlang des 38. Längengrades in eine portugiesische und eine spanische Einflusssphäre geteilt. Alle neu entdeckten und noch zu entdeckenden Gebiete westlich davon sollten Spanien gehören, alle östlich davon Portugal. Damit wurde Afrika zum Terrain der Portugiesen und die Neue Welt für die spanische Eroberung geöffnet. Mit einer Ausnahme: Brasilien. Das Land liegt wenigstens teilweise östlich des 38. Längengrades und wurde daher von Portugal kolonisiert. Dass dort heute anders als im Rest Lateinamerikas portugiesisch gesprochen wird, ist eine direkte Folge des Vertrags von Tordesillas.

Und so wurde der neue Kontinent auch nicht nach seinem »Entdecker« benannt, sondern nach dem italienischen Seefahrer Amerigo Vespucci, der – anders als Kolumbus – schon von einer »Neuen Welt« gesprochen hat. Der deutsche Kartograph Martin Waldseemüller hat diese »Neue Welt« auf einer Karte eingetragen, die er 1507 auf der Frankfurter Buchmesse vorgestellt hat, und er gab ihr den Namen: Amerika.

DIE RENAISSANCE

rechts:
Italien um 1450

»Durch die unendliche Flut von Unheil, die im Mittelalter dem unglückseligen Italien alle Lebensluft geraubt hatte, waren nicht nur die kunstvollen Bauwerke zerstört, sondern was noch viel schlimmer, es gab auch keine Künstler mehr.« So beklagt der italienische Maler und Schriftsteller Giorgio Vasari (1511-1574) jene Zeit zwischen der Antike und seiner Gegenwart – eben das Mittelalter. Für Vasari eine Zeit, in der Erkenntnisse und die Kunstfertigkeit der Antike, der großen Zeit Italiens, verloren gegangen sind. In der Architektur wurde die antike Hochkultur ersetzt durch einen Baustil, über den er nur die Nase rümpfen konnte und den er – fälschlicherweise – den Goten zuschrieb:

»Sie ließen, nachdem sie die Werke der Alten zerstört hatten, ihre Bauten in solcher Weise errichten. Jene waren es auch, die die spitzbogigen Wölbungen eingeführt und ganz Italien mit ihren verfluchten Gebäuden erfüllt haben... Bewahre Gott alle Länder künftig vor solchen Ideen.«

Diese Zeit aber war für Vasari mit der »rinascita«, der Wiedergeburt der Antike, zu Ende gegangen und zugleich jene Epoche angebrochen, die seit dem 19. Jahrhundert mit dem französischen Begriff »Renaissance« umschrieben wird. Vasari nennt als erstes Beispiel eines Künstlers, der sich von der »alten Manier« abgewandt hat, Cimabue (1240/45-1302). Dieser habe »das Licht der Malkunst« neu entzündet und – ganz wichtig für den Kunstbegriff der Renaissance – »nach der Natur« gemalt, »was in jener Zeit etwas Neues war«. Die Künstler der Renaissance gaben den von ihnen dargestellten Personen individuelle Züge, nicht immer zu deren Vorteil.

Domenico Ghirlandaio zeigt um 1488 einen alten Mann mit durch Rosenakne entstelltem Gesicht, aber nicht – wie im Mittelalter – um einen so porträtierten als Ketzer, Bettler oder Henker zu verunglimpfen. Nein: Seine Kleidung weist den alten Mann als wohlhabenden Angehörigen der Oberschicht aus. Ghirlandaio malt ihn, weil er eben so aussieht. Und trotzdem schafft er es, diesem entstellten Gesicht Würde zu verleihen. Voller Vertrauen blickt ein Kind, vielleicht der Enkel, zu dem alten Mann auf und fasst ihn zärtlich an. Der alte Mann weiß, dass er in diesem Kind weiterleben wird.

Die Wiederentdeckung der Individualität, die ihre Wurzeln im 13. und 14. Jahrhundert in den norditalienischen Städten hat, allen voran in Florenz, hat Giorgio Vasari einmal mit einer Anekdote über Giotto (um 1260-1337) verdeutlicht: Dieser habe, als er noch in der Lehre bei Cimabue gewesen sei, »einer Figur seines Meisters eine Fliege so natürlich auf die Nase gemalt«, dass dieser, als er sich »wieder an die Arbeit setzte, sie wie eine wirkliche Fliege mehrmals mit der Hand fortzuscheuchen suchte«. Doch Giotto, zu dessen berühmtesten Arbeiten die Fresken in der Basilika San Francesco in Assisi gehören, beließ es nicht bei Fliegen. Giottos Figuren stehen nicht mehr vor einem eindimensionalen Hintergrund, sondern perspektivisch im Raum.

Bildnis eines alten Mannes mit einem Knaben
(Gemälde von Ghirlandaio, 1488)

Cimabue und Giotto
bereiteten den Boden für die
eigentlichen Vollender der Renais-
sance-Malerei: Sandro Botticelli, dessen schaumgeborene Venus ein Lobpreis
weiblicher Schönheit ist. Raffael, dessen
Gemälde so leicht wirken und die doch auf ausgeklügelten geometrischen Kompositionen beru-
hen, oder Leonardo da Vinci (siehe Kasten S. 151),
der nicht nur Maler, sondern ein Universalgenie war.

Noch offensichtlicher als in der Malerei sind die An-
klänge an die Antike in der Skulptur der Renaissance. Wie
unterschiedlich die Interpretation der mythologischen
oder biblischen Gestalten dabei ausfallen konnte, zeigt
der Vergleich zwischen dem »David« des Donatello und
jenem Michelangelos. Der eine ein schlanker, zarter, fast
geschlechtslos wirkender Jüngling; der andere gleicht
eher einem antiken Helden mit deutlich angespannten
Muskeln und ausgeprägter Männlichkeit. Doch für beide
gilt, was einmal mehr Vasari über Donetallos »David«
geschrieben hat: »Diese Gestalt hat so viel Natur, Leben
und Weichheit, dass es Künstlern scheint, als müsse sie
über einen lebenden Körper geformt sein«. An antike
römische Reliefs erinnern die Bronzetüren des Baptis-
teriums in Florenz, die Lorenzo Ghiberti in der ersten
Hälfte des 15. Jahrhunderts geschaffen hat.

Bewusst an das Vorbild der Antike angeknüpft haben auch die Baumeister der Renaissance. Filippo Brunelleschi (1377-1446) reiste eigens nach Rom, um die erhaltenen Reste der Antike vor Ort studieren zu können. Dabei bewunderte er die harmonischen Proportionen und die klar gegliederten dekorativen Elemente der Bauten. Zurück in Florenz, baute er für die reiche Bankiersfamilie Pazzi zwischen 1430 und 1446 eine Grabkapelle an die Kirche Santa Croce; sie galt als der erste reine Renaissancebau. Brunelleschis Meisterstück aber wurde die Kuppel des Doms von Florenz, zu der er durch das Pantheon in Rom angeregt worden war. Seit der Antike hatte niemand Vergleichbares gewagt. Mit einem Durchmesser von über 45 Metern, einer Höhe von fast 115 Metern und einem Gewicht von 25.000 Tonnen war diese

Donatellos David (um 1440) ist die erste freistehende Aktfigur seit der Antike

Kuppel ein Bau der Superlative. Nicht wenige hielten Brunelleschi schlicht für verrückt. Und der Baumeister selbst scheint seiner Sache auch nicht ganz sicher gewesen zu sein. Er vertraute sein Bauwerk dem Schutz der Gottesmutter Maria an.

So individuell wie ihre Kunst, so individuell waren auch die Künstler, die sie geschaffen haben. Zwar wussten auch die Baumeister der gotischen Kathedralen und die mittelalterlichen Steinmetze um ihren Wert, aber sie blieben letztlich Handwerker mit allenfalls im Hintergrund erkennbaren individuellen Zügen. Anders die Künstler der Renaissance, die in ihrer Genialität anerkannt werden wollten und sich explizit als Künstler verstanden. Dieser Typus des Künstlers war in Italien sehr viel früher anerkannt als nördlich der Alpen. Als Albrecht Dürer 1505 erstmals nach Venedig reiste, war er fasziniert von der Bedeutung, die Künstlern in der reichen Lagunenstadt zukam – und dadurch letztlich auch ihm selbst, der doch nur ein Lehrling war und lange darauf warten musste, dass ihn der große Gentile Bellini empfing. In einem Brief schrieb Dürer damals: »Hier bin ich ein Herr, daheim ein Schmarotzer.«

Von entscheidender Bedeutung war die Renaissance für die Entwicklung einer gemeinsamen italienischen Hoch- bzw. Schriftsprache. Vor dem Hintergrund der Bedeutung von Florenz und anderen Städten in dieser Zeit erstaunt es nicht, dass der Dialekt der Toskana die Basis dafür gebildet hat. Dantes »Göttliche Komödie«, Petrarcas »Canzoniere« und Bocaccios »Decamerone« waren in der Sprache ihrer toskanischen Heimat geschrieben, auch wenn die Dichter selbstverständlich das Lateinische fließend beherrschten und in dieser Sprache gleichfalls geschrieben haben – immerhin war es das Idiom der von ihnen so verehrten römischen Antike.

Darauf baute auch der Humanismus auf, dessen Ideal auf dem Menschenbild der antiken Philosophen, allen voran Ciceros, beruhte. Auch wenn sich die Humanisten nicht gegen den christlichen Glauben wandten, so steht bei ihnen doch der individuelle Mensch im Mittelpunkt, dessen Sinnenlust im »Decamerone« so drastisch geschildert ist, dass manche Übersetzer im sittenstrengen 19. Jahrhundert diese Zeilen lieber ausließen. Die Kultur wurde den Humanisten zur »dritten Macht« neben Staat und Kirche. Ein beredtes Beispiel dafür ist die aus der Antike herrührende und in der Renaissance wieder aufgegriffene »Dichterkrönung« mit dem Lorbeerkranz.

Bedeutendster Humanist nördlich der Alpen war Erasmus von Rotterdam (1466-1536). Die Erfindung des Buchdrucks mit beweglichen Lettern – in Europa durch Johannes Gutenberg in der Mitte des 15. Jahrhunderts – ermöglichte die Verbreitung von humanistischer und anderer Literatur in viel größerer Auflage als dies zuvor

Dante erleuchtet mit seinem Buch »Die göttliche Komödie«
die Stadt Florenz. (Ausschnitt aus einem Gemälde von
Domenico di Michelino, 1465)

jemals möglich gewesen war. Auch dies ist ein Aspekt,
der in der Renaissance seine Wurzeln hat.

Dass gerade die ober- und mittelitalienischen Städte
zur Wiege der Renaissance geworden sind, hat seine Ursache zum einen schlicht im Geld, über das man dort
dank des blühenden Handels verfügte. Dazu kamen Familien als Mäzene, die im 15. Jahrhundert die Schalthebel
der Macht in diesen Städten zu besetzen begannen und
sich letztlich eine fürstengleiche Stellung verschafften: die
Medici in Florenz, die Gonzaga in Mantua, die Visconti
und die Sforza in Mailand, die Este in Ferrara.

Nicht von einer Familie geprägt und doch für die Entwicklung der Renaissance in Italien von eminenter Bedeutung sind Venedig und Rom. Rom zunächst als Wiege der
Antike, in der noch Bauwerke aus der Zeit studiert werden
konnten, dann aber vor allem als Stadt der Päpste. Die
Renaissance-Päpste dieser Zeit versäumten zwar die not-
wendige Reform der Kirche, doch machten sie Rom nach
Jahrhunderten des Niedergangs wieder zum Zentrum von
Wissenschaft und Kultur, das Künstler magisch anzog.

Selbstbildnis (Rötelzeichnung, 1515)

LEONARDO DA VINCI

Leonardo da Vinci (1452-1519) gilt als das Universalgenie schlechthin. Seine Neugier kannte keine
Grenzen, ebenso wenig wie sein Betätigungs-
feld. Als Maler war Leonardo nicht besonders pro-
duktiv, doch gehören die wenigen erhaltenen Gemälde von ihm zu den herausragenden Werken
der Kunstgeschichte: allen voran natürlich seine
»Mona Lisa« im Pariser Louvre.
1498 vollendete er das »Abendmahl«: Die ungewöhnliche räumliche Tiefe, die lebhaften Ge-
bärden der Apostel und das Spiel mit Licht und
Schatten nehmen den Betrachter trotz des
schlechten Erhaltungszustands des Gemäldes bis
heute gefangen. Am Hof der Sforza in Mailand
war Leonardo nicht nur als Künstler tätig. Be-
worben hatte er sich als Konstrukteur von
Kriegsmaschinen; in Diensten Ludovico il Moros
widmete er sich schließlich den unterschiedlichsten Aufgaben. Sein größtes Werk sollte ein Rei-

terstandbild Ludovicos werden, das jedoch nie
vollendet worden ist. Das originalgetreue Tonmo-
dell, das als Vorbild und »Prototyp« diente, wurde
bei der französischen Eroberung der Stadt 1515
zerstört. So erging es auch den meisten der von
Leonardo auf Zeichnungen festgehaltenen Erfin-
dungen, die weit über ihre Zeit hinausgewiesen
haben: Flugmaschinen, Panzer, Wasserpumpen,
Bohrmaschinen und vieles mehr. Das Interesse an
der menschlichen Natur führte ihn zur Anatomie.
Um dem Bau des menschlichen Körpers auf den
Grund zu gehen, sezierte er nach eigenen Anga-
ben über 30 Leichen. Aus der Zeit um 1512
stammt seine Zeichnung eines Embryos im Mutterleib; auf anderen Zeichnungen sind die
menschlichen Organe detailliert festgehalten.
Nur durch solche Studien glaubte er, den menschlichen Körper wirklich der Natur entsprechend
abbilden zu können.

Nicht nur zu Ehren Gottes waren viele dieser Mäzene tätig, sondern vor allem zu Ehren der eigenen Familie, die durch Klientelwirtschaft den eigenen Einfluss zu wahren suchte. Und weil die Zeit des eigenen Pontifikats begrenzt war, suchten die Päpste diese kurze Spanne möglichst intensiv zu nutzen. Und manch' einer war so mit seinem eigenen Nachruhm beschäftigt, dass er unmittelbar nach seiner Wahl schon an sein Grabmal dachte, das seinen Namen und den seiner Familie verewigen würde.

So war Italien das erste Land, das von dieser künstlerischen, literarischen, philosophischen, das Menschenbild an sich verändernden »Wiedergeburt« der Antike erfasst worden ist. Doch mit unterschiedlicher Geschwindigkeit begannen Kunst und Gedankenwelt der Renaissance auch im übrigen Europa Fuß zu fassen. Ein weiterer Schwerpunkt der Renaissance war Flandern, was nicht weiter verwundert, waren seine Städte doch ähnlich jenen der Toskana durch Handel zu Reichtum gekommen. Und auch hier dominierte der Einfluss einer mächtigen Adelsfamilie: der Herzöge von Burgund.

In der Bildenden Kunst ist in erster Linie Jan van Eyck (um 1390-1441) zu nennen, bei dem sich die gleichen bestimmenden Komponenten finden wie im Werk der italienischen Maler der Frührenaissance: räumliche Tiefe und Realismus in der Darstellung der Porträtierten. Auf seinem Gemälde »Madonna des Kanzlers Nicolas Rolin« schweift der Blick des Betrachters durch die Fenster der reich geschmückten Kapelle, in der der Kanzler vor der Muttergottes kniet, hinaus in die Ferne: Ein Fluss ist zu

Madonna des Kanzlers Nicolas Rolin (Gemälde von Jan van Eyck, 1434)

Cosimo de' Medici, genannt der Alte, Stadtherr von Florenz
(Gemälde von Jacopo Pontormo, 1518/19)

sehen und eine Brücke, darüber sind schemenhaft Berge
erkennbar. Fast misstrauisch blickt der mit einem kost-
baren Mantel bekleidete Rolin zu der Muttergottes mit
ihrem Kind. Der Künstler zeigt sich hier als Psychologe.

    In Deutschland breitete sich die Architektur der
Renaissance zuerst in den reichen Handelsstädten aus, in
Nürnberg und Augsburg etwa. Im 16. Jahrhundert kamen
dann zahlreiche Schlossbauten hinzu, von denen das Heidelberger Schloss das bekannteste und bedeutendste ist.
Dagegen gibt es in Deutschland, durch die Reformation,
eher wenige reine Renaissancekirchen.

    Typisch für die französische Renaissance sind die
Schlösser an der Loire. Das Schloss Chambord ließ König
Franz I. (1515-1547) erbauen, der auch zahlreiche italie-
nische Künstler (darunter Leonardo da Vinci) an seinen
Hof holte, die er unter anderem sein Schloss Fontaine-
bleau bei Paris ausstatten ließ.

    Eine ganz eigene Spielart der Renaissance entwi-
ckelte sich in Spanien, wo das italienische Vorbild mit der
reichen Ornamentik des Mudéjarstils verbunden wurde
und in dieser Form sogar Eingang in die Neue Welt fand.
Das Gold, das die spanischen Könige von dort gewannen, ermöglichte es ihnen, große Bauten zu errichten. Dazu zäh-
len auch die beiden bedeutendsten Renaissanceschlösser
Spaniens: der Palast, den Karl V. mitten in die Alhambra
von Granada setzen ließ, und der von Philipp II. erbaute
Escorial.

    Hans Holbein der Jüngere (1497-1543) brachte die
Malerei der Renaissance nach England, wobei er sich vor
allem als Porträtist einen Namen gemacht hat. Holbein
selbst hatte die Kunst der Renaissance bei einer Reise nach
Italien 1518 kennengelernt. In der Architektur wurden in
England, ähnlich wie in Spanien, eigene noch aus der
Gotik herrührende Elemente mit der italienischen Renaissance verbunden. Hieraus ergab sich ein Mischstil, der
nach der damals herrschenden Dynastie als »Tudorstil«
bezeichnet wird.

    Die Aufbruchsstimmung der Renaissance endete in
den Religionskriegen, die Europa im 16. und 17. Jahrhundert erschüttert haben. Auf deren Trümmern begann
dann eine neue Blüte der Kunst: das Zeitalter des Barock.

DIE MEDICI

Kaum eine andere Familie wird so sehr mit der italienischen Renaissance verbunden wie die Medici. Ursprünglich nur eine von
300 Bankiers- und Kaufmannsfamilien in Florenz, gelang es ihnen,
die Schalthebel der Macht zu besetzen und die Republik in ein
Großherzogtum unter ihrer Führung umzuwandeln. Die Medici
verquickten Geld und Politik und setzten geschickt Propaganda-
methoden ein, um ihre eigene Familie zu verherrlichen. Zu dieser
Propaganda gehörten auch herausragende Bauten wie das Kloster San Marco in Florenz oder die Förderung der Humanisten, die
zum Dank dafür die Medici priesen. Konsequent schalteten die
Medici konkurrierende Familien aus; Verschwörungen gegen ihre
Machtanhäufung schlugen sie nieder. Am Ende waren die Strozzi,
Albizzi und Pazzi nur noch Geschichte. Die bedeutendsten Vertreter der Medici waren Cosimo der Alte (1389-1464) und Lorenzo
der Prächtige (1449-1492). Mit der Wahl Giulianos de' Medici zum
Papst 1513 etablierte sich die Familie endgültig als eine der füh-
renden Mächte in Italien.

ZEITLEISTEN

300   **400**   **500**

- 312 Schlacht an der Milvischen Brücke: Konstantin der Große besiegt Gegenkaiser Maxentius

- 337 angebliche Taufe Konstantins

- 375 Hunnen suchen neuen Siedlungsraum

- 378 Schlacht bei Adrianopel: Römer unter Kaiser Valens verlieren gegen Westgoten

- 395 Kaiser Theodosius erklärt Christentum zur römischen Staatsreligion

- 406 Vandalen fallen in Gallien ein

- 408 Westgoten vor Rom

- 432 St. Patrick kommt nach Irland

- 436 Hunnen besiegen Burgunder

- 439 Karthago fällt an Vandalen und Alanen

- 451 Hunnen fallen in Gallien ein, verlieren Schlacht auf den Katalaunischen Feldern

- 451 Konzil von Chalcedon betont Gleichrangigkeit von Papst und Patriarch von Byzanz

- 455 Plünderung Roms durch die Vandalen

- 476 Odoaker König in Italien, Absetzung des letzten weströmischen Königs Romulus Augustulus

- 486 Eroberung des letzten weströmischen Teils Galliens durch den Merowingerkönig Chlodwig

- 493 Odoaker von Ostgotenkönig Theoderich erschlagen

- 496 Taufe des Frankenkönigs Chlodwig I.

- 507 Schlacht bei Vouillé: Franken besiegen Westgoten

- 528 Beginn der Aufzeichnung des römischen Rechts (Corpus Iuris Civilis)

- 568 Langobardenherrschaft in Italien

- 589 Westgoten treten zum Christentum über

- 591 Gregor von Tours vollendet Gesta Francorum (Beginn der fränkischen Geschichtsschreibung)

- 597 Augustinus von Canterbury beginnt Missionierung der Angelsachsen

600   700   800   900

- 622 Mohammed zieht von Mekka nach Medina (Hidschra)

- 630 Eroberung Mekkas, Erhebung zur Heiligen Stadt

- 642 Ägypten fällt an die Araber

- 653 Niederschrift des Koran

- 661 Spaltung des Islams: Sunniten und Schiiten

- 662 Langobarden treten zum Christentum über

- 687 Karolinger Pippin II. wird Hausmeier im gesamten Frankenreich

- 711–714 Araber erobern große Teile der Iberischen Halbinsel

- 719 Bonifatius beginnt Germanenmission

- 732 Schlacht von Tours und Poitiers: Sieg Karl Martells über die Araber

- 750 Dynastie der Omajaden wird durch Abbasiden als Beherrscher der arabischen Welt gestürzt

- 754 Märtyrertod von Bonifatius

- 754 Begründung des Kirchenstaats durch Pippinsche Schenkung

- 800 Kaiserkrönung Karls des Großen

- 816 Benediktsregel wird für alle Klöster des Fränkischen Reichs verbindlich

- 843 Vertrag von Verdun: Frankenreich wird dreigeteilt

- 860 Erste Staatsgründung in Russland durch Waräger (Wikinger) an Wolga und Dnjepr

- 886 Einnahme Londons durch Angelsachsen, Zurückdrängung des dänischen Einflusses in England

- 888 Selbstständiges Königreich Burgund

900   1000   1100

- 910 Gründung des Klosters Cluny

- 919 Heinrich I. erster »ottonischer« König

- 955 Schlacht auf dem Lechfeld: Otto der Große besiegt die Ungarn

- 962 Kaiserkrönung Ottos des Großen

- 968 Errichtung des ersten polnischen Bistums in Posen

- 972 Otto II. heiratet Theophanu

- 982 Schlacht bei Cotrone: Otto II. wird von den Sarazenen besiegt

- 982 Erik der Rote entdeckt Grönland

- 986 Bjarni Herjolfsson sichtet Labrador

- 1000 Otto III. gründet Erzbistum Gnesen

- 1000 Leif Eriksson betritt Vinland an der Nordostküste Amerikas

- 1000–1035 Sancho III. gewinnt Nordspanien von Mauren zurück

- 1001 Stephan I. wird erster König Ungarns

- 1024 Tod Heinrichs II., Ende der ottonischen Dynastie

- 1025 Boleslaw Chrobry wird König von Polen

- 1027 Konrad II. wird als erster Salier zum Kaiser gekrönt

- 1030 Gründung der Hochschule von Salerno

- 1030 Beginn des Baus des Speyerer Doms

- 1035 Knut der Große, König von Dänemark, erobert England

- 1050 Wikingersiedlung Haithabu zerstört

- 1055–1065 Rabbi Raschi von Troyes wirkt in Worms

- 1054 Exkommunikation des Patriarchen von Konstantinopel, Großes Schisma

- 1066 Schlacht von Hastings: Wilhelm der Eroberer besiegt Angelsachsen

- 1075 »Dictatus Papae« betont Primat des Papstes über den Kaiser

- 1077 »Gang nach Canossa« Kaiser Heinrichs IV.

- 1085 Alfons VI. von Kastilien gewinnt Toledo von den Muslimen zurück

- 1088 Gründung der Universität Bologna

- 1095 Papst Urban II. ruft zum 1. Kreuzzug auf

- 1099 Eroberung Jerusalems durch die Kreuzfahrer

- 1103 Kaiser Heinrich IV. stellt Juden unter seinen Schutz

- 1120 Gründung des Prämonstratenserordens

- 1122 Wormser Konkordat beendet Investiturstreit

- 1122 Peter Abaelard schreibt Sic et Non (scholastische Methodenlehre)

- 1125 Tod Heinrichs V., Ende der salischen Dynastie

- 1147–1149 2. Kreuzzug

- 1171 Beginn der Eroberung Irlands durch Heinrich II. von England

- 1182 Vertreibung der Juden aus Frankreich

- 1184 Waldenser werden mit Kirchenbann belegt

- 1187 Eroberung Jerusalems durch Sultan Saladin

- 1187 Schlacht bei Hattin: Saladin besiegt die Kreuzfahrer

- 1189–1192 3. Kreuzzug

- 1190 Friedrich I. Barbarossa ertrinkt im Fluss Saleph

- 1202–1204 4. Kreuzzug

- 1204–1261 Byzanz unter der Herrschaft der Kreuzfahrer

- 1214 Schlacht bei Bouvines: Philipp II. August besiegt Engländer und Otto IV.

- 1215 Magna Charta Libertatum

- 1223 Päpstliche Anerkennung des Franziskanerordens

- 1224 Kaiser Friedrich II. gründet Universität Neapel

- 1229 Friedrich II. zieht in Jerusalem ein

- 1230 Jeanne d'Arc wird hingerichtet

- 1231 Dominikaner mit Leitung der Inquisition beauftragt

- 1236 Córdoba, erste große Stadt Andalusiens, wird von Ferdinand III. von Kastilien erobert

- 1238–1240 Mongolen erobern Russisches Reich

- 1241 Mongoleneinfall in Ungarn

- 1242 Schlacht auf dem Peipussee: Großfürst Alexander Newskij besiegt den Deutschen Orden

- 1244 Eroberung der Burg Montségur, Niederlage der Katharer

- 1248 Eroberung Sevillas durch König Ferdinand III.

- 1248 Birger Jarl wird Regent Schwedens

- 1252 Zulassung der Folter als Beweismittel in der Inquisition

- 1267–1273 Thomas von Aquin arbeitet an Summa theologica

- 1271–1295 Reise Marco Polos

- 1278 Ottokar von Böhmen fällt in der Schlacht auf dem Marchfeld gegen Rudolf von Habsburg

- 1301 Gründung des Osmanischen Reiches

- 1302 Bulle »Unam Sanctam«: Papst Bonifatius VIII. erhebt Anspruch auf weltliche und geistliche Gewalt

- 1305–1321 Dante Alighieri arbeitet an der »Göttlichen Komödie«

- 1306 Vertreibung der Juden aus England

- 1308 König Albrecht von Habsburg wird von seinem Neffen Johann Parricida ermordet

- 1309–1376 Päpste residieren in Avignon

- 1314 Schlacht von Bannockburn: Schottische Aufständische besiegen König Eduard II.

- 1320 Militärischer Einsatz von Schießpulver

- 1337–1453 Hundertjähriger Krieg zwischen England und Frankreich

- 1343 Frieden von Kalisch zwischen Polen und dem Deutschen Orden

- 1347–1353 30 % der Bevölkerung Europas sterben an der Pest

- 1348 Kaiser Karl IV. gründet Prager Universität

- 1356 Ungarn bringen Serbien und Bosnien unter ihre Oberherrschaft

- 1356 »Goldene Bulle« Karls IV.

- 1361 Schonen vom dänischen König Waldemar IV. Atterdag erobert

- 1370 Frieden von Stralsund zwischen Hanse und Dänemark

- 1378–1417 Großes Abendländisches Schisma

- 1381 Schlacht von Kulikowo: Großfürst Dimitrij Donskoj besiegt Mongolen

- 1389 Schlacht auf dem Amselfeld: Türken besiegen Serben

- 1391 Kalmarer Union: Vereinigung von Dänemark, Schweden und Norwegen (bis 1523)

- 1410 Schlacht bei Tannenberg: Wladislaw II. Jagiello besiegt den Deutschen Orden

- 1414–1418 Konstanzer Konzil

- 1415 Jan Hus auf dem Konstanzer Konzil hingerichtet

- 1437 Tod des römisch-deutschen Königs Sigismund, Ende der luxemburgischen Dynastie

- 1440 Donatello schafft mit seinem David die erste freistehende Aktfigur seit der Antike

- 1448 Iwan III. nimmt den Titel »Zar« an

- 1453 Eroberung Konstantinopels durch die Osmanen

- 1454 Johannes Gutenberg entwickelt Druck mit beweglichen Lettern

- 1455–1485 »Rosenkriege« zwischen den englischen Häusern Lancaster und York

- 1469 Ferdinand von Aragón heiratet Isabella von Kastilien

- 1476/77 Karl der Kühne unterliegt den Schweizer Eidgenossen in den Burgunderkriegen

- 1492 Christoph Kolumbus entdeckt die Neue Welt

- 1492 Vertreibung der Juden aus Spanien

- 1492 Ferdinand und Isabella erobern mit Granada den letzten maurischen Besitz in Spanien

- 1492 Martin Behaim stellt den ersten Globus her

- 1497 Exkommunikation Girolamo Savanarolas

- 1498 Vasco da Gama umschifft das Kap der Guten Hoffnung und erreicht Indien

- 1512 Leonardo da Vinci zeichnet einen Embryo im Mutterleib

- 1526 Schlacht bei Mohács: Türken besiegen Ungarn

BIBLIOGRAFIE

Allgemeine Titel

Peter Arens, Wege aus der Finsternis. Europa im Mittelalter,
   München 2004.
Arno Borst, Lebensformen im Mittelalter, *Hamburg 2004.*
Otto Borst, Alltagsleben im Mittelalter, *Frankfurt am Main 1983.*
Karl Bosl, Geschichte des Mittelalters, *München 1973.*
Eberhard Büssem/Michael Neher, Arbeitsbuch Geschichte. Mittelalter,
   München 1987.
Sabine Buttinger, Das Mittelalter, *Stuttgart 2006.*
Jacques Dalarun, Das leuchtende Mittelalter, *Darmstadt 2005.*
Bernd Fuhrmann (Hrsg.), Das Mittelalter, *Mannheim 1998.*
Horst Fuhrmann, Einladung ins Mittelalter, *München 1987.*
Jacques le Goff, Die Geburt Europas im Mittelalter, *München 2004.*
Jacques le Goff (Hrsg.), Der Mensch des Mittelalters, *Essen 2004.*
Dieter Hägermann, Das Mittelalter. Die Welt der Bauern, Bürger,
   Ritter und Mönche, *Wien 2005.*
Brigitte Hellmann, Lebendiges Mittelalter. Ein Lesebuch,
   München 1995.
Peter Hilsch, Das Mittelalter – die Epoche, *Konstanz 2006.*
Jürgen Kaiser, Mittelalter in Deutschland, *Stuttgart 2006.*
Donald Matthew, Mittelalter, *München 1983.*
Dirk Meier, Bauer – Bürger – Edelmann. Stadt und Land im Mittelalter,
   Ostfildern 2003.
Matthias Meinhardt, Mittelalter, *München 2007.*
Florian Neumann, Schnellkurs Mittelalter, *Köln 2006.*
Roland Pauler, Leben im Mittelalter, *Darmstadt 2007.*
Malte Prietzel, Das Heilige Römische Reich im Spätmittelalter,
   Darmstadt 2004.
Frank Rexroth, Deutsche Geschichte im Mittelalter, *München 2005.*
Bernd Schneidmüller/Stefan Weinfurter, Die deutschen Herrscher des
   Mittelalters. Historische Portraits von Heinrich I. bis Maximilian I.,
   München 2003.
Jörg Schwarz, Das europäische Mittelalter, 2 Bände, *Stuttgart 2006.*
Ferdinand Seibt, Glanz und Elend des Mittelalters. Eine endliche
   Geschichte, *Berlin 1987.*

Die Karten auf den Seiten 20, 77, 91, 97, 108 und 121 sind angelehnt an:
   Putzger. Atlas und Chronik zur Weltgeschichte, *Berlin 2002.*

Macht und Raum

Die Völkerwanderung
Walter Pohl, Die Völkerwanderung. Eroberung und Integration,
   Stuttgart 2002.
Klaus Rosen, Die Völkerwanderung, *München 2002.*

Die Christianisierung Europas
Henry Chadwick/G.R. Evans, Das Christentum, *München 1988.*
Lutz E. von Padberg, Christianisierung im Mittelalter, *Darmstadt 2006.*

Die Ausbreitung des Islams
Ralf Elger (Hrsg.), Kleines Islam-Lexikon. Geschichte, Alltag, Kultur,
   München 2001.
Francis Robinson, Der Islam, *München 1990.*
Monika und Udo Tworuschka, Islam-Lexikon, *Düsseldorf 2002.*

Die Kreuzzüge
Hans-Jürgen Kotzur (Hrsg.), Kein Krieg ist heilig. Die Kreuzzüge,
   Mainz 2004.
Jonathan Riley-Smith (Hrsg.), Großer Bildatlas der Kreuzzüge,
   Freiburg im Breisgau 1992.
Peter Thorau, Die Kreuzzüge, *München 2004.*

Kaiser und Papst

Das Papsttum
Horst Fuhrmann, Die Päpste. Von Petrus bis Benedikt XVI.,
   München 2005.
Roland Fröhlich, Kleine Geschichte der Kirche in Daten,
   Freiburg im Breisgau 2004.
Bruno Moser (Hrsg.), Das Papsttum. Epochen und Gestalten,
   München 1983.
Bernhard Schimmelpfennig, Das Papsttum. Von der Antike bis zur
   Renaissance, *5. Auflage Darmstadt 2005.*
Georg Schwaiger/Manfred Heim, Kleines Lexikon der Päpste,
   München 2005.

Die Ottonen
Gerd Althoff, Die Ottonen, *Stuttgart 2005.*
Ludger Körntgen, Ottonen und Salier, *Darmstadt 2002.*
Johannes Laudage, Otto der Große, *Regensburg 2001.*

Die Salier

Ludger Körntgen, Ottonen und Salier, *Darmstadt 2002.*
Johannes Laudage, Die Salier. Das erste deutsche Kaiserhaus,
    München 2006.
Stefan Weinfurter, Das Jahrhundert der Salier, *Ostfildern 2004.*

Die Staufer

Manfred Akermann, Die Staufer. Ein europäisches Herrscher-
    geschlecht, *Stuttgart 2006.*
Odilo Engels, Die Staufer, 8. Auflage, *Stuttgart 2005.*
Knut Görich, Die Staufer. Herrscher und Reich, *München 2006.*

Herrschaften in Europa

Das Byzantinische Reich

John Haldon, Byzanz. Geschichte und Kultur eines Jahrtausends,
    Düsseldorf 2006.
Ralph-Johannes Lilie, Byzanz. Geschichte des oströmischen
    Reiches 326–1453, *4. Auflage München 2005.*
Peter Schreiner, Byzanz, *München 1994.*
Peter Schreiner, Konstantinopel. Geschichte und Archäologie,
    München 2007.

Das Königreich Frankreich

Joachim Ehlers/Heribert Müller/Bernd Schneidmüller,
    Die französischen Könige des Mittelalters 888-1498.
    Von Odo bis Karl VIII., *München 2006.*
Joachim Ehlers, Die Kapetinger, *Stuttgart 2000.*
Ernst Hinrichs (Hrsg.), Kleine Geschichte Frankreichs, *Stuttgart 2006.*

Die britischen Inseln

Kurt Kuxen, Kleine Geschichte Englands, *Stuttgart 1968.*
Michael Maurer, Kleine Geschichte Englands, *Ditzingen 1997.*
Hanna Vollrath/Natalie Fryde, Die englischen Könige im Mittelalter.
    Von Wilhelm dem Eroberer bis Richard III., *München 2004.*

Osteuropa

Gyula Christo/Ferenc Makk, Die ersten Könige Ungarns.
    Die Herrscher der Arpadendynastie, *Herne 1999.*
Holger Fischer/Konrad Gündisch, Eine kleine Geschichte Ungarns,
    Frankfurt am Main 1999.
Andreas Kappeler, Russische Geschichte, *München 2005.*
Andreas Kappeler, Russland als Vielvölkerreich.
    Entstehung – Geschichte – Zerfall, *München 2001.*
Klaus Militzer, Die Geschichte des Deutschen Ordens, *Stuttgart 2005.*
Andrea Schmidt-Rösler, Polen. Vom Mittelalter bis zur Gegenwart,
    Regensburg 1999.

Die Iberische Halbinsel

Klaus Herbers, Geschichte Spaniens im Mittelalter. Vom Westgoten-
    reich bis zum Ende des 15. Jahrhunderts, *Stuttgart 2006.*
Peer Schmidt, Kleine Geschichte Spaniens, *Ditzingen 2002.*

Die Wikinger

Ingrid Bohn, Finnland. Von den Anfängen bis zur Gegenwart,
    Regensburg 2005.
Martin Kaufhold, Europas Norden im Mittelalter, *Darmstadt 2001.*
Jörg-Peter Findeisen, Dänemark. Von den Anfängen bis zur Gegenwart,
    Regensburg 1999.
Jörg-Peter Findeisen, Schweden. Von den Anfängen bis zur Gegenwart,
    2. Auflage Regensburg 2003.
Fritz Petrick, Norwegen. Von den Anfängen bis zur Gegenwart,
    Regensburg 2002.
Peter Sawyer (Hrsg.), Die Wikinger. Geschichte und Kultur eines Volkes,
    Stuttgart 2000.
Rudolf Simek, Die Wikinger, *München 1998.*

Das spätmittelalterliche Reich

Joachim Leuschner, Deutschland im späten Mittelalter, *Göttingen 1983.*
Malte Prietzel, Das Heilige Römische Reich im Spätmittelalter,
    Darmstadt 2004.

Leben in Stadt und Land

Städte und Handelswege
Leonardo Benevolo, Die Geschichte der Stadt, *Frankfurt am Main 1986.*
Evamaria Engel, Die deutsche Stadt des Mittelalters, *München 1993.*
Edith Ennen, Die europäische Stadt des Mittelalters, *4. Auflage*
  Göttingen 1987.
Jacques le Goff, Kaufleute und Bankiers im Mittelalter, *Berlin 2005.*
Rolf Hammel-Kiesow, Die Hanse, *München 2000.*
Gottfried Kiesow, Gesamtkunstwerk – Die Stadt. Zur Geschichte der
  Stadt vom Mittelalter bis in die Gegenwart, *Bonn 1999.*
Felicitas Schmieder, Die mittelalterliche Stadt, *Darmstadt 2005.*
Peter Spufford, Handel, Macht und Reichtum. Kaufleute im Mittelalter,
  Darmstadt 2004.

Die Pest
Klaus Bergdolt, Der Schwarze Tod in Europa. Die Große Pest und das
  Ende des Mittelalters, *München 1994.*
Heinrich Schipperges, Die Kranken im Mittelalter, *München 1990.*

Mönche und Ketzer
Sabine Buttinger, Hinter Klostermauern. Alltag im mittelalterlichen
  Kloster, *Darmstadt 2007.*
Karl Suso Frank, Geschichte des christlichen Mönchtums,
  Darmstadt 1996.
Gudrun Gleba, Klöster und Orden im Mittelalter, *Darmstadt 2006.*
Juan M. Laboa, Mönchtum in Ost und West, *Regensburg 2003.*
Franz Metzger/Karin Feuerstein-Praßer, Die Geschichte des Ordens-
  lebens. Von den Anfängen bis heute, *Freiburg im Breisgau 2006.*
Norbert Ohler, Mönche und Nonnen im Mittelalter, *Düsseldorf 2007.*
Gerhard Rottenwöhrer, Die Katharer. Was sie glaubten, wie sie lebten,
  Ostfildern 2007.
Bernd Rill, Die Inquisition und ihre Ketzer, *Puchheim 1982.*
Georg Schwaiger (Hrsg.), Mönche, Orden, Klöster. Von den
  Anfängen bis zur Gegenwart. Ein Lexikon, *München 1993.*
Peter Segl (Hrsg.), Die Anfänge der Inquisition im Mittelalter,
  Köln 1993.

Das Judentum
Alfred Haverkamp (Hrsg.), Geschichte der Juden im Deutschland des
  späten Mittelalters und der frühen Neuzeit, *Stuttgart 1981.*
Alfred Haverkamp, Juden und Christen zur Zeit der Kreuzzüge,
  Sigmaringen 1999.
Historisches Museum der Pfalz (Hrsg.), Europas Juden im Mittelalter,
  Speyer 2004.

Ritter und Burgen
Arno Borst, Das Rittertum im Mittelalter, *Darmstadt 1976.*
Josef Fleckenstein, Rittertum und ritterliche Welt, *Berlin 2002.*
Uwe A. Oster, Burgen in Deutschland, *Darmstadt 2006.*
Andreas Schlunk/Robert Giersch, Die Ritter. Geschichte – Kultur –
  Alltagsleben, *Stuttgart 2003.*

Die Entdeckung der Wissenschaft

Universitäten
Joachim Ehlers, Die hohen Schulen, *Zürich 1981.*
Walter Rüegg (Hrsg.), Geschichte der Universität in Europa.
  Band 1: Mittelalter, *München 2004.*
Wolfgang E. J. Weber, Geschichte der europäischen Universität,
  Stuttgart 2002.

Entdeckungsfahrten
Ulli Kulke, Die großen Entdecker. Abenteuerliche Reisen ins Unbekannte,
  Stuttgart 2006.
Heinrich Pleticha, Atlas der Entdeckungsreisen, *Stuttgart 2000.*
Heinrich Pleticha/Hermann Schreiber, Lexikon der Entdeckungsreisen,
  Stuttgart 1992.

Die Renaissance
C. F. Black u.a., Renaissance, *München 1994.*
Peter Burke, Die europäische Renaissance. Zentren und Peripherien,
  München 1998.
Eugenio Garin (Hrsg.), Der Mensch der Renaissance, *Fankfurt am Main/*
  New York 1990.
John Hale, Die Kultur der Renaissance in Europa, *München 1994.*
Volker Reinhardt, Die Renaissance in Italien. Geschichte und Kultur,
  München 2002.
Manfred Wundram, Renaissance, *Stuttgart 2004.*